张朝昌　张红娟　著

语文教学新论

伊犁师范大学高层次人才科研启动项目资助（2024RCYJ02）

吉林出版集团股份有限公司
全国百佳图书出版单位

图书在版编目（CIP）数据

语文教学新论 / 张朝昌，张红娟著. -- 长春：吉林出版集团股份有限公司，2024.12. -- ISBN 978-7-5731-6022-5

Ⅰ. G633.302

中国国家版本馆 CIP 数据核字第 2024EY8826 号

YUWEN JIAOXUE XINLUN

语文教学新论

著　　者	张朝昌　张红娟
责任编辑	王丽媛
装帧设计	品诚文化

出　　版	吉林出版集团股份有限公司
发　　行	吉林出版集团社科图书有限公司
地　　址	吉林省长春市南关区福祉大路 5788 号　邮编：130118
印　　刷	四川科德彩色数码科技有限公司
电　　话	0431-81629711（总编办）
抖 音 号	吉林出版集团社科图书有限公司　37009026326

开　　本	710mm×1000mm　1/16
印　　张	15
字　　数	261 千字
版　　次	2024 年 12 月第 1 版
印　　次	2024 年 12 月第 1 次印刷

书　　号	ISBN 978-7-5731-6022-5
定　　价	68.00 元

如有印装质量问题，请与市场营销中心联系调换。0431-81629729

序

朝昌十年磨一剑的学术专著《语文教学新论》得以问世，我拜读之后感受至深。此学术专著具备了立论起点极高、研究视野极广、思想内容极深、应用价值极大等特点，具有针对性、理论性、实践性和时效性。可谓呕心沥血之作，令同行学者备受启迪。

一、就选题意旨而言，立论起点极高

这部专著并非一般地研究语文课程与教学，而是把对"语文课程与教学"的研究提升到"课程论与教学论的改革与发展"上来认识，提升到使"语言文学教育成为中华民族传统文化中生生不息的精神和灵魂"的高度来对待。作者认为：语文课程"要以人为本，以学生的发展为本，构建和谐、开放、经典、现代的语文课程"；语文教学"要立足文本，依据课标，尊重学生个性发展，培养学生综合的语文素养和人文情怀"，"在'课教合一''教学合一''文道合一''师生合一'"的语文教学视野中彰显语文课程与教学的魅力，同时也强化了语文的特性。古往今来，语文课程与语文教学的发展与研究相辅相成、相得益彰、水乳交融、共同发展，涵养了古老淳朴、善良自强、豪迈进取的中华民族。

作者依据新课程背景下的语文文本和新课标理念，吸取了中国传统语文课程与教学论的精华，又容纳了西方方法论中的科学元素，从文学、哲学、史学、美学以及文章学、文字学、文学学、文化学、现象学、阐释学、艺术学等方面对语文课程与语文教学进行了考察与追问，旨在洞见语文课程与语文教学的文化内涵、教学艺术和本质特征。语文课程是中华民族传统文化的载体，是历史国人与现实国人的生命意识和精神灵魂相互碰撞的产物。而语文教学作为传授汉语言文学与文化的手段，它和人类其他教育一样，是承传本民族文化的教育方式。每一篇课文都是记载着中华民族历史文化嬗变演进

的活化石,都生动活泼地展示着中华民族的文化心理,简直就是一部流动的中华民族的奋斗史、发展史。它无处不形象地流淌着中华民族传统的认知之源、思维之源、价值之源、创新之源、智慧之源……它彰显着悠久历史的中国文化之光,乃是独具特色而又青春永驻的人文精华。中国数千年的文化传承催生了语文课程的革新与语文教育的发展,尤其是语文新课程的呈现和现代语文教学的改革与发展,对中国文学文化发展的影响也是不言而喻的。王安石《试院中》诗:"少年操笔坐中庭,子墨文章颇自轻。圣世选材终用赋,白头来此试诸生。"刘克庄《村校书》诗:"青灯窗下研孤学,白首山中聚小童。却羡安昌师弟子,只谈论语至三公。"这些诗真实地记载了科举时代以诗文取士,使读书人醉心于表达形式的追求,这种古老语文课程与教学选才的教育教学模式在客观上促进了语文课程与语文教学的不断发展。语文课程的形成取决于中华文化与文学的进步与繁荣,取决于中华民族的人生观、世界观、价值观、爱情观、伦理道德观以及审美心理。汉赋、唐诗、宋词、元曲、明清小说等的繁荣与中华民族的各种观念和审美追求有着直接的关系,与语文课程与语文教育教学也有密切的关系。唐人重文学教育,以诗赋为教程取士,将唐诗推向我国文学史上的一个巅峰。宋朝的王安石取消以诗赋教育取士,代之以经义教育取士,即摘取经书原文句子或段落作为题目,让考生以议论的方式阐发其要义,此举影响了那个时代语文课程中议论性散文的发展,并演化成以后的八股文课程。语文科举考试的内容是儒家经典,重视语言文学,重视传统的文化审美承传,为我们今天语文课程与语文教学的革新与繁荣奠定了基石。所有这些足以说明,本书从语文课程与语文教学的改革与发展以及汉民族语言文学传统文化的精神和灵魂的高度来对待来认识语文教学研究的意义,立论的起点的确很高,使我们清醒地认识到该研究具有不可估量的社会价值。

二、在考查层面上,研究视野极广

专著对语文课程与语文教学的改革与发展的研究立足文本、立足课标、立足学生、立足实践、继承传统、放眼未来,比照中外、贯通古今,学术视野十分广阔。全书有课程理论、教学理论、阅读教学、作文教学、思维教学、教学实践、教学改革、考证纠偏、课程评价等 22 个专题研究。从纵向看,自古代诗文到当代文学;从横向看,自国内教学理念到国外方法研究;从内容上看,包罗了语文课程与教学的形式、内容、体系、测评方法、考试类型、价值取向、主要功能、基本特点、能力指向与评价标准、试题命制与答卷评析、文本解读的原则与方法、作文教学的实践与评价……整个研究囊括几千年、包举海内外，从历史的经纬中去寻找启迪语文课程与语文教学的改革与实践意义，真可谓博大精深。

特别值得一提的是，作者把研究的视角由国内拓展到国外。一面强调语文课程与语文教学要以人为本，坚守文本与课标的基本理念；一面提倡中西文化与教育的融合与超越，这是很有见地的。语文课程与语文教学的改革、实践与发展自然要受学生、课标、新课程理念以及西方方法论的影响与制约。由于语文课程中的文学作品具有鲜明的民族特色和作家情怀，加上我国语文教育源远流长，经验十分丰富，所以，研究语文课程与语文教学主要靠总结我们自己的实践经验（包括历史的和现实的），而且研究语文课程与语文教学的最终目的是构建和谐、开放、民主、科学的课程体系，是为了促进语文教学的改革、深化、完善与发展，从这个意义上讲，强调语文课程与语文教学要以人为本，坚守文本与课标的基本理念，提倡中西文化与教育的融合与超越，是符合语文教育与社会现状的。

然而，要构建和谐、开放、民主、科学的课程体系以及促进语文教学的改革、深化、完善与发展，光靠总结本国的语文课程与语文教学的改革、应用与实践显然是不够的，还需要有世界眼光，需要吸收外来教育教学经验（也包括历史的和现实的）。事实上中国的课程与教学经验与西方的课程与教学经验就如同整个中国的文化与西方的文化一样，都是互相影响、互相渗透、互相融合的。如明清之际，西方传教士把中国的科举介绍到了欧洲，西方学者才知道有这样一种制度文明。伏尔泰、孟德斯鸠、狄德罗、卢梭等欧洲启蒙主义学者把中国的科举作为民主政治制度的营养来吸收。18世纪末至19世纪，法国、英国、美国等西方国家学习中国的教育制度建立了文官制度。反过来，西方的教育制度也在影响中国的教育。正如著作所倡导的西方方法论对语文课程与语文教学的变革与发展起到促进作用，提升了语文课程与语文教学研究的教育价值、文化价值和社会价值。从这一方面看，语文课程与语文教学的探索与发展，既体现了语文课程与语文教学研究者的科学精神，也反映了语文课程与语文教学研究价值在质量方面的提升，从而填补了解决我国近十年来在语文课程论与语文教学论研究领域中存在弊端问题的空白，具有很好的警示作用。除此之外，我再举几例：

　　1953年,美国的泰勒在英语教学中,首先提出了完形填空的主张。他认为从一段文章中,空出若干单词,就能够呈现出一种特殊的封闭问题,而当考生通过对整体文章的理解去填写文章的空白时,他们就会解除封闭,贯通全文。目前许多英美语言学家认为"完形填空"是测试外国学生英语水平最理想的方法之一。在我国随着教学改革的深化和发展,中高考试题也在不断改革。近年来中高考试题中采用"完形填空"就显然具有与中学教学相协调、与教改相适应的性质。为此,我们应该按照古为今用、洋为中用的方针,对中外古今一切言之成理而又行之有效的好经验加以认真研究,然后加以融合,方能进入超越的境界。

　　总之,这部研究语文课程与语文教学的学术专著,将国内与国际沟通,将历史与现实融合,既重视对我国传统语文课程与语文教学经验的总结与革新,又重视对外国先进教育理论的研讨与吸收。正是这种宽广的研究视野成就了《语文教学新论》这部学术专著的博大精深,赋予它较高的学术价值。

三、在论述角度上,思想内容极深刻

　　本书论述具有极强的辩证思维,内容凝练厚重。

　　中国研究语文课程与语文教学的亦不乏其文,但这些研究大多或者只涉及某一阶段,或者只涉及某些方面。像张朝昌这样,立体地用鸿篇巨制把语文课程与语文教学作为一整部有经有纬的内容来加以研究,这还真是前所未有。著作不是孤立地论述语文课程与语文教学,而是将其摆在整个语文新课程大背景下来考察追问语文课程与语文教学的改革、发展与实践,使我们看到语文课程与语文教学的研究已经进入一个崭新的历史时代,也正因为这样,才使得著作对语文课程与语文教学的探讨考究坚实有力、鞭辟入里。

　　本书对于语文课程与语文教学的研究能够透过现象看本质,能够抽象出语文教学的基本规律,表达出新颖独特的观点。譬如在阐述新课程背景下的语文课程与语文教学基本原理、基本理念的同时,作者往往结合具体的语文教学实践案例进行剖析、总结和论述,体现了新课程背景下的语文课程与语文教学的生机与活力,彰显了语文课程与语文教学的民族使命、人文情怀、科学精神与文化融合等魅力。未来的语文课程与语文教学的改革与发展应在继承已有成果的基础之上,不断吸收国外先进的课程理念和教学理念,以人为本、以学生发展为本大胆改革、勇于实践,逐步实现语文课程与语文教学科学、和谐而全面的发展,为现在乃至将来的语文课程与语文教学指出前进

的正确方向。

著作论述始终坚持科学的观点，对古今中外有关语文课程与语文教学的研究能客观、辩证地识别、区分、筛选，取其精华、去其糟粕，既不盲目地一概否定，又不毫无区别地兼收并蓄。在语文课程与语文教学理论方面，有纠偏、有继承、有发展、有超越，这种继承与吸收不是盲目照搬，也不是食古不化、食洋不化。本书的研究清醒地注意到这一点。比如对过去的语文课程与语文教学的研究，作者站在历史的高度付诸理性的审视，在否定中吸取其新理念、新教法、新思维。又比如对现代西方建筑学中蒙太奇手法在阅读教学中的应用，著作在肯定其二者必然联系的基础上，又指出了蒙太奇手法在阅读教学中应用的局限性，它只是一个相对的概念，它必须符合语文文本中部分文体、语言表达表现特点的解读应用，如果盲目追求千篇一律的阅读应用，而不顾及文本的表现规律，其结果往往会把学生带入一个阅读教学的误区而得不偿失。在教学中，要从整体上关注文本的表现特点，强调表现手法在整体文本语言情境中的实际运用，做到科学、合理构建新型语文课程，准确、全面解读文本内容，树立正确的语文教学观。

四、在教学实践中，应用价值极大

《语文教学新论》以语文课程与语文教学为研究视野，面向中小学语文课程与教学世界的广阔襟怀，写尽了语文课程与语文教学理论与实践的方方面面，具有诸方面的应用价值。

首先，为当下的中小学语文教学以及普通高校汉语言文学师范专业语文教育教学改革提供了多方面的借鉴。譬如：

《语文教学新论》使我们真正明白：语文课程的本质是承传古老民族的优秀灿烂文化，塑造中华民族的人文情怀和综合素质，实现工具性和人文性的统一。其内容旨在提高学生的语文素养，让学生具有较强的语文应用能力和一定的审美能力、探究能力、创新能力，从而形成良好的思想道德素质和科学文化素养，为学生的终身学习和有个性地发展奠定基石，进而构建开放、有序的语文课程。

而语文教学的根本任务则是全面提高学生的语文素养，充分发挥语文课程的育人功能，促进学生均衡而有个性地发展，培养学生自主学习、合作学习、探究学习的精神。语文课程的论述不仅是课程内容、编排体系等的设置，还应深入洞彻其课程目标、课程理念、课程功能、课程意义以及课程未来发

展等。语文教学的论述则重在探讨构建开放、和谐、愉快、科学的语文课堂，如阅读教学（记叙文、说明文、议论文以及诗歌、散文、小说、戏剧等）、写作教学（标题作文、材料作文、话题作文、漫画作文等）。在语文课程与语文教学不断改革与发展的新课程背景之下，必然形成对语文教育的极端重视，对汉民族传统经典文化的重视。尤其是改革开放以来随着国家综合实力的增强，语文教育也步入了一个充满生机与活力的崭新时代。语文新课程与新课标的出现，为语文教学的改革与发展带来了阵阵春风，提出了新的挑战。这就意味着对过去陈旧的语文教育制度、教育理念、教育规律、教育管理以及教学理念、教学方法的反思、革新与重构，对未来语文教育的发展以及民族语文素质和语文综合素养的提高的憧憬。语文新课程与新课标的诞生对语文教学起到了很大的推动作用，而语文教学的人性化、科学化、规范化以及语文评价考试的标准化、多样化和科学性，对未来人才的培养提出了更高的要求。语文课程与语文教学形式与内容上的变革与升华也促进了学校各科教育教学的规范，在一定意义上提高了教育的质量，更好地普及了文化。就个体而言，热爱文学、耕耘写作，成为一种文化心理和文化传统，语文课程与语文教学在这方面所发挥的作用也是不可低估的。由此使我们想到：当今推行素质教育，实施语文新课程步履十分艰难，原因固然很多，但中高考语文这根指挥棒在导向素质教育、引领基础教育语文课程改革方面，若能加大力度，定会提高素质教育的有效性。《语文教学新论》论及中小学语文课程与语文教学把语文课程与语文教学实践以及语文素养与语文能力结合起来巡视、追思和考察，形成了"课程与教学统一""理论与实践统一"的语文教学新论架构，这就启迪我们：当今的语文教学应注重应用，加强与社会发展、科技进步的联系，加强与其他课程的沟通，能在生活和其他领域中正确、熟练、有效地使用祖国语言文字，以适应现实生活与学生自我发展的需要。在课堂教学中，要把语文运用的训练和阅读、写作、口语交际等教学恰当地结合起来。今天的中高考语文命题，更应该在这些方面对教学做出导向，也就是要重视考查考生在学习和生活中需要具备的基本语文能力，考查在文本中根据需要创新的实用语文能力。

《语文教学新论》从不同的视角论述了语文课程与语文教学的必然联系，注重语文教学理论与教学实践的紧密结合，突出了语文课程与语文教学的基本功能，又指出了语文教学中在课堂教学设计、教学方法、教学测评等方面所存在的种种弊端和怪象。这就使我们更加明确：当今的语文教育要充分体现工具性与人文性的统一，要着眼于全面培养学生的语文素养。中高考命题要渗透三维目标，在关注学习过程和方法，注重双基和语文学科主要内容考查的基础上，渗透情感态度价值观教育，发挥考试的教育功能。虽然考试不同于教育过程，思想觉悟也很难通过中高考这样的选拔性考试分出等级，但命题也该坚持"考试也是学习的思想"，考试同样存在弘扬什么、批评什么的价值导向，同样存在培养正确情感的问题。一道充满教育意义的试题，在考查学生知识与能力的同时，也能让学生在答题中领悟和感受到理想、信念、精神和道德等方面的教育。试题应该是智力因素与情感态度价值观等非智力因素的统一。《语文教学新论》论及了语文教学考查注重过程性评价与终结性评价的有机结合，注重检测学生的综合语文素养和语文应用能力。这就告诉我们：当今的语文评价也不能只有终结性评价，还要增加过程与方法的评价。语文的学科特点决定了语文教学重实践、重过程，即语言的活动和交往、语言的运用和实践过程。离开了实践和过程，就难以使语文知识内化为语文能力，难以养成良好的语文行为习惯。过程与方法的评价包括：课堂参与、阅读习惯、表达习惯、学习方法、课外学习等。《语文教学新论》谈到对教学中字音的"误读"，对文本中注释的"误解"，对教材中文意的"误析"等的考证，这又使我们看到当今中小学语文教学中教师在文本解读和教学方法上的局限性、片面性，语文教师的素质和语文教学方法提高和改进势在必行。

《语文教学新论》为当今和将来的中小学语文教学以及为中高考命题改革提供的借鉴远不止以上这些方面。囿于篇幅，我们只好管中窥豹了。

其次，《语文教学新论》还具有多方面的社会意义。

《语文教学新论》论述了语文课程与语文教学在培养学生语文应用能力和综合语文素质的方方面面，这将对学生未来所面临的社会现实世界和现实生活产生深远影响。掀开中国史的一页，古往今来，无数贤能之士、名臣将相难道不是传统语言文化熏陶和塑造的结果吗？他们用诗、词、赋、散文等文学形式表达政治抱负和理想信念，博之以文，化成天下。事实上正是传统语文教育构建起来的社会意义，对东西方许多国家社会制度的建立都施加过积极影响。1835年，英国人罗伯特·英格尔斯在英文杂志上撰文指出："英国东印度公司……就选拔文官而言，已采用了这一原则……这种中国人的发明创造在印度的充分发展，预示着或许将来有一天，它会像火药、印刷术一样，

在国家制度，甚至是欧洲的国家制度中，引起另一次伟大变革。"这个预言后来成了现实。

张朝昌曾经是我的硕士研究生，他虚心好学、勤奋进取、博学多才，在语文课程教学以及诗、书、画、文艺评论等研究领域都有较高的造诣。现在高校任教，教学有方、潜心科研，我们既是师徒，更是朋友。明朝谢榛诗云："忘年尔我重交情，论事相同见老成。"我在同朝昌一道相处的过程中，屡屡因见解相合而深感其人为人正直、热情厚道、品行高洁和做学问的严谨，渐渐我俩也就结为重交情的忘年之交。所以，对于张朝昌在学术上取得如此辉煌的成就，我打心眼里高兴与欣慰。"百尺竿头须进步，十方世界是全身"，我相信，朝昌绝不会满足现有的成绩，我期待着他诞生更新更辉煌的学术科研成果！

刘永康
2024 年 3 月于成都

前　言

　　语文教学的生命本质是人的教育，即人的语言、思维、审美、文化等诸方面的涵育与培植。语文教学是一种生命教学，是助力学生的精神生命成长、成才、成人的教学，并贯穿于语文教育的多方面、多层次、多角度、多结构、多体系，是语文教育的品性、风范、精神和灵魂所在。就语文教学的对象而论，即是活生生的生命群体或个体，通过语文知识、能力、素养等的积淀与培育，塑造积极健康的世界观、人生观、价值观、伦理观、道德观和科学观。从语文教学的内容考察，便是中华民族生命历史与精神的语言化精髓与结晶，文质兼美而博大深邃。语文教学就是引领一个个鲜活的生命个体理解运用其语言精髓与精神而达成涵养个性、陶冶情怀和浸润人格的教育过程。

　　《普通高中语文课程标准（2017年版2020年修订）》（如无特殊情况，本书后文简称为"新课标"或"语文新课标"）强调在教学中须培养学生的语文核心素养和综合的语文能力，要彰显语言魅力、思维品性、审美情操和文化自信的语文精神，体现中华民族生生不息的奋斗历程、辉煌成就、科学思维、自强个性和精神品格。语文教学应植根于语文实践活动，注重训练学生的听、说、读、背、写、思的基本技能，凸显语文学科的人文科学性、实践应用性和创新发展性。语文世界的精神领域是一个深广博大的宇宙，具有丰富的知识内容性、超强的思辨启迪性和多元的文化体系性，语文教学就是基于文本视野陶冶学生心灵，或隐性，或显性，或熏染，或默化……构建其人文共同体意识。

　　语文课堂应诗意地反映生活、再现生命、彰显生态与自然。语文教学需要培养学生崇高的人格、鲜活的个性、丰富的体验和独特的创造力。新时代、新发展和新理念催生了语文教育的春天，语文学科首先应倡导深度教学，积极引领学生与语文文本做深层次对话，培养其审美鉴赏能力和分析概括能力；

其次应强化思维锤炼,即执教者应以引导者、组织者、参与者、激励者的角色,注重启发、点拨、诱导学生掌握语文知识而提升语文能力;最后还要将教、学、考紧密结合,从真正意义上使学生把握语文规律而提升其语文实际应用能力,着力筑牢他们的现代语文核心素养。

本书以语文教育教学理论及教学实践为研究对象,研究核心在于新课标所力倡的语文核心素养的培育,主要突出文本解读的客观性与科学性、教学目标的明确性与具体性、教学设计的合理性与适宜性、教学过程的逻辑性与创新性、教学思维的前瞻性与新颖性和教学评价与反思的应然性与实然性等。充分体现新课标、新教材、新课程、新教法和新时代的基本理念,熔文学、哲学、史学、美学、教育学、心理学、思维学、现象学、阐释学、解读学、信息论、系统论以及人本主义、建构主义、现代主义和后现代主义等相关理论与范式于一炉。从根本上极力厚植学生正确理解和运用祖国语言文字进行思维与表达的关键能力和必备品格,提升学生文化修养,增强文化自信,实现全面发展。

目录 CONTENTS

第一篇　教学理论篇 ……………………………………………… (001)
  新中国 75 年语文教学思维方式：回顾与展望 …………………… (003)
  新课程背景下高中语文课堂教学的四个维度 …………………… (014)
  论语文教学思维的基本特质 ……………………………………… (021)
  语文思维范式的建构 ……………………………………………… (027)
  论语文思维范式的重建 …………………………………………… (036)
  试论语文思维范式的重构 ………………………………………… (044)
  大学语文思政教育的问题与对策 ………………………………… (051)
  语文教学预设的"是"与"非" …………………………………… (061)
  基于转型发展背景下地方高校课程教学改革策略研究
    ——以《语文课程与教学论》为例 …………………………… (067)
  高中语文古诗词群文阅读教学研究 ……………………………… (075)

第二篇　教学实践篇 ……………………………………………… (131)
  核心素养视域下语文阅读思维品质提升研究 …………………… (133)
  发展与提升学生语文思维能力的策略研究 ……………………… (140)
  高中语文教学中创新思维的培养 ………………………………… (150)
  开而弗达：学生语文思维品质提升研究 ………………………… (158)
  "三吃透"：文言文教学思维策略探究 …………………………… (165)
  让学生在语文课堂上充分训练思维 ……………………………… (171)
  语文阅读教学中的创新思维能力培养与提升 …………………… (178)
  语文思维观及其培养策略 ………………………………………… (185)
  语文教学中如何培养学生的创新思维 …………………………… (193)

第三篇　高考评析篇 ··· (197)
  联想与思辨：贯穿高考作文命题的思维主线 ················· (199)
  新时代，新高考，新理念：以 2020 年高考作文命题思维为例 ······ (204)
  "四利二弊"：全国高考作文比较谈 ························· (210)

参考文献 ··· (215)

后　记 ··· (226)

第一篇 教学理论篇

新中国 75 年语文教学思维方式：回顾与展望

中华人民共和国成立 75 周年之际，语文教学思维方式的发展轨迹可分为四个时期，即演化期（1949－1957 年）、发展期（1958－1976 年）、重构期（1977－1999 年）、革新期（2000 年至今）。考察、梳理、追问和探究这一历史阶段的语文教学思维方式，有利于我们对语文学科的教学思维方式做清醒认识，并从中吸取其有益的语文教学经验及教训。期待未来应充分发挥语文教学思维方式理论研究的导向功能，极力拓展语文教学思维方式研究的新视野，科学建构新的语文教学思维方式，进而展望语文教学思维方式不断改革、创新与发展的美好前景。

一、引言

语文教学思维方式是指建立在语文教学策略基础之上，并在教学实践中追求的一种更加符合语文认知规律、教学规律的思维方法和思维模式，具体表现为在不同时期的语文教学理念、教学主张、教学方法、教学手段和教学模式等。过去的 75 年，是中华人民共和国语文教学思维方式从演化到发展，再到重构与革新的艰难历程。为了更好地展望我国语文教学思维方式的美好未来，亟须梳理 75 年来的语文教学思维方式的发展变化。

二、75 年语文教学思维方式的回顾

（一）演化期（1949－1957 年）：学习借鉴

中华人民共和国成立后，随着文化的发展与变迁，语文教学思维方式的理论与实践形态也经历了前所未有的变化。依据语文教学思维方式不断萌芽发展的内在规律，将 1949 年至 1957 年视为语文教学思维方式的演化时期。这一阶段的语文教学思维方式奠定了语文教学思维史的源头活水，凸显了语

文教学思维史同语文学科教学思维史的有机融合与渗透。透察这一历史时期语文教学思维方式的发展脉络，将有利于我们从中去粗取精，进一步构建和完善符合语文学科教学特点的、科学的语文教学思维体系。由于20世纪20至40年代受教育家杜威、赫尔巴特、克伯屈等一些外国教育新思潮的冲击和影响，我国的语文教学思维方式开始孕育属于自己的生命。换言之，正是西方以"科学思维"为基础的现代教育理念的引进，产生了我国现代意义上的语文教学思维方式。如赫尔巴特的教学思维方式四阶段理论——明了、联想、系统、方法，克伯屈的教学思维方式"设计教学法"，柏克赫斯特"道尔顿制"教学思维模式理念等，推动了我国的语文教育家叶圣陶先生的阅读教学三阶段——预习、讨论、练习，黎锦熙的"三段六步教式"及龚启昌的"精读教学程序"等教学思维方式的诞生，为中华人民共和国成立后语文教学思维方式的萌芽与演变打下了坚实基础。

中华人民共和国成立之初，语文教学研究者与实践者联系时代特点对教学思维方式进行了多角度的探索，提出了自己的主张，如1950年董纯才指出："要使学生学会了解与运用中国语文，获得一般的文学教养。"① 其教学思维方式莫过于把学生的语文能力和文学素养视为教学之重。江山野的"预习－检查预习－解决问题－整理及总结－复习"② 五步法的教学方略可谓典型代表，充分体现了语文教学思维方式的民主性和主体性，提升了学生的阅读与写作能力。但值得注意的是，我国的语文教学思维方式备受苏联教学模式的影响，尤其是受当时称为"红领巾教学法"的凯洛夫教育思想。如1953年的北京第六女中的《红领巾》语文教学模式在北师大中文系实习生中试教获得成功后便在全国予以效仿和推广。其教学步骤是先讲述课文时代背景，后介绍其作者，再分析文章的段落大意和主题思想，最后总结概括文本的写作特点。这样的语文教学思维方式，其实质就是凯洛夫"组织教学－复习旧课－讲授新课－巩固新课－布置作业"五环节之体现，随后被首部语文教学大纲借鉴。在1956年至1958年之际，我国语文教学极力强调分科教学并从苏联引进了文学教学相关程序，严重影响着后来的语文教学思维方式发展。如1956年的《中学语文教学大纲》明确提出"五步教学法"，即作者与时代背景介绍－阅读－内容分析与写作特点－总结－复习。从此，这一教学思维方式

---

① 董纯才：《改革我们的中学国文教学》，《人民教育》1950年第2期。
② 江山野：《我在中学国文教学中找到的方法》，《人民教育》1950年第3期。

的构建影响了我国语文教学思维数十年,成为我国语文教学传统思维方式的重要元素。诚然,它的存在和影响有其科学而合理之处,即充分体现了学生心理认知由浅入深、由易到难、由现象到本质、由分析到综合的思维发展过程,同时,在一定程度上也相应提高了学生的语文阅读理解能力。因此,这不能不说,它是语文教学思维方式演化的一种结果。但是,这种教学思维方式也存在着种种弊端,如以讲授为主的"满堂灌",忽视了学生的主体性、主动性和创造性,学生成了装载知识的容器或被加工的材料,显然不利于学生创新思维能力的培养和语文学科素养的提升。

于是,我们认为,在中华人民共和国成立之初(1949—1957),我国的语文教学思维方式大多呈学习借鉴之态,故尚处演化期。

(二)发展期(1958—1976年):上下求索

1958年至1976年间教学思维方式的发展,基本承续了此前近十年的观点,并对其作了进一步探索。就语文教学思维方式的发展而言,从儒家义理、唐诗宋词、元曲汉赋、明清小说及近现代文学文本的解读到语言表达能力的培养,强调了语言文字的实际运用,标志着语文教学思维方式理论与实践的不断发展。如黎锦熙先生的《新著国语教学法》针对学生语文核心能力的培养提出要"启发想象与思想",[1] 促进学生思维的培植与发展,体现语文界研究者对语文教学思维方式的本质及其规律的清晰认知和理性思考。然而,1958年的"教育革命"思潮导致了语文教学思维方式政治化。直到1959年中央教育工作会议明确提出"贯彻教学为主的原则";[2] 1961年人民教育出版社积极组织调研,形成了重视基础知识和基本训练的指导思想;[3] 1962年吕叔湘先生指出:"语文的使用是一种技能,一种习惯,只有通过正确的模仿和反复的实践才能养成。"[4] 强调了"双基训练"与"实践学习"相结合的语文教学思维方式的运用。1963年教育部出台了《全日制中小学语文教学大纲(草案)》明确了"教师主导"与"学生主动"两者相统一的主体性,教师要给予学生有意识的思维引领,让学生"处在语感的状态中",[5] 并倡导要与"双

---

[1] 黎锦熙:《新著国语教学法》,商务印书馆,1924,第12—13页。
[2] 中央教育科学研究所:《中华人民共和国教育大事记(1949—1982)》,教育科学出版社,1984,第239—240页。
[3] 顾黄初:《中国现代语文教育百年事典》,上海教育出版社,2001,第433—436页。
[4] 吕叔湘:《关于语文教学的两点认识》,《文字改革》1963年第4期。
[5] 刘大为:《语言知识、语言能力与语文教学》,《全球教育展望》2003年第9期。

基教学"相结合,才能把学生自觉的、感性的学习主体提升到理性思维的高度。这些语文教学思维方式的鲜明特点在于:注重语文实践,强调语文运用,重视教师的严格要求与学生的勤学苦练紧密结合,体现师生双方主体作用的辩证统一。同年 10 月,张志公先生提出了在语文教学中要遵循其"工具"特征、贯彻"文道统一"的教学观念,① 为语文教学思维方式体系的建构奠定基础。1965 年《人民日报》载发了《教学工作要贯彻少而精的原则》一文,之后《光明日报》也发起了"启发式教学"的讨论,教学研究呈积极态势,促进了良好语文教学思维方式的形成。从 1958 至 1976 年间,我国的语文教学思维方式深受特殊社会环境的影响,有浮有沉,有动有静,有生机也有荒漠,教学之路上下求索,可视其为发展期。

(三)重构期(1977—1999 年):反思进取

1977 年,我国恢复了高考制度,由此迎来了语文教学的春天。在语文教学思维方式上,以语文能力的培养为教学的根本目标,从"无序"到"有序",从"自发"到"自觉",极力实现教学思维方式的科学化、高效化和现代化。无数语文教育工作者在反思中重构,在重构中进取,在进取中前行。诸如张棣华率先提出的"精讲多练"② 的语文教学方法,就是对过去传统意义上的讲读式和练习式教学思维方式经验的反思成果。1978 年的《全日制十年制学校中学语文教学大纲(试行草案)》在反思过去中学语文教学思维现状的前提下强调要充分调动学生学习的积极性与主动性,提倡启发式教学的思维方式。于是,众多学者开始审视现行的教学思维方式,语文教学理论界针对当下学生语文能力低下、语文教学效率不高等现象展开调查研究,通过反思与审视决定将学生语文能力的培养作为语文教学的努力方向。如以 1978 年吕叔湘先生的"少、慢、差、费"之说和叶圣陶先生的"教是为了不教"等著名观点为代表,彰显了那个时代语文界专家对语文教学思维方式的理论关注与思考。1979 年单少华倡导的"朗读教学法",也为语文教学思维方式的重构添砖加瓦。

20 世纪 80 年代以来,语文教学在不断反思过去经验教训的同时,在语文教学思维方式上也做了一些试验与探索。1980 年颁布的《全日制十年制学校

---

① 张志公:《张志公自选集》,北京大学出版社,1998,第 206—213 页。
② 张棣华:《反对烦琐哲学坚持精讲多练——语文教学中的一点体会》,《人民教育》1977 年第 3 期。

中学语文教学大纲（试行草案）》强调了听、说、读、写能力的培养，并以提高学生的观察、思维和想象能力为主。1981年刘国正指出了语文教学的作用是"学生从中获得运用语言文字的能力"。[1] 一些语文教育者注重培养学生的独立自学能力，着力提升学生的语文素养，训练学生的探究能力等。如以钱梦龙所倡导的"三主四式"教学法、魏书生创立的"六步"教学法、蔡澄清研究的"点拨"教学法、上海育才中学主导的"读读、议议、讲讲、练练"教学法、张富的"跳摘式教学法"及洪镇涛提出的"变'讲堂'为'学堂'"的教学主张等为代表的教学探索，不仅注重了教师的"教"，同时更重视了学生的"学"，既启迪学生思维，又激励学生独立自学，"足以提升阅读的兴趣"，[2] 突出了教师的指导意义和学生自主学习的作用。1982年蔡澄清在《重在点拨》中提出了"点拨法"，[3] 他依据学生学习的心理规律和教材特点，从尊重学生思维发展培养其能力的实际需要而提出的，其教学思维方式旨在运用启发式以"激情感染激情，兴趣激发兴趣"[4] 引导学生积极主动学习。点拨法，既是一种教学原则、教学理念和教学思想，又是一种具体的教学思维方式。这一教学思维方式有助于"引导学生主动地进行学习"。[5] 1986年钱梦龙的"三主四式"语文导读法，强调了以学生为主体，以教师为主导，以训练为主线和自读、教读、作业、复读四课型模式的教学思维方式。[6] 意在充分调动学生学习的积极性与主动性，极力挖掘学生的思维潜能和智慧。教师以组织者、引导者、激励者、启发者、传授者和参与者的身份出现，重在启发、诱导与点拨，将学生带入语文学科知识领域，与知识对话。与此同时，也注重训练学生的语文基本能力，让学生在自己的语文阅读实践中学会自读、学会练习、学会领悟与巩固。而魏书生的"六步教学法"以确定学习方向，指导独立自学，积极开展讨论，解答疑难问题，自我检测强化和做到自我总结为方式。教学目标明确，学生的学习积极性和互动合作及自我反馈的意识得到加强，教学效率有了进一步提高。当然，在此期间，还有张孝纯所提倡的"大语文教学法"、余蕾所尝试的"课内外衔接语文教学实验"以及1987年华

---

[1] 刘国正：《试谈中学语文教学改革的几个问题》，《课程·教材·教法》1981年第3期。
[2] 中国教育科学研究院：《叶圣陶语文教育论集》，教育科学出版社，2015，第49页。
[3] 蔡澄清：《重在点拨》，《语文教学通讯》1982年第2期。
[4] 郭戈：《教育学和心理学中的"兴趣说"》，《课程·教材·教法》2016年第9期。
[5] 蔡澄清：《简论语文点拨教学法的要义与操作》，《课程·教材·教法》1997年第12期。
[6] 钱梦龙：《三主四式教学法简介》，《江苏教育》1984年第11期。

东师范大学的"全国初中三年级语文抽样调查结果分析"和陈钟梁先生的"是人文主义,还是科学主义?"等教学实践与哲学反思,无一不是语文教学思维方式的重构之旅。他们从不同侧面反思过去的语文教学思维方式,积极探索教法并开阔学生视野,课外给学生"大量可读的'江河湖海'"[1] 拓展学生的学习领域,直面学生的家庭生活、学校生活和社会生活,并将其有机衔接与融合,促进了学生智力因素和非智力因素的发展,培养了学生的语文能力和语文素质。这些语文教学思维方式的重构,虽操作方法与程序各有千秋,但其教学思想是一致的,即都致力于全面推进和提升学生的语文素养。

20世纪90年代以来,语文界积极进取,将语文教学思维方式关注的重心转向了"素质教育",开始着手思考如何在语文教学中提升学生的综合素质,激起了语文教育战线上众多执教者的浓厚兴趣和探索意识。于是,以研究性学习为主流的语文教学思维方式应运而生,所谓研究性学习即指学生在教师的正确引导下,去努力发现、提出、分析和解决问题而获取知识的学习过程。全国不少学校及教师都积极开展了这一教学实践,例如,华东师大附中的"小课题研究课程"、北京五中梁捷老师的"专题研究课"、浙江大学附中吴旭辉老师的"语文课题学习"等都被视为研究性学习教学践行的典范。无可厚非,这便是语文教学思维方式重构的阶段性成果之一。之后,1992年的《初中语文教学大纲》明确提出要求学生在语文学习中养成习惯,改变了由零敲碎打转向习惯养成的学习方式;1993年5月,洪镇涛提出了"变'研究语言'为'学习语言'"的教学主张;[2] 1995年6月,山东吴心田主持开展"以训练为主"的语文课堂教学模式探索,克服了过去"以讲析为主"的课堂教学弊端;1996年的《全日制普通高级中学语文教学大纲》(初审稿)在反思中重构"双基教学"思维模式,强调了"精要、好懂、有用"的语文教学思维方式;1997年的《北京文学》"审视中学语文教学"风潮开始了语文教育大讨论,对语文教学诸方面问题提出疑问并展开了激烈批判;同年3月,广东汕头市的"读写创"教改实验,倡导在语文教学中培养学生的创新思维、创造精神成了语文界的热门话题;1999年5月的北京全国中语会上的论坛,语文专家们深入反思和总结后达成共识,在语文教学中应积极倡导自主性教学思

---

[1] 刘锡庆:《关于中学语文教改的若干思考》,《课程·教材·教法》1999年第3期。
[2] 洪镇涛:《是学习语言,还是研究语言?——浅论语文教学中的一个误区》,《中学语文》1993年第5期。

维方式，从某种程度上，为扭转语文教学效率低下的局面开辟了一条新路。这些都标志着语文界对其教学思维方式的反思进取与重构。

这一阶段的语文教学思维方式，无论是从语文教学理论层面的吕叔湘的"少、慢、差、费"之说，叶圣陶的"教为不教"之论，钱梦龙的"语文导读法"，李吉林的"情境教学法"和蔡澄清的"点拨教学法"；还是从语文教学实践方面的魏书生的"六步教学法"，王尚文的"语感教学法"及洪镇涛的"变'讲堂'为'学堂'"教学主张等，都从不同视角对过去的语文教学思维方式进行了拨乱反正、开拓进取和理论重构，彰显了我国语文教学思维方式的生机与活力。

(四) 革新期（2000年至今）：深化繁荣

2000年以来，我国的语文教学思维方式步入了深化发展、革新繁荣的关键时期，语文界有识之士开始审视当下的教学思维方式，对一些新理念、新课型、新教法的探究与实施进入深水期，其主要标志有"合作学习"[①]"'探究—发现'式教学"[②]等教学模式的涌现，使语文教学思维方式的革新不断深化。然而，要"实现从传统教学到现代教学的全面转型，是所有改革者的共同愿景。"[③] 2001年，教育部颁布了《全日制义务教育语文课程标准（实验稿）》强调在教学上反对"满堂灌"，反对"标准统一"，主张建构与生成，积极倡导自主、合作与探究的教学思维方式，重视学生思维发展等，凸显语文教学思维方式之变革。于是，"'满堂灌'的讲解变少了，教师课程开发的意识和语文课程的活力逐渐增强。"[④] 2003年王荣生出版的《语文科课程论基础》深入研究了语文教学内容及其观课评教标准，从一个视角阐明了语文教学思维方式的革新理念及其主张。2005年李海林的《语文教学的自我放逐》和《无中生有的创造性阅读批判》从理论和实践的角度明确指出了语文教学的种种误区，旗帜鲜明地提出了革新语文教学思维方式的独到见解。2007年出现了在线语文沙龙论坛的"初中语文网上教研组"，以"提升个性、共同进

---

① 柳方平：《"学组讨论，合作学习"实验研究的主要内容及策略》，《语文教学通讯》2001年第21期。

② 沈江峰：《为培养创造品格奠基——关于语文"探究—发现"式教学的思考》，《人民教育》2000年第2期。

③ 叶澜主编《"新基础教育"发展性研究报告集》，中国轻工业出版社，2004，第22页。

④ 王云峰：《从学科知识到人的发展——回望十年义务教育语文课程改革历程》，《基础教育课程》2011年第2期。

步"为基本追求,打破了沉闷的语文教学思维氛围,促进了语文教学思维方式的革新。同年9月窦桂梅立足语文课程的完善理念围绕主题教学思想,比较系统地构建了四位一体的目标、内容、实施与评价的语文主题教学思维体系,引领了全国语文教学思维方式的革新,促进了学生语文素养和语文能力的提升。2010年7月,北京市经过十年的语文教改实验,主张在语文教学思维方式运用上要注重动态生成、有效互动及学生创新思维的培养。2011年教育部颁布的《义务教育语文课程标准》,在教学思维方式上,建构了语文课堂教学新范式和语文教学思维新体系,直接指向基于"语用观"的理解式、迁移式、创生式、学用型和积累型运用。① 但不可忽视的是,有的教师对语文教学思维方式的选择随意而盲目,经调查发现,许多语文教师的教学思维方式比较单一,或"满堂讲",或"满堂问",或"满堂读",或"满堂论",或"满堂PPT"等。自主、合作、探究的学习方式也名存实亡,有的地区及学校的教改活动陷入标新立异,缺乏领域前沿实践研究成果的学习与继承,于是出现了讲给听课老师看的"教师表演派"以及由文本中的某句话而无限引申的"借题发挥派"式的所谓"公开课""观摩课"的教学思维方式,这种表面举革新大旗的语文教学思维模式,看似热闹而引人注目,其背后却是肤浅和无效。

诚然,革新语文教学思维方式不能局限于语文教学模式的修修补补,或寄托于某一教学方式的改革,而应实现语文教学思维结构的科学性变革。2014年的语文教学思维方式,呈现出让写字教学回归语文课堂,以写作促阅读,弃浮躁,重理性,求务实,加快语文课堂教学转型发展。2017年的语文新课标在凝结诸多智慧,彰显时代特点和体现创新精神的前提下,视语言、思维、审美和文化为语文学科核心素养的重要元素,奠定了语文教学思维方式的新理念、新内容和新要求。同年9月,时任教育部部长的陈宝生提出"掀起'课堂革命'",② 这无疑又给语文教学思维方式的革新带来了一次深刻的洗礼。坚持语文教学的内涵式发展,加快语文教学思维方式的转变,语文教学须从过去仅重视"教"到重视"教、学、考"的统一,实现由量的转化上升到质的飞跃。2018年,随着新课改的实施与持续推进,语文教学思维方式的革新迈入了核心素养的新时代。如何转变教学思维观念而付之行动,将

---

① 刘仁增:《语用:语文教学的价值重塑与范式重构》,《课程·教材·教法》2014年第6期。
② 陈宝生:《努力办好人民满意的教育》,《人民日报》2017年9月8日。

思维理论应用于语文教学实践，成为语文教学思维方式研究者所关注的话题。特别是随着《中国学生发展核心素养》在 2016 年 9 月的颁布、2020 年修订的《普通高中语文课程标准》和 2022 年修订的《义务教育语文课程标准》的正式发布，其明确指出要培育学生的语文核心素养和关键能力，其"核心素养"和"关键能力"成为当下语文教学话题的高频词和热门词，助推了语文教学思维方式的持续革新。如基于语文学科核心素养和关键能力设计核心问题而有效开展课堂教学，提升学生语文能力的教学思维方式；将文学学、文章学、阐释学、解读学和思维科学等理念贯穿于语文阅读教学思维方式的深度融合之中，培养和发展学生的语文思维；遵循语文教学从"点"到"面"，从"易"到"难"，从"低"到"高"，从"回归"到"超越"，从"现象"到"本质"的思维规律及路径，提升学生语文素养；立足文本、尊重学生、启迪思考、张扬个性，构建开放、自然、生动而富有创新活力的语文教学思维方式。与此同时，还涌现出"本色语文"的教学思维方式主张，以创新能力、批判性思维能力培养为主的高阶教学思维方式及"语用"视野下的口语与习作教学思维方式革新。时至今日，展现出不少语文教学名师的经典课例，诸如郭初阳执教的《老王》、郑桂华执教的《安塞腰鼓》和范美忠执教的《孔乙己》等，他们的语文教学植根于语文学科核心素养，自然朴素，充满语文味，颇具语文教学思维方式的革新魅力。而且，越来越多的语文教育者参与到语文教学思维理论的研究中，促进了语文教学思维方式的有效变革和语文教学范式的多元化，语文教学思维方式视野开阔、内容丰富而深刻。尤其是步入新时代，语文教学思维方式呈现勃然生机，语文界积极呼吁语文教学须提倡"真教"，摒弃"假教"；强调学生"真学"为旨，让"核心素养"植根语文课堂教学；主张科学运用"互联网＋语文"的教学新视野等。透射出语文新课标、新课程、新教学、新教改多元繁荣的新思维、新理念和新成就，为全面深化语文教学思维方式改革提供新方略、新路径。

三、语文教学思维方式的未来展望

通过以上对新中国 75 年来语文教学思维方式的回顾和梳理可以看出，语文教学虽客观上取得了一定成绩，但总体而言，无论在语文教学思维方式的理论研究层面，还是在其实践应用领域，依然不令人满意。基于此，未来应立足于其理论研究的导向功能和视野拓展，并注重其科学建构，朝着语文教学思维方式走向成熟的目标奋进。

(一) 充分发挥语文教学思维方式理论研究的导向功能

语文教学思维方式理论研究具有科学性和超前性。这种科学性和超前性在语文教学实践中体现出极强的导向功能，即一方面能对语文教学思维方式的选择进行科学预测，具有前瞻性和预见性；另一方面能对语文教学思维方式的实践应用提供正确引领，具有导向性和促进性；此外，还能科学遵循语文教学的客观规律，做到"理论与实践的有效结合"[①]规范语文教学模式，切实推动语文教学思维方式的不断革新。当然，无论是我国成立75年来所取得的语文教学思维方式研究理论，还是来自西方教育家先进的语言教学思维范式研究成果，都应树立扬弃的教学思维观，从语文学科教学的性质及特点出发予以科学应用，有效指导语文教学实践。

(二) 极力拓展语文教学思维方式研究的新视野

语文教学思维方式研究的新视野拓展，须从以下诸方面着手：首先，应在已有语文教学思维方式研究视野的基础之上，加深理解而强化认知。如对语文教学思维方式的思想蕴含、本质特点、思维理念、构成要素及教学模式等的研究需要不断深化，寻求更加符合语文教学认知规律的新理念、新视角和新方法。其次，要奋力拓展语文教学思维方式研究的新视野、新领域、新热点。大数据时代，信息化、数字化、多元化、科学化理论丰富了语文教学思维方式研究的内涵，提供了新的研究思路和逻辑起点。我们须紧密结合语文学科特点，学会多元逻辑探究、秉持开放心态，以历史的眼光考察古今，以理性的视角洞悉教学，以辩证的思维看待教法，以崭新的理念引领语文教学思维方式的不断革新。最后，要重视语文教学思维方式的跨学科研究。语文教学思维方式的研究应打破传统意义上分门别类、按部就班的研究模式，要与文学、史学、哲学、美学、教育学、心理学、人类学、社会学、阐释学、解读学、接受美学、信息论、系统论、控制论、人本主义、建构主义、后现代主义、多元智能理论以及合作学习理论、蒙太奇手法等学科相互联系，全面探寻语文教学思维方式研究的新的元视点、生长点和启发点。

(三) 科学建构新的语文教学思维方式

语文教学思维方式具有理论性、实践性、综合性、多元性及指导性特点，

[①] 张廷凯：《课程资源与有效教学关系的基本认识》，《教育研究与评论（中学教育教学）》2014年第1期。

它蕴含了自然、社会、思维等领域的科学理念，其建构应是科学的、合理的、自觉的、符合当代社会风潮的。首先，做新时代语文教学思维方式革新的引领者。新时代要培养具有现代思维的创新人才，教学便亟须变革，而教师应积极担起领先者的角色，潜心教研，为革新语文教学思维方式创造条件；应善于学习国内外语文教学思维方式研究的新理论、新成果，科学接受其新思想、新理念、新观点和新方法，并紧密结合语文教学实践深入探讨，掀起真正的"课堂革命"，将语文教学思维方式改革新策略落地生根。其次，坚持返璞归真而守正创新的语文教学思维原则。当下语文教学思维方式应在充分尊重语文学科性质及其特点的前提下不断探索与革新，关注学生人生价值与自由发展，追求生活语文、本色语文、自然语文、绿色语文和生态语文，做到真教语文、实教语文、优教语文。亟须回到朴素立场，坚持返璞归真、守正创新的教学原则，便是语文教学思维方式发展的必由之路。最后，将现代科技与语文教学思维方式深度融合。新的语文教学思维方式的建构，需要现代大数据、人工智能等新科技的参与，才能加快其思维方式的改革与创新，建构语文智能教学、交互式语文教学等新型教学体系，有力推动语文教学思维方式向信息化、数字化、现代化、科学化迈进。如厚植语文教学资源、丰富语文教学内容、改革语文教学模式、创新语文教学方式等，真正实现科技施教、科学施教、素养施教，谱写中国式现代化语文教育新篇章。

新课程背景下高中语文课堂教学的四个维度

高中语文教学策略既是语文教育方法论的哲学话题，又是语文教学的实践运用问题。用新课程的基本理念审视当下的高中语文课堂教学现状不难发现，过去的语文教学策略在知识运用、教学深度、教学创新和教学趣味等诸方面需要以人为本、破旧立新、焕发生机与活力；而新课程背景下的高中语文课堂教学则呈现出多姿多彩的教学态势，就整体而言，从根本上继承了传统语文课堂教学的积极因素和思想理念，鲜明而理性地朝着重运用、有深度、有新意、有趣味的教育教学方向蓬勃发展。

新课程理念的春风吹拂着高中语文课堂教学之沃野，到处呈现一片百花齐放、万紫千红的教改生机之景，这为高中语文课堂教学带来了前所未有的深刻变化。身为高中语文教师，我们应该努力正视之、慎思之、追问之、探究之、透悟之。教学有法，教无定法，重在得法。高中语文课堂教学之策甚多，在此仅就"重运用""有深度""有新意""有趣味"四方面探究如下。

一、新课程背景下高中语文课堂教学策略之一：重运用

重运用，即在新课程背景下，高中语文文本教学应重视语文知识的灵活运用。新课标指出："高中语文课程，应注重应用，加强与社会发展、科技进步的联系，加强与其他课程的沟通，以适应现实生活与学生自我发展的需要。"这不难看出，新课标不仅强调了语文内容、语文文本、语文教学以及语文实践与学生生活、社会进步、科技创新和学生自我发展的必然联系，而且不忽视语文学科与其他学科课程的内在联系。通过语文教育教学培养学生热爱生活，正确而熟练地掌握和运用祖国语言文字的技能，并且在语言文字的科学运用中不断开阔思维视野，提升思维能力和语文综合素养。可见汉语言文字及文学对学生自身发展具有显著的实效性、开放性、灵活性和前瞻性。

荀子言："辨说也者，心之象道也。心也者，道之工宰也。道也者，治之经理也。"这是一种文以明道的主张，他认为一切言论，凡是合乎道的、宣扬道的，就是好的。一切文章都有道可遵，道即根本，本即生活，这实际上讨论的是文章与生活实际的必然联系。由此可见，语言文字与人类现实生活密不可分，教学中更要重视其运用。教育部高考命题考纲在语言文字运用方面作了明确的导向。一方面注重考查学生在学习和生活中需要具备的基本语文能力，如理解、分析、归纳、概括及表达应用能力等；另一方面是注重考查学生在模仿中根据需要创新的适用语文能力，在考题中表现为实词、虚词、熟语的运用，病句的辨析与修改，扩句、缩段、选用、仿用、变换句式，语言表达的连贯、得体，常见修辞方法的正确运用等。如高考试题：请仿照下列例句另写两句结构相似、修辞手法相同的句子。

"人生是一杯茶，有苦涩，也有香甜；_____；_____。"这道题就是考查学生修辞手法与仿写、扩写的有机结合。它要求考生仿照前一个比喻句再扩写两个结构相似、手法相同的比喻句，并与前一个比喻句共同组成一组由三个比喻分句构成的排比句，扩写部分也具有仿写的基本性质，以表达对人生意义的看法。所以，扩写部分应与前文紧密相关，在字数、词语、结构、内容上都浑然一体。这就考查了学生在语言文字方面的实际应用能力、思辨能力、创新能力。

值得反思的是，有的教师未能在具体的语文课堂教学中把语言文字运用的训练和阅读、写作、口语交际的教学恰当地结合起来，没有使学生的语言能力得到应有的提高，当然就更谈不上"语文"与"学生发展"之"科学运用"了。在新课标的要求、高考的命题导向以及考生答题中暴露的种种问题中，我们应当思考，在语文教学中要立足文本、直面考点，强化训练学生的语言文字运用能力。如高中语文文本中《荷塘月色》等优美散文中有许许多多精彩的妙句，多运用比喻、排比、拟人等修辞手法，教师教学中就可以用《荷塘月色》中运用拟人手法描绘仿佛少女姿态、情态和神韵的荷叶荷花，连用一粒粒的明珠、碧天里的星星以及刚出浴的美人三个比喻构成排比句，描摹出淡月下荷花的美感。"明珠"和"碧天里的星星"似"闪光"；"刚出浴的美人"似"美质"。三个比喻并列组合构成一幅美不胜收的荷花锦绣图，在此，教师可设题要求学生另选话题充分发挥丰富的联想和想象进行仿写训练，进而提高其语文运用能力。教师也可以作示范仿写：滔滔的江水中（说明描

写的角度：江水中），缥缈地闪烁着一道道波光（点出描写对象：波光）。有轻盈地舞着的，有灿烂地露出微笑的（两个拟人句描写出波光或婀娜或欢快的情态美），正如一枚枚的金钻（比玻璃晶莹结实），又如银河中的天马（比波貌的雄骏），又如刹那划破黑夜的闪电（闪电比波光急速跃动闪烁的态势）。这就写出了江中波光之美感，耐人寻味。可见，高中语文教学中教师完全可以立足文本、直面考点引导学生进行语言文字运用能力的反复训练，不断培植学生的语文实际应用素养，提高语文运用能力，虽"山重水复"，但"柳暗花明"。而当下的高中语文教学则呈现出课堂教学与学生语文实际运用能力的培养背道而驰的种种怪象，显然，他们忽视了"'重运用'是语文教学的生命之根。"

二、新课程背景下高中语文课堂教学策略之二：有深度

有深度，即教师在高中语文教学中要力求深刻、深透、深入浅出。

（一）深刻

《学记》中所说的"道而弗牵"，强调教师要善于启迪引领学生深入思考问题，而不能牵着学生的鼻子走。所谓"深刻"，即指透彻、深入。教师在高中语文教学中，要潜心研究教材、吃透课文，精心设计教学环节，正确引领学生准确解读文本，要让学生走进文本，与文本对话，与作者对话，与作者的思想和心灵对话……这样才能使学生对文本深刻解读。教学中，教师切忌用自己的讲授去代替学生的感受，不能把学生的思维纳入既定的框架，要让学生养成深思深悟的良好习惯，在文本解读中"读出自我、悟出自我、洞出自我"，要让学生在阅读中发现"我"、表达"我"、反思"我"、追问"我"、展现"我"，在对"自我"和"他我"的领悟过程中去认识自我、审视自我、改革自我、锤炼自我、升华自我。

（二）深透

深透指的是深刻而透彻，即在深刻基础上更全面、更完整、更彻底。高中语文新课标也指出："在表达实践中发展形象思维和逻辑思维，发展创造性思维。"考纲包括识记、理解、分析、综合、表达应用、鉴赏评价、探究等七个能力层级，其核心是学生思维品质的渗透和培养。高考作文测试的能力层级主要是表达与应用，这更需要对语言文字的深透理解和运用。高中语文教学中要注重对学生概念、判断、分析、推理和归纳概括能力的培养，教师要透过文本语言、文字信息和表现手法来引导学生挖掘作品思想、品味作家情怀、鉴赏文学艺术等。要引领学生自然地走进文本体验作者生活，感悟作者的世界观、人生观、价值观、伦理观、道德观以及爱情观……要让学生的思想情感与作家作品融为一体。

（三）深入浅出

所谓深入浅出，其本意指讲话或文章的内容深刻，但语言文字或内容或道理既意味深刻又表达得浅显通俗易懂。教师在高中语文课堂教学中，既要做到引领学生深入解读文本内涵，又要做到以人为本让学生明白易懂；既要启发学生深入解读、分析、理解、归纳、概括、鉴赏文本，又要联系生活由课内辐射课外进行联想、想象、比较、综合、辩证等。要让作家在作品中表现出来的思想观点既渗透进学生心灵，又再现于学生的现实生活。因为文本无非是表达作者的所见、所闻、所知、所感、所思，是对客观世界的人、事、景、物及其发展变化的真实再现，然而作家只有对现实生活中的人、事、景、物之间和人、事、景、物与"我"之间的关系有了清楚的了解、认识，才有可能如实地、恰当地记叙见闻，说明事理和发表观点，做到深入浅出。高中作文教学中，教师应该紧密联系学生生活实际，强化对学生深入浅出的审题思维训练。当然，无论是作文教学还是阅读教学等都应构建这种教学理念，进而提高语文教学质量。

三、新课程背景下高中语文课堂教学策略之三：有新意

高中语文新课标强调："现代社会要求人们的思想敏锐，富有探索精神和创新能力，对自然、社会和人生具有更深刻的思考和认识。"有新意，就是要求教师在高中语文教学中要力求创新，讲出"新"来，教出"新"来，只有这样，才能让学生学出"新"来，造出"新"来，即观念新、方法新、内容新、形式新。

（一）教学观念新

《国家中长期教育改革和发展规划纲要》认为促进学生全面发展，着力提高学生服务国家、服务人民的社会责任感，勇于探索的创新精神和善于解决问题的实践能力是我们培养创新型人才的基石，是我们国家中长期教育改革和发展纲要规划战略目标的重要组成部分和核心之一。观念新就是要求教师在高中语文教学中要树立新的教学理念，要应用现代教育技术从传统教育的

教师、课堂、教材三重心向现代教育的学生、活动、经验的三重心转变中对资源的开发与利用。如在传统的高中语文教学中,教师被视为课堂的权威者,教材和学生被视为课堂的接受者。而在现代教育中学生被视为学习的主体,在教师的引领下通过积极主动的学习而获得自身经验的不断积累,共同进步和健康成长。

(二)教学方法新

教学有法,教无定法,重在得法。我们应该积极倡导以学生为主体,以教师为主导,以训练为主线的教学理念。以学生为主体即以学生的发展需要为中心;以教师为主导即教师要帮助和引导学生学习掌握本学科的专业知识和基本能力;以训练为主线即学生在教师的引领下,通过反复强化训练形成良好的实践智慧并有效运用。方法新指的就是教师能否在学生已有知识、技能和经验的基础上,引导学生生成和构建新的知识、技能和经验。如:有教师教学《赤壁赋》时启发学生对文中"月出于东山之上,徘徊于斗牛之间"中"徘徊"一词的解读时,有学生认为这里的"徘徊"是写月亮走得慢,也有学生认为是作者有意描写自己对月亮的思恋之情……最后老师点评:"徘徊"通常用来描写人的心理或行动,而文中却用在了对月亮的描写之上,这些同学的分析很生动,也很有新意,情景交融,耐人寻味。"徘徊"一词的确一字千金,体现出苏轼文学语言的精练传神、情真理哲、形象生动。这一教学案例表明,教师在新课程背景下能以人为本、以学生为本,激发学生思维,张扬学生个性,充分调动学生学习的积极性、主动性和创造性思维活动进行学习,无疑也是一种教学方法和教学理念上的创新之策。教师在教学过程中,总是让学生享受探索、创新和富有智慧的挑战过程,这无疑是一种崭新的教学策略,同时也是新考纲视角下的新教学"方法论"之体现。

(三)教学内容新

内容新指教师在高中语文教学中,要善于取舍、筛选、整合文本信息,将文本的知识体系科学地转化为课堂的教学体系,即教学内容要富有选择性、先进性、经典性、时代性、简明性、概括性、创新性。选择性指教师对教材内容的大胆筛选和取舍的过程;先进性指教师对文本信息整合、提炼、加工从而形成优秀教学内容的过程;经典性指教学内容具有典范性、权威性和经久性,是教师经过精心备课选择出来的最有价值,最能表现课文精髓,最具代表性,最完美的学习材料;时代性指教学中教师对教学内容的解读和传授紧密结合当前的社会生活实际进行教学的过程，突出时政性和发展性；简明性则指教师对教学内容化繁为简、化难为易的教学过程，具有简练性和明朗性之特点；概括性是教师对教学文本主题意义等的归纳、总结和综合的过程；创新性透视出教师对教学内容的改革和再创造的过程和特性。

（四）教学形式新

高中语文教学无论是阅读教学还是写作教学，教师在课堂上都应该因"材（学生）"施教、因"文（教材）"施教、因"标（课标、考纲）"施教，灵活运用多种教学手段科学处理教学内容，教出"新"来，学出"新"来。首先是教学中教师展示教学内容的模式新颖。如运用二维码将文字、图片、图表、动画、音频、视频等与文本内容有机联系进行教学。其次是教师解读文本内容的教学方式新颖。如知识点明确清晰，强调栏目板块设计，支持学习从接受式转向自主合作探究式，语言简明、易懂；体现教学设计思想和教学实施过程的基本环节。最后是资源整合的教学途径新颖。如高中语文教学中应用现代信息技术，给学生提供丰富的学习资源支撑、案例及教育情境，通过现代手段适时收集反馈意见和生成资源，变学生为建设者，变被动者为主动者，变求知者为探索者。

四、新课程背景下高中语文课堂教学策略之四：有趣味

爱因斯坦曾说："兴趣是最好的教师。"这道出了一个人只有对某客观事物产生浓厚的兴趣，才会主动去探索、去求知、去实践，并在探索、求知、实践中萌发愉悦的体验和情感，因此古今中外的教育家无不看重兴趣在智力开辟中的感化效应。语文新课标也指出要培养高中学生对文本阅读的浓厚兴趣，使他们具有一定的阅读能力、理解能力、分析能力、判断能力和表达能力等，同时也要注重培养学生思考问题的能力，增强高中学生的探究意识、研究兴趣。

新课程背景下，高中语文教学要培养学生对语文的浓厚兴趣，则要求教师的语文课堂教学必须充满趣味性。教学中要鼓励学生提出问题、认识问题和解决问题，需要教师精心设计教学内容，力求使教学情境和教学过程充满生动性和趣味性。新课程背景下的合作学习就是把小组中不同类型的学生进行优化整合，以群体智慧来解决学习中所遇到的种种疑难。其合作学习中来自学生的思想、观点、方法及见解各有千秋，无疑充满趣味及个性色彩，这就要求教师所设置的合作学习内容本身具有生动性和趣味性。如：教学中要

培养学生的创新精神和思维能力，教师就应该立足文本内容，充分运用教学录像、教学媒体、学习资源数字化形式等呈现有关教学内容让学生可读、可视、可听、可感、可悟，这无疑充满趣味。又如四川考题：几何学上的点只有位置而没有长度、没有宽度、没有高度，正是那无数个点构成了无数条线、无数个面、无数个立体……请就以上材料展开联想，写一篇不少于800字的文章。从题面而言，文理融合而又充满哲学思辨，具有趣味性。仔细品读则透视出"小中见大""局中见整""量中见质"等丰富内涵。其联想的空间也极为广阔，既可想到：点乃人生之起点，生命之开初，万事万物之源头；也可联想到：蝼蚁之穴，溃堤千里，小错不改，铸成大错；想要成就大业，必须从一点一滴的小事做起……

这种新颖、充满趣味的命题形式，对训练学生感知语言、品味生活、培养想象力、联想力和创新力都有极大帮助。

在《孔雀东南飞》的教学中，兰芝与仲卿殉情后，两家求合葬，并在"东西植松柏，左右种梧桐"的故事情节中，教师设计教学环节请学生就此展开想象，谈谈焦、刘二家对此二人殉情后的心态变化。一些学生认为：生命代价换来两家的觉醒，焦母自责驱遣新妇逼儿另娶的蛮横；刘兄懊悔趋炎附势逼妹改嫁的凶狠；合葬兰芝、仲卿告慰死者英灵。种梧桐松柏寄托思念之情：愿他们化鸳鸯栖梧桐长相厮守，愿他们怀恩爱笑松柏万古长青。这一教学环节的设计首先就有浓厚的趣味性，能吸引学生从而调动其思维，张扬其个性。

可见，趣味性是语文教学之生命、之灵魂。高中语文教学的趣味性在于教学设计需要理论联系实际，需要恰当运用启发式等教学方法进行教学，要将各种教学手段紧密联系教学目标、教学内容、教学步骤、教学环节，合理置设教学情景、营造教学氛围，做到根植文本、取舍恰当、重点突出、直面课标及考纲，让学生学中有趣、思中有趣、习中有趣、练中有趣……从而使他们快乐学习、幸福学习。

五、总结

20世纪伟大的哲学家海德格尔曾说："只有当我们在世界之中生活，并在世界之中构建我们自身，我们才能逐渐理解我们本己的存在。"诚然，新课程背景下的高中语文课堂教学策略之存在，理应构建立足文本、坚守课标、服从考纲之理念，以学生为本重视语言文字基础知识、基本技能的灵活运用，力求教学内容深刻、深透、深入浅出，并在教学中敢于创新、勇于创新、善于创新、不断创新，营造有乐、有趣、有韵、有味的浓厚课堂氛围。

论语文教学思维的基本特质

语文教学思维是语文执教者的教学策略、教学模式及教学手段与方法等在其心理机制、心理结构、教学预设、教学实践、教学活动、教学评价中的反映。它既是符合语文教学规律、认知规律的思维理念和思维视野，又是有效实现语文教学目标的重要内核。它是揭示语文教学本质、透射语文教学底色、反映语文教学内在联系、发展学生思维品质、提升学生语文素养及能力的基石。由此彰显出其教学思维的广阔性、批判性、深刻性、灵活性、敏捷性及创新性之基本特质。

教学有思，思无定思，重在得思。语文教学本质上就是教师精心选择教学内容、巧妙设计教学环节、恰当运用教学方法及科学实施教学策略，引领学生走进语文、陶冶性灵、发展思维、提升能力的思维活动过程。基于语文教学思维之内核，其基本特质莫过于广阔性、批判性、深刻性、灵活性、敏捷性及创新性。

一、语文教学思维的广阔性特质

刘勰《文心雕龙·神思》言"思接千载，视通万里"，陆机在《文赋》中也说"观古今于须臾，抚四海于一瞬"，他们都指出了文章构思要博采古今四海，包括万有，强调了文学创作中思维的广阔性特质。而语文教学思维的广阔性特质则是教师在语文教学中，师生双方共同发现、分析和解决问题的广泛性、发散性、开放性的思维特质。语文教学思维的广阔性特质是语文教师建立在学生已有的知识经验基础之上，善于充分发挥学生丰富的联想与想象，激发学生积极思维，注重教学中训练学生对语文知识和信息的筛选、提炼、归纳、概括、拓展与延伸，培养其思维广阔性品质的教学思维。比如，对陶渊明诗句"采菊东篱下，悠然见南山"的解读，教师激励学生对陶渊明笔下的"南山"景象充分发挥他们丰富的联想与想象进行拓展和延伸,说出各自的理解与体悟,折射出教师语文教学思维的广阔性特质。教学中,有的教师还运用了对比解读语文文本的方法开展语文教学,如在教学贾谊的《过秦论》时,自然而然联想到苏洵的《六国论》,它们在思想内容上都与史论相关,通过对比教学明确其异同,拓宽教学思维视野。还有教师在教授周敦颐的《爱莲说》时激励学生发散思维,联系唐宋诗词中歌颂花卉的作品合作交流并进行探究性对比教学。如与诗人杨万里的《晓出净慈寺送林子方》比较教学,杨诗重在宏观描绘,凸显壮阔之美;而《爱莲说》则意在从内涵和气质着笔,突出其高洁淡雅之格。由此,拓宽了语文教学的思维空间而彰显其广阔性教学思维之特质。诚然,语文教学中,有的教师还能充分利用语文教学材料对学生进行有意识的文化渗透,精心创设教学情境让学生接触并了解一些有意义的西方文化及其思想,培养其"跨文化交际意识和能力",[1] 这无疑是语文教学思维的广阔性特质之体现。所以,语文教学中,无论是课堂上巧妙把握文本中具有开放性和张力性的语文问题,还是通过具有拓展意义的语文素材进行对比教学等,不言而喻,都反映出语文教学思维所具有的广阔性特质。

二、语文教学思维的批判性特质

无论是夸美纽斯"感知—记忆—理解—判断"的教学思维,还是杜威"进步主义教学模式"的教学思维,都富含浓厚的批判性色彩。"语文科是语言学科,同时也是思维学科。"[2] 澳大利亚新语文课标要求学生对文本要具有批判思维意识。美国新语文课标也强调学生要能批判性地分析和翻译文学作品。而我国的高中语文新课标也明确提出要促进批判性思维品质的提升等,旨在要求教师拥有批判性的语文教学思维特质,才能培养具备批判性思维品质的学生。语文教学思维的批判性特质是教师在教学中对语文文本进行严格审视、理性判断和辩证施教的思维过程及思维品性,即表现在语文教学活动中,教师有意识地激励学生独立发现、分析、评价、辨别和批判的思维意识、思维能力和思维精神。语文教学思维的批判性特质体现在教师不断激发学生对文本的批判性思维兴趣之中,要积极引领他们"批判性地学习新知识和思想",[3] 如批判性地分析文本内容,质疑作者观点,判断新的知识理念,树立

---

[1] 穆晓艳:《基于高中英语阅读教学,培养学生思维品质》,《读与写》2019年第5期。
[2] 朱绍禹:《中学语文教学法》,高等教育出版社,1988,第16页。
[3] 安富海:《促进深度学习的课堂教学策略》,《课程·教材·教法》2014年第11期。

全面、客观、辩证看问题的新思维视界等。通过教学文本把握批判尺度，培养学生批判精神，凸显语文教学的批判性思维特质。教学中，教师紧密结合教学过程提升学生的批判智能，并将教学文本联系现实生活自我审视与重构，尤其是高中语文教学中，教师以理性、客观、多元、批判的教学思维为主导，以培养学生的人格魅力、怀疑意识和批判精神为主流，教给学生善于质疑问题、反思深究文本的教学步骤、教学方法和教学策略等，这既建构了语文教学的批判性思维框架，又达成了语文教学思维的批判性特质。在教学上，有的教师还擅于精心设计问题，通过问题引导，促进学生理解文本信息，挖掘内涵而激活批判之思、点燃批判之火，如有教师讲授曹操《短歌行》时，就结合文本意旨设计一些关于曹操复杂性格评价方面有争议的问题，诸如曹操爱慕人才而滥杀无辜？胸襟开阔而极其狭隘？足智多谋而阴险狡诈？等等。让学生展开讨论和辩论，鼓励他们大胆质疑，树立批判意识，多角度辩证看待问题等，透视出语文教学思维的批判性特质。

三、语文教学思维的深刻性特质

语文教学思维的深刻性特质通常指在语文教学活动中所表现出来的抽象思维、逻辑思维的深度、厚度和力度，即教师在语文教学过程、教学活动中表现出来的深入性等。它是语文执教者有效运用教学策略引领学生从感性到理性、从具体到抽象、从现象到本质的思维过程之体现，是教师揭示语文教学底色及其内在根本规律的思维特质。语文教学中，教师善于诱发学生的求知欲，启迪他们深入探究语文问题，让学生"一旦有了求知的渴望，心灵就会有所作为。"[1] 为此，教师努力创造条件激发学生学习语文的兴趣，唤醒他们内心深处渴求探究语文知识的美好愿景，培育其语文思维的积极性和主动性，使他们既勤于思又善于括，充分与文本进行深入对话，探析并发掘语文字里行间所透视出来的深刻道理，极力涵养语文思维品性，熔铸语文教学思维的深刻性特质。当然，教学中语文教师启发学生深入挖掘文本内涵、透析课文要旨、锤炼语文思维的过程，本质上就是一种语文教学思维的深刻性特质范型。

---

[1]杜威：《我们怎样思维：经验与教育》，姜文闵译，人民教育出版社，1991，第219页。

四、语文教学思维的灵活性特质

鲁宾斯坦认为,教学思维是个能动灵活的过程。① 语文教学思维的灵活性特质即指教师在整个教学环节中所表现出来的灵教活学的思维特质。美国著名心理学家吉尔福特认为思维的灵活性其实就是思维的发散性表现。可见,语文教学思维的灵活性,要求教师从不同视角、各个方向、多个侧面进行教学设计、教学实施、教学评价等,切实做到举一反三而运用自如。既要注重教学过程中思维的灵活运用,又要重视教学结果评价思维的灵活应变等,即在教学中"充分凸显智力活动的灵活程度"。② 诚然,具体表现于语文教学中的文本分析、意旨概括、效果评估、课堂反思、教法革新等思维的灵活程度,以及该教学思维是否具有较强的迁移力、灵动力和张力。在语文教学中,教师要善于运用教学思维的灵活性特质恰当指导学生进行文本解读、习写训练等,有意识地设疑或创设悬念,巧妙引领学生充分发挥丰富的联想与想象,并启迪学生开展逆向、发散和求异思维训练,促使他们全方位、多角度、广延伸地去分析、思考和解决语文问题,培养其读写能力,进而提升其思维的灵活性品质。教师在语文教学中,能立足文本内容并联系学生实际,妥善处理好"主导"与"主体"、"教"与"学"等相互关系,达至灵活自如地开展教学的境界,建构赋予灵活性特质的语文教学思维。

五、语文教学思维的敏捷性特质

"敏捷性是其他一切思维品质的集中表现。"③ 语文教学思维的敏捷性特质即是教师在语文教学过程中,所表现出的思维反应的迅速性、准确性、果断性及敏锐性。在语文教学中,无论是文本解读,还是写作训练,教师能积极调动自身的教学思维进入教学情景,迅速、准确而果断地对教学内容、教学过程、教学效果进行周密思考、准确判断和科学评价。尤其在指导学生速读、速解、速写的训练时,教师须具备敏捷的教学思维,让学生在有限的时间之内完成某一学习任务,并有效取得相应的学习成绩。诸如快速阅读文本、快速释词解义、快速背诵课文、快速默写名句、快速解答问题、快速反思评价、快速总结提高……这些基本能力的提升,显然离不开教师平时敏捷的课堂教

---

① 鲁宾斯坦:《关于思维和它的研究道路》,赵璧如译,上海人民出版社,1963,第28页。
② 林崇德:《学习与发展》,北京师范大学出版社,1999,第257页。
③ 杨清:《心理学概论》,吉林人民出版社,1981,第68页。

学思维培育。不言而喻，语文教学思维的敏捷性特质主要体现在文本解读中教师指导学生快速筛选整合信息及提炼文章意旨，快速灵敏解决问题而阐发个人观点以及作文训练中的快速审题、立意、选材、谋篇等环节。正如有的教师采用快速扫描、快速跳读、快速浏览、快速赏读等教学方法高效训练学生获取文本关键信息，并激励他们通过视觉、听觉、大脑等心理感官作出迅速反应而果断归纳、快速判断而概括主题的教学思维，无不渗透语文教学思维的敏捷性特质。还有的教师恰切设计利于训练学生思维敏捷的短时提问而增强其紧迫感，提高教学效率。像这样精巧设计问题并恰当运用快速阅读法引导学生对文本进行解读，促进学生积极思考，准确推断而迅速作结的教学思维，无一不是敏捷性特质所在。此外，有的教师在教学中还有意加快语文教学节奏，适当扩大课堂信息量和练习量，循序渐进地促使学生养成快捷思维的良好习惯，如快速审美、鉴赏、仿写、扩写等，都凸显出语文教学思维的敏捷性特质。

六、语文教学思维的创新性特质

钱学森认为思维的创新性是一门科学的学问。① 澳大利亚母语核心素养框架中，也渗透了对教师教学思维的创新性品质要求。② 张志公先生也曾对语文教学实际问题明确提出教师须在语文教学中重视培养学生的创造性思维品质。③ 语文教学思维的创新性特质指的是教师在语文教学实践中所秉持的创造性思维特质。这不仅需要教师具备较高的敏锐观察力和洞察力，而且还要有联想想象力、积极求异力以及新奇的表达力等。在语文教学实践中，有的教师不仅善于启迪学生发现问题、提出问题、分析问题、思考问题，还有目的、有计划地鼓励学生创造性地解决实际问题。语文教学思维的创新性特质得力于教师充分发挥自身的主导作用，对语文教学内容进行精心选择、巧妙设计、有效迁移、创新重组、独特解析和意义建构，凸显新异的教学视角和思维逻辑。语文教学中，教师善于激励学生多角度而有开放性、创意性地领悟教学文本，能充分利用课文的艺术空白、召唤结构和期待视野进行创新性解读，极力拓展学生的阅读思维空间，让他们真正获得新的理念、新的视野、新的思考和新的方法，进而产生新的思维。这种探究性的语文教学思维范式其实

---

① 钱学森：《关于思维科学》，上海人民出版社，1987，16 页。
② 刘晶晶：《澳大利亚基础教育国家学业质量标准评述》，《教育科学》2014 年第 6 期。
③ 张志公：《迫切需要研究一些亟待解决的实际问题》，《中学语文教学》1997 年第 1 期。

就是一种求异创新性的教学思维特质之体现。语文课堂上，教师不断引导学生多层次、多侧面、有创意地积极思维的学习过程，本质上植根于教师语文教学思维的新理念、新方法和新视角。诚然，在语文教学中，有教师利用文本中的精彩片段让学生进行仿写、扩写或表演等，将学生已有的知识进行整合并纳入该文本解读的视野之中，陶冶学生心智，培养其创造性思维，显而易见其语文教学思维的创新性之特质。

七、总结

综观前述，语文教学思维的基本特质贯穿于语文教学始终，体现在语文教学思维的广阔性、批判性、深刻性、灵活性、敏捷性及创新性之中。它是揭示语文教学生命底色，反映语文教学根本规律，落实语文学科核心素养，提升语文教学质量的思想基石和智慧之魂。

语文思维范式的建构

语文思维范式是语文学科课程与学科教学思维系统化、理论化、实践化的世界观和方法论，亦是语文本体在其课标、课程、教学、评价及其认知领域，拥有的相对稳定且具代表性、标志性、本质性、公认性的思维典范和思维方式。而传统意义上的语文思维方式早已落伍于当下人才培养的需求，因此亟须适时建构科学的语文思维范式，即建构以语文课标、语文课程、语文教学、语文评价及语文认知为基本内核的思维范式，这不仅能有效提升语文教育教学质量，也能更好地培养学生的语文学科思维素养和思维能力。

著名哲学家笛卡尔曾说："我思故我在。"思维是人脑对客观事物间接和概括的反应活动。它通过对事物的概念、表象进行综合分析与推理判断，最终实现认识其本质及规律的思维过程。语文思维通常指对语文文本的思想内容及其表现手法等解读与鉴赏的思维活动，它是语文课程与语文教学诸多思维元素的集合体。从语文课程和语文教学思维的角度看，在不同的历史时期，人们对语文的思维理念、视野及其认知都不一样，不同的语文教育者和研究者针对同样的语文课程及其教学的理解也各有千秋。有的强调人文性与工具性的统一，有的主张知识与能力并重，有的关注主体与主动的重要性，有的倡导读、议、讲、练的结合，当然还有的提出教、学、考一体化以及群文阅读、整本书阅读、批判性阅读等语文思维观。仿佛百家争鸣而无所适从，因此亟须建构符合新课标、新教材、新时代理念下人才培养最基本的语文思维范式。

一、语文思维范式意涵

"范式"概念最早由托马斯·库恩提出，通常指科学领域所运行的基本理

论、理念及其实践规范,被视为科学研究群体成员要共同遵守的世界观和方法论。① 由此可见,"范式"是一种模型、范例、框架、方式,其思想土壤和文化品性则是一种科学理论上的世界观和实践中的方法论体系建构。语文思维范式是建立在语文学科课程与教学的理论视野和实践应用基础之上的世界观、方法论等的思维认知、思维理念和思维信念,是具有一定典范性、稳固性、公认性的语文思维范型和思维模式。显然,语文思维范式能清晰、准确地反映语文课程与教学的本质内涵和基本规律,有别于一般意义上的语文认识体系。它是思维主体根植于语文本土,观念的领悟与把握语文客体的思维认知方式,回答语文"是什么""怎么教""如何学"等问题,从而揭示语文本质及其规律的世界观和方法论。同时又是建构语文课程与语文教学的生命形态、学科范式、学术创见、理论前沿的基石。

二、语文思维范式建构的主要方略

(一) 建构语文课标思维范式

语文课标是进行语文教育管理、语文教材编写、语文教学实践及其评估考查的直接依据。语文教育者要建构科学的课标思维范式,一方面需建构准确解读语文课标基本内涵的思维范式,即明确语文课标是对学生某一语文学段学习行为结果的描述及其基本要求,而这种描述和要求又是可以实现的,它蕴含了语文学科"三维目标"与"核心素养"的共同达成。如《义务教育语文课程标准(2022年版)》明确指出要为形成学生正确的人生观、良好的个性、健全的人格以及终身发展打好基础;而高中语文新课标鲜明提出要全面培育"语文学科核心素养"的理念等。另一方面要建构深刻透视语文课标价值取向的思维范式,即语文基础教育大众化、学生发展促进化、提升素养整体化、语文教育多元化和教学管理灵活化。如语文新课标强调要培养学生兴趣、扩大语文阅读面、注重科学反思与整体评价等。此外,还要建构洞悉语文新课标的突破与创新的思维范式,即语文课标充分体现语文新课程的基本理念,注重引导学生学习方式的转变,突破了语文学科中心并加强与其他学科知识的整合,实现语文课堂教学生活化及考试评价科学化,同时注重了语文课程实施空间的拓展等。叶圣陶先生曾说"语文课程的根本任务是语文

---

① 托马斯·库恩:《科学革命的结构(第四版)》,金吾伦、胡新和译,北京大学出版社,2012,第147页。

思维训练"①,《义务教育语文课程标准（2022 年版）》和普通高中语文课标从不同的视角提出了发展与提升学生语文思维能力和思维品质的基本要求,教师应科学建构语文课标思维范式,正确领悟课标精神实质和基本理念,关注课标对学生语文思维素养培育的理论主张和实践要求,将语文课标内涵储于大脑、记于心间、用于课堂。教师只有掌握了语文课标的基本内核,在思想上形成理论化、系统化、具体化、个性化的行动纲领,才能在语文教学实践中得以顺利实施。语文课标思维范式反映了执教者对课标基本理念的世界观和方法论,折射出教师对语文学科课程性质、课程目标、课程结构、课程内容、学习质量以及教学策略与评价等诸方面思维素养的凝练,彰显了语文课标独有的思维理念、思维视野及思维范式。教师要潜心正确研读语文课标,把握语文课程的基本性质和独具特色的育人价值取向,关注不同学段学生的认知规律、个性差异及思维方式,并了解语文课标所规定的教学目标和内容,厘清语文课标与教材的内在联系,深入探究语文课标对语文教学的基本要求以及语文学习评价的相关建议等,真正达至建构科学的语文课标思维范式。

（二）建构语文课程思维范式

语文新课标提出要"进一步优化课程结构"。建构语文课程思维范式须基于提升国民素质,促进学生全面、有个性、终身发展之上,要突出其综合性、理论性、思想性、实践性、人文性及时代性特点。诚然,建构语文课程思维范式应明确其自身的教育定位,优化语文课程结构,将有力推动其科学文化内涵、人才培养质量及学科发展体系的全面提高,也将为培养学生的语文核心素养奠定基础。因此,语文课程思维范式的建构,首先,需要考虑我国优秀传统文学篇目的编排,诸如诗经、楚辞、汉赋、唐诗、宋词、元曲、明清小说等经典作品,让古典文学底蕴丰富语文课程、增强语文魅力、熏陶感染学生。其次,应增添中国现当代文学文化新元素,承前启后、继往开来而古今融合,夯实与丰富语文文本内容。最后,要加入一些西方历史上具有代表性的文学、史学、哲学、美学、逻辑学等文本,尤其有必要编入部分中西方饱含科技含量、代表学术前沿、能开发学生潜能与智力的科普读物,扩大语文课程的信息量、知识面等。应突出其文学性、知识性、人文性、工具性、实践性、哲理性、审美性、思维性和科学性特点。当前的语文课程无论是义

---

① 叶圣陶:《叶圣陶语文教育论集》,教育科学出版社,2012,第 56 页。

务教育还是普通高中,都应建构一些"蕴含东西方文化智慧课程范式"① 的必修与选修课程,充分发挥各类语文文本的意义及价值。需要指出的是,部编版普通高中语文课程的必修课程所占比例太少,应适当加强其阅读部分的传统经典篇目,而选修课程部分的内容太多、太散,很可能出现事倍功半之效,因为高中学生的学习任务繁重,真正能做到自主选择课程广泛阅读学习的人寥寥无几,更不用说读"整本书"了。所以亟须建构以人为本、以学生为本、以学生的发展为本的新型语文课程思维范式,比如,义务教育阶段的语文课程要根据学生记忆思维能力超前的特点,适当增加传统经典阅读篇目,让他们博闻强记,不要过分追求其深入解读,只需多积累、多涵养、多沉淀即可;而对解读思维、逻辑思维、鉴赏思维能力较强的高中学生而言,可恰切设置一定数量的必修经典课程,让他们深度体悟发展语文思维,进而提升学生思维品质和思维能力。而选修课程应考虑学生个别差异适可而止,不宜过多涉入,否则会适得其反,有损质量。当然,还应联系语文学科课程思维的特点,有效建构与课程实施相关的科学方略,避免其"理念空洞化,方法浮躁化,课堂表演化"。② 尽可能突出课程设置、课程实施、课程评价的科学性、实用性、思辨性和前瞻性。真正建构人文性与工具性、审美性与实用性相统一的语文课程思维范式。

(三)建构语文认知思维范式

语文认知思维范式是指对语文文本信息进行加工、提炼、抽象、概括的思维过程和思维方法,即人们获取与应用语文知识、提升语文素养及其能力而共同遵循的思维方式。从本质上说,它是一种"认知规范",③ 是确定语文学科课程与教学知识的基本方法,比如使语文课程内容经典化、使语文教学方式示范化、使语文知识应用规范化等。在语文教学和语文学习中,语文认知通过"指号"④(文本信息)传达思维,无论是一些教师还是学生,他们缺乏的不是语文基础知识,而是对文本信息最基本的认知思维能力。譬如,学

---

① 教育部师范教育司:《邱学华与尝试教育人生》,北京师范大学出版社,2006,第274页。
② 张廷凯、牛瑞雪:《回归学科研究——课程改革的深化逻辑》,《课程·教材·教法》2017年第2期。
③ 斯蒂芬·布鲁克菲尔德:《批判性思维教与学:帮助学生质疑假设的方法和工具》,钮跃增译,中国人民大学出版社,2017,第3页。
④ 杜威:《我们如何思维》,马明辉译,华东师范大学出版社,2019,第219页。

生进行文本解读时没有正确的思维方向，往往只凭直觉进行归纳与判断，用个人的盲目感觉与猜测替代有效的推理方法，解读思路单一、片面、狭窄，缺乏灵活运用语文文本信息知识的应变能力，更不用说利用已有语文知识进行顺向或逆向推理了。导致这个结果的根本原因，主要是学生脑海里没有形成有意义的且具指导性的语文信息知识思维网络，部分教师也缺乏对学生科学的语文思维方法指导，所以亟须建构语文认知思维范式。

首先，应构建科学的认知思维体系。科学的认知思维体系是提高师生认知思维能力的前提和保障，其认知思维既指有关思维学理论、理念、视野、方法、方式等，也包括语文及相关学科系统知识的理解、积累与沉淀。要想建构科学的语文认知思维范式，就应"寻求认知一致性"[①]而构建科学的认知思维体系，避免其盲目草率的思维误区，让师生双方拥有较好的思维学知识和语文素养，形成一个相对完整的知识链和网络体系，才能对所学语文知识进行正确思维和准确判断，从而提升学生的认知思维能力。如教师须具备一定的直觉、形象、逻辑、辩证及创造性思维常识，了解深刻、敏捷、灵活、批判和独创性的诸多思维品质及其内涵。同时也要拥有极为扎实的汉语言文学专业素养和丰富的学识，才能建构科学的认知视野和思维范式。而学生若掌握了较好的语文基础知识，形成了相对完整的知识储备体系，那么他们的认知思维能力也会得到相应的提升。

其次，需构建合理的认知思维方案。语文认知思维方案的构建，是建构语文认知思维范式的基础。学生通过对文本的完形感知、动觉和意象获得对语文认知的思维能力。[②] 语文教学中，教师不仅要引领学生感知文本意象，还要善于激活学生思维，培养其认知思维能力。

方案一：语文课堂上，教师要积极发挥学生的主体性和主动性，明确课堂教学的核心目标。这就需要教师课前充分准备，吃透课标、吃透文本、了解学情等，做到精心设置而总揽全局。比如，语文课堂上要巧设趣味性提问，吸引学生注意力，唤醒他们的联想与想象力，使其能主动地进行思考而解决问题。一定要以学生为本，视学生为教学主体，科学合理设疑，唯有如此才能调动学生认知思维的主观能动性。

[①] 卡比：《思维：批判性和创造性思维的跨学科研究》，韩广忠译，中国人民大学出版社，2010，第49页。
[②] 赵艳芳：《认知语言学概论》，上海教育出版社，2001，第76页。

方案二：语文课堂上，教师要倡导教学互动的多元化。如课堂上积极开展师生、生生、师本、生本的对话，营构一张语文教学互动交流结构网，教师要根据教学目标及内容，尽可能采用多样互动的交流方式，激励学生踊跃开展合作、探究、创新、开放等多种样式的语文学习讨论，不断促进学生认知思维的发展与提升。诚然，建构语文认知思维范式，还须考虑学生个别差异做到因材施教，注重拓宽学生思维视野，并强调实际语用认知思维能力的培育。

（四）建构语文教学思维范式

语文教学思维范式源于语文教育、语文学习之理念与实践，它是语文教育者群体对语文教学理念、教学思想、教学方式和教学策略等共同达成的思维认知。诚然，它是语文教育教学实践活动中相对比较稳定的思维范式，对语文教学目标的实现、教学质量的提升、人才培养的促进意义不可忽视。从教学观的角度看，语文教学思维范式亟须"进行创造性改造"，[1] 在继承中发展，在发展中创新，在创新中融合。需汲取本土传统语文教学中成功的思维范式元素，融入中西方现代新型的语文教学思维范式，并进行有机整合、加工与提炼，最终构成同而齐的语文教学思维范式体系。比如，传统的"师者，所以传道受业解惑也"从一个侧面揭示了教学授受关系的思维范式；"道而弗牵，强而弗抑，开而弗达"又从另一个角度道出了启发式教学思维范式的建构。而现代语文教学理念中教师角色的主导与组织、学生学习的主体与主动、知识领域的微观至宏观、阅读视野的群文到整本、思维训练的具象到抽象以及学习方式的自主、合作与探究等教学思想与教学样式，真正体现《基础教育课程改革纲要（试行）》所强调的"促进学生在教师指导下主动地、富有个性地学习"[2] 理念，这其实就是语文教学思维范式之建构。

建构语文教学思维范式，不仅要让学生在教学中获得语文知识的积累与沉淀，还要"构建以快乐为主题的教学模式"，[3] 让学生爱学、乐学，并学有成长。更要重视培养学生良好的语文素养，即语文学科核心素养。须通过语文教学培养学生建构与应用语言文字的表达能力、发展与提升多种思维能力、

---

[1] 爱华德·希尔斯：《论传统》，傅铿、吕乐译，上海人民出版社，2009，第2页。
[2] 教育部基础教育司：《走进新课程与课程实施者对话》，北京师范大学出版社，2002，第256页。
[3] 郭戈：《中西方乐学理念下的教学观》，《中国教育科学》2017年第3期。

鉴赏与创造艺术的审美能力、承传与理解文化的智性能力。尤其要注重培育学生科学的思维能力、思维品性和思维素养。譬如，在语文阅读教学中，"一个句子就是一种思维"① 教师可通过文本解读着力培养学生的创造性、批判性思维能力，要建构学生的问题思维、批判思维和辩证思维，极力拓展他们的思维空间，稳步提升学生的思辨能力。如教学苏轼的《赤壁赋》一文，可紧密联系他的《念奴娇·赤壁怀古》等文进行对比阅读；执教李清照的《声声慢·寻寻觅觅》一文，可结合她的《武陵春·春晚》等文进行拓展教学，这样不仅开阔了学生的阅读视野和思维空间，同时使学生的思辨能力得到有效锻炼。高中语文新课标提倡整本书阅读、群文阅读、跨媒介阅读、文学阅读、实用性阅读、思辨性阅读，建构了当下新型的语文阅读教学思维范式。即扩大阅读面、注重情感体验、关注信息文本阅读，② 倾向鉴赏性阅读、应用性阅读、审美创造性阅读等。比如，教学陶渊明《归园田居·其一》时，教师应引导学生思考和探讨作者描绘美好田园风光和农村生活的象外之象、景外之景和言外之意，可通过思辨性阅读方式切入文本，巧设情景、质疑激思而准确解读，进而发展与提升学生的语文思维。由此可见，语文教学亟须建构多元化、生活化、系统化、科学化乃至个性化的思维范式，其思维范式的建构应彰显语文学科工具性与人文性一体化之特点，突出语文学科核心素养的基本特质和生命内涵，体现语文深度教学、科学教学、教学合一乃至教、学、考相统一之理念。教学中注重对教材内容的深入挖掘与审美鉴赏，更多关注学习主体的全面提升与终身发展，强化培养学生的语文思维与语文能力，从而有效建构新型的语文教学思维范式。

（五）建构语文评价思维范式

语文评价思维范式通常指的是具有典范性、代表性、科学性和统一性的语文课程内容与语文课堂教学质量评价标准及其基本方略。它是评价主体约定俗成的评价体系，既包括语文教学内容、教学目标和教学过程的评价，又涵盖语文教学方法、教学能力与教学效果的诊断。尤其关注学生掌握运用知识的能力、情感态度的形成与发展等。普通高中语文新课标指出："语文课程评价的根本目的在于全面提高学生的语文学科核心素养。"或书面交流，或自

---

① 怀特海：《思维的方式》，赵红译，新华出版社，2017，第46页。
② 边伟、王晓诚、车丽娜：《小学生信息文本阅读偏好及其影响因素探析》，《课程·教材·教法》2018年第10期。

我总结，或及时反馈，或合作评价等，都是重在培养和提升学生的语文素养与语文能力。这种语文评价思维范式的建构，既注重语文课程与语文教学的过程性评价，如语文文本的设置、语文教法的选择、语文学法的指导、语文活动的开展等；又重视其结果性评价，如语文课程内容对学生所产生的影响与效应、语文课堂教学的质量与成果等，让学生的语文学科核心素养在其课程与教学实践中接受全面而科学的考查、检验和评估。

"操千曲而后晓声，观千剑而后识器。"建构语文评价思维范式，不仅包括对语文教师的专业素养、教育理念、教学能力、经验积累等方面的评估，同时还涉及对学生的学习方式、学习行为、学习认知、学习积淀、学习效果和学习成绩等的评价。语文教师的专业素养直接决定着授受知识的广度与深度，其教育理念直接影响到学生学习思维的建构，而教学能力是其教学成败的关键要素之一。因此，应亟须建构符合教师专业素养和学生学习成长的科学的语文评价思维范式，注重审视和评价学生的各种思维品质和思维能力。语文教学中要充分训练学生对文本思想意旨、人物形象、表现技巧和艺术手法的审美和评价思维，培养学生多元辩证、全面综合且有个性创新理念的评判思维等。比如，教学曹禺《雷雨》中周朴园的人物性格及其形象分析时，可采用角色对比的方法引导学生对周朴园和鲁侍萍等人的形象性格作对比，展开多角度、多层面分析和评价，文中淋漓尽致地刻画了周朴园的虚伪、残忍、自私、冷酷而贪婪的封建专制者形象，与对鲁侍萍等人处于底层社会贫苦百姓的朴实、真诚、善良形成了鲜明的对比。显然，"这样一个人，和他周围的人之间自然要发生着尖锐的矛盾。"[1] 而他本身就是一个很矛盾的人，从善到恶，从爱到恨，从天使到魔鬼……集周朴园矛盾形象于一身。教师一方面可启发学生对周朴园的过去和现在作纵向对比分析与评价，另一方面引领学生将周朴园与其他人物进行横向评析，达致对其人物进行全面、客观而辩证的评价，进而提升学生的思辨能力，建构灵活、开放、辩证的语文评价思维范式。

三、总结

综上所述，语文思维范式是语文课程与语文教学理论研究和实践应用共同遵循的思维认知与策略范型。它是语文课标、语文课程、语文教学、语文

---

[1] 钱谷融：《〈雷雨〉人物谈》，《文学评论》1979年第6期。

评价以及语文认知诸方面最基本的思维范例和思维模型。语文思维范式的建构，折射出语文思维共同体对语文学科的课标理念、文本内容、教学主张、评价模式及认知视野等的思维观和方法论。建构语文思维范式，离不开教师广博的知识储备、扎实的专业素养、全新的教学理念和勇于探索不断创新的精神世界。语思有方，思贵得法。语文教育者亟须根植新课标、新教材、新教学之沃土，立足人的全面发展，科学建构不辜负于新时代人才培养与发展的语文思维范式，真正彰显语文核心素养的学科思维魅力。

论语文思维范式的重建

语文思维范式是语文学科思维的世界观和方法论，是语文的认知理念、理论视野和实践应用在教学上的反映，也是具有一定稳定性、典范性和公认性的语文思维规范和思维模式。基于传统意义上的语文思维方式已不适应新时代人才培养的需要，亟须重建新的语文思维范式，即重建以语文课程与语文教学为内核的思维方案、思维标准、思维品性、授受思维、导学思维和对话思维等思维范式，进而优化语文课程思维结构、凝练语文学科思维素养、培养学生语文思维的思辨力，有效发展与提升学生的语文思维。

业界已对语文课程与语文教学在思维理论及理念层面做过一些有意义的探索。在具体的语文学科教学实践中，就其课程与教学思维观而言，莫过于"人文性""工具性""知识性""能力性""学科性""篇性""体性""章性""人本位""主导与主体""自主、合作与探究""核心素养""整本书阅读""群文阅读""个性化、多元化与网络化"以及"大数据"视野下的思维观……真是各执己见。因此，当下亟须重建适应未来社会发展和语文学科人才培养的科学的语文思维范式。

一、"范式"与"语文思维范式"界说

"范式"，作为一种"模型和范例"，[①] 最早源于美国著名科学家、哲学家托马斯·库恩（Thomas Kuhn）的理论著作《科学革命的结构》，是科学领域通常运行的最基本的理论与实践规范，也是某一特定领域所共同遵循的基本理念、信念、技术和价值等相互构建的整体及其某一构成要素。它是需要科

[①] 托马斯·库恩：《科学革命的结构（第四版）》，金吾伦、胡新和译，北京大学出版社，2012，第 147 页。

学研究群体成员公认的理论上的世界观、实践中的方法论和认知上的本体论相融合的理念与信念，并广泛应用于社会学和心理学之中。而现代意义上的范式理念完全超越了库恩所赋予的范式本意，被视为"一种框架、一种思维方式、一种理论模型、一种理解现实的体系、科学共同体的共识等"。[①]"范式"作为一种群体约定俗成的模型、模式及范例，其生命内核和文化本质就是一种科学理论体系的建构，凸显科学研究的思维视界与思维方式，诚然也同样适用于诸多学科研究领域。"语文思维范式"即指基于语文学科所蕴含的世界观、方法论、认知体系、认识理论、实践应用以及基本信念、理念等而构成的具有一定的稳定性、典范性、固有性、公认性、法则性、整体性及运用性的语文思维模型、思维规范和思维模式。语文思维范式为语文学科的研究提供范例，它既是一种关于语文认知、解读与评价的方法论、本体论、本质论与规律论的阐释系统，又是构成语文群体研究的基础、范围及概念的理论框架，集语文学科研究的思想、理念、方法、模式创新于一体。

二、语文思维范式的重建

"重建"这一概念最早用于建筑学上，指建筑设施被损毁之后而进行的重新建设、修建、建立、建造、建筑、设立和成立之意。"重构"重在"重新组合"，而"重建"重在"重新建造"，"重构"是"重建"的基础，"重建"是"重构"的升华，二者既相区别又相联系，相辅相成而相得益彰。"重建"在语文思维范式中则指传统意义上陈旧的语文课程理论和语文教学理念思维模式已不能适应当下新时代的人才培养需要，亟须变革而重新创建新的语文思维范式。

（一）语文课程思维范式的重建

新课标认为："语文课程是一门学习祖国语言文字运用的综合性、实践性课程。"语文课程思维范式的重建须建立在其课程的综合性、实践性基础之上，并突出其工具性与人文性之特点。尤其在新时代党的教育方针指引下，语文课程的科学性、思想性、时代性及指导性等为当下人才培养提供了扎实的理论保障，其课程思维方案、思维标准及思维品性的重建，应成为促进优化语文课程思维结构、凝练语文学科思维素养和培养学生语文思维思辨力的重要基石。不言而喻，语文课程思维范式的重建则势在必行。

[①] 陈颖健、张惠群：《新思维范式》，科学技术出版社，2003，第 7 页。

1. 重建语文课程思维方案、优化语文课程思维结构

为适应新时代人才培养的需求,语文课程思维进一步明确了自身的教育定位,无论是义务教育还是普通高中阶段的教育都须以促进学生全面而有个性的终身发展为基础,不断培养学生语言文字的实际运用能力和科学思维能力,完善提高学生的语文综合素质和核心素养。为此,在语文思维课程结构上,一方面保留了原有的语文课程优秀篇目,增添了新的语文思维课程元素;另一方面重建了语文必修、选择性必修及选修新课程类别;同时"蕴含东西方文化智慧的课程范式",① 并明确了各类语文课程的基本功能。比如,高中语文必修课程根据高中学生思维发展的需要来设置,实施全修全考;而语文选择性必修课程则根据高中学生个性思维发展的需要以及其升学考试的必要来设置,进行选修选考;语文选修课程又根据学校实际统筹规划,激励学生自主选修,提升语文修养、语文能力和语文思维可供招生参考等。此外,还联系实际植根学科特点重建了语文课程思维有效实施的新制度、新方案,避免其"理念的空洞化,方法浮躁化"。② 如中小学语文新教材的编排,就增添了许多图形化的思维材料,有效开发学生智能并提升其思维力,③ 从语文新课程规划、新课程教材、新课程教学、新课程评价以及新课程资源建设等领域,重建了语文新课程文本理解的思维过程和思维方案,为语文课程思维结构的全面优化奠定基础。

2. 重建语文课程思维标准、凝练语文学科思维素养

叶圣陶先生认为"语文课程的根本任务是语文思维训练",④ 可见,叶老在语文课程的研究中极力重视语文课程对语文学科思维素养的培育。语文课程标准是语文学科的纲领性教学文件,而语文学科思维素养又是语文课程标准的具体化。语文课程思维标准的重建与语文学科思维素养的凝练,标志着语文学科新课程独特的思维理念、思维范式和育人价值,也反映出该学科课程理应达成的思维品性和关键能力。这正如卫灿金教授在其专著《语文思维培育学》中所倡导的语文课程思维要以"切实进行各种思维能力的训练和思

---

① 教育部师范教育司:《邱学华与尝试教育人生》,北京师范大学出版社,2006,第 274 页。
② 张廷凯、牛瑞雪:《回归学科研究——课程改革的深化逻辑》,《课程·教材·教法》2017 年第 2 期。
③ 黄智惠:《借助思维导图进行语文教材理解》,《基础教育课程》2016 年第 1 期。
④ 叶圣陶:《叶圣陶语文教育论集》,教育科学出版社,2012,第 56 页。

维品质的培养"① 为目的,彰显了语文课程思维标准对凝练语文学科思维素养之意义所在。语文课程思维标准紧扣语文学科思维素养的具体内涵,对语文课程内容作了科学的精选与重建,明确了其课程内容的思维培养要求,对语文教学设计、语文考试评价及语文教材编写颇具指导性、理论性和前瞻性。譬如,就教学内容而言,在过去语文教材的基础上进一步更新和精选了文本内容,注重语文学科思维发展的核心概念,使语文课程思维内容更加结构化、标准化、系统化、情境化和科学化,促进语文学科思维素养的凝练与丰富。语文课程思维标准紧密结合学生特点、学科特性及新时代思想,积极倡导社会主义先进文化、革命文化、优秀传统文化及社会主义核心价值观等教育内涵,极力彰显语文新课标的新成就、新精神和新思维。就学业质量而言,语文课程思维标准明确了该门学科学生须完成的学习任务群以及语文学科思维素养理应达到的学业质量标准。如语文新课标更加注重培育和提高学生的形象思维、抽象思维及创造性思维能力等。与此同时,语文新课程思维标准还重建了自身对教材的编写思维、教学的实施思维及考试的评价思维等一系列具有指导性和可操作性的思维范式,极大地丰富了语文课程的思维内涵,有效凝练了语文学科思维素养的本质意蕴。

3. 重建语文课程思维品性、培养语文思维的思辨力

在美国,许多共同核心课程标准(Common Core Standard)所提出的思维品性中,培养学生语文思维的思辨力居于首位。语文课程中区分事实和观点的部分便是凸显课程思维品性,富含语文思辨色彩的基本元素,因为此类课程能锻炼学生的分析、推理及判断能力,做到不盲从,有主见地表达自己的思想观点。同时也可多运用课程内容引发批判性思维问题,鼓励学生树立"足够敬意"② 的批判意识,弘扬批判精神,就能使他们更客观、全面而多角度地看待问题,提升其思辨力。要"打破程式"③ 化的语文课程思维模式,以人为本,以学生为本,因生设课、因思设文、因能设教,科学实施语文课程思维的多元构建。须重建语文课程思维品性,注重语文课程不同文本间的交叉设置,丰富语文课程的思维图标,并强化语文课程的思维深度、思维广度以及思维的批评性、复杂性等思维品性的整合与渗透。比如,语文文本中不

---

① 卫灿金:《语文思维培育学》,语文出版社,1997,第82页。
② 翁贝托·艾柯:《书的未来》,《新华文摘》2004年第12期。
③ 刘国正:《实和活:刘国正语文教育论集》,人民教育出版社,1995,第41页。

同的语文课程拥有不同的思想观点和作家不尽相同的思维方式,可设置与重建富有思维批判性的语文课程及文本,为学生提供从不同角度对比分析思考问题的课程内容,让学生汲取诸家观点,涵养质疑品性,进而培养和提升语文思维的判断力和思辨力等。然而,传统的语文课程思维模式往往因循守旧,以知识灌输作为课程设置的主流,无疑限制了学生语文思维的发展、生成与提高。所以,亟须合理设置具有批判性思维特性的语文课程,重建以思辨力培养为导向的语文课程思维品性,实现语文课程思维范式的科学重建。

(二)语文教学思维范式的重建

语文教学思维范式是建立在一定的语文教育观、教学观和学习观指导下,语文教师群体对语文的教学思想、教学理念所达成的统一思维认识的总称。它是语文教学活动进程中稳定的思维范式,是有效实现语文教学目标,揭示语文教学本质,提升学生思维品性,达成语文核心素养的重要元素。综观语文教学思维范式的形成因素及以往禁锢语文教学思维发展的教学观、教师观、学生观、师生观、方法论及教学评价观等,务必在继承中国优秀传统语文教学思维范式的基础上"进行创造性改造",[1] 重建本土与国际交融的现代新型语文教学授受思维范式、语文教学导学思维范式和语文教学对话思维范式,有效发展与提升学生的语文思维。

1. 语文教学授受思维范式的重建

唐代著名文学家、思想家韩愈曾说:"师者,所以传道受业解惑也。"[2] 认为教师是用来传授科学道理、教授学业知识、解答疑难问题的,概括强调了教师的社会作用。可见,传统的语文教学授受思维范式,通常就是以教师传授而学生被动接受方式为主。自 20 世纪 90 年代以来,语文新课程教材呈现出编排体系的多元化、文本内容的生活化和教学改革的多样化等崭新面貌。至此,亟须在语文教学中重建教、学、考三者相结合的授受思维范式,即在语文教学中,教师的教学应体现教与学、教与考、学与考的紧密结合,教学不能授受分离、纸上谈兵而走入误区,应实现"教学合一"[3] 而达成教、学、考合一。教育部《基础教育课程改革纲要(试行)》指出:"教师在教学过程中应与学生积极互动、共同发展,要处理好传授知识与培养能力的关系……

---

[1] 爱华德·希尔斯:《论传统》,傅铿、吕乐译,上海人民出版社,2009,第2页。
[2] 徐中玉:《古文鉴赏大辞典》,浙江教育出版社,1989,第682页。
[3] 陶行知:《陶行知全集(第一卷)》,四川教育出版社,2005,第21页。

促进学生在教师指导下主动地、富有个性地学习。"① 同时，还应"构建以快乐为主题的教学模式"，② 让学生愉快学习、好学乐学，学有所长，学有所成。显然，这是对教学授受过程的基本要求，也是对教学授受思维范式重建的最好诠释。新课标明确要求语文教学应促进学生语文思维的发展与提升，提高学生语文学科核心素养，这不能不说是对语文教学授受思维范式的重建。如语文教学中应由仅偏向于语文课程固定知识的传授、理解与接受转变到注重对文本内容的感悟、体验、品味、生成与建构的思维范式；由只关注语文学科本体教育转变到更加关注人（学生）的全面发展与快乐成长的授受思维范式等。就语文阅读与写作教学而言，教师应充分调动学生的积极性和主动性，尽可能质疑问难、以问促读、以问促写、以问促解、以问促赏、以问促评，发展学生语文思维，提升其语文思维能力，有效重建新型语文教学授受思维范式。

2. 语文教学导学思维范式的重建

《学记》言："道而弗牵，强而弗抑，开而弗达。"指出了良好的教学不能只偏重书本知识的灌输，而应创设情境启发诱导培养学生思维。要充分发挥教师的主导作用，善于引导开启学生探求知识的思维之门答疑解难，提升其思维能力。显然，传统的灌输式语文教学思维方式已不适应当下语文教学的需求，则呈现出一种由传统向现代过渡的思维范式。传统的"导"过分强调了教师的作用，忽略了建构主义学习观所倡导的"学习的主动建构"③ 理念下学生主体地位的存在，割裂了教学内容与学生生活的必然联系，他们无法用自己生活中所凝练的智慧去解读文本知识，致使其教学知识成了"固化的真理"。④ 而现代的"导"则重建以教师作为引导者、领导者、组织者、参与者、激励者角色的语文教学导学思维范式，学生永远是语文学习的主体和中心，是语文教学活动的实践者、合作者和探究者。教师在语文教学中注重启发、点拨、诱导学生发现问题、分析问题和解决问题，"深化学生对文本的理解"，⑤ 积极涵养学生的人文品性，发展学生的语文思维。应从学生到知识，

---

① 教育部基础教育司：《走进新课程与课程实施者对话》，北京师范大学出版社，2002，第256页。
② 郭戈：《中西方乐学理念下的教学观》，《中国教育科学》2017年第3期。
③ 陈琦、刘儒德：《教育心理学》，高等教育出版社，2011，第143页。
④ 叶澜：《重建课堂教学价值观》，《教育研究》2002年第5期。
⑤ 钱梦龙：《钱梦龙与导读艺术》，北京师范大学出版社，2006，第86页。

而非知识到学生,切忌将学生视为装载知识的容器或被加工的材料。如在语文阅读教学中,就应积极提倡启发诱导式教学,张扬学生个性,放飞学生想象,不要用教师的理解分析取代学生对文本的阅读实践,要关注学生独特的语文思维,培养他们的创造性阅读思维能力。教师要善于抓住语文课程中精彩而典型的语言信息引导学生多视角、多层面地解读文本,获得语文素养和思维建构等。理所当然,语文教学导学思维范式的重建,须紧密结合具体的语文课堂教学情景,做到因材施导、因文施导、因学施导、因考施导、因能施导,注重挖掘学生潜力,激发学生思维,升华其语文思维素养。

3. 语文教学对话思维范式的重建

所谓"对话",在不同的学科领域均有不同解读。语言学理论认为对话是人以语言为中介而进行的会谈与交流;解释学理论认为对话是双方通过理解沟通而达成的一种视界融合;而文化学理论则认为"对话是一种交往和互动、沟通和合作的文化,是与民主、平等、理解和宽容联系在一起并以之为前提的文化"。①"语文教学的本质就是对话,教师、学生、文本之间的关系是一种对话关系。"②语文教学对话是一种语文教育的存在方式,是在语文教师指导下,以对话为手段通过师生、生生、生本、师本乃至自我间民主、平等、理性而辩证的相互讨论、启发与探究,领会文本内容,开发创新潜能,发展与提升学生语文思维的教学活动,是一种新课标理念下体现创造性的对话思维范式。克林伯格(Klingberg. L.)指出:"在所有的教学中,进行着最广义的'对话'……不管哪一种教学方式占支配地位,这种相互作用的对话是优秀教学的本质性标识。"③可见,语文教学的实质就是语文对话,语文对话是语文思维范式的品性和重建。传统的语文教学几乎失去了对话思维范式的踪影,完全被授受型教学思维范式的烟云所笼罩,教学中缺失师生间平等的主体对话,更没有把生生、生本、师本及自我间的深层次对话落到实处,语文教学中貌似表面热闹,而热闹的背后是肤浅。为此,须重建一种现代式的语文教学对话思维范式,强调师生平等交流与对话,切实培养和提高学生的语文思维。在语文阅读教学中,"阅读即对话",④教师应树立"阅读教学是学生、教

---

① 钟启泉:《对话与文本:教学规范的转型》,《教育研究》2001年第3期。
② 王尚文:《语文教学对话论》,浙江教育出版社,2004,第93页。
③ 张增田:《对话教学研究》,西南大学,2005,第19页。
④ 慕君:《阅读教学对话研究》,华东师范大学出版社,2006,第29页。

师、教科书编者、文本之间的对话过程"的当代语文教学观，注重融会贯通并灵活运用阅读学、阐释学、解读学、社会学、文化学、文学学、教育学、心理学、建构主义、接受美学及阅读对话等相关理论进行教学，让师生、生生及文本间相互充分对话与交流，发展学生思维，提升其个性化语文阅读思维能力，进而重建语文教学对话思维范式。如教学中进行文本解读时，教师就要善于引领学生对文本内容开展深层次的体验和对话，即要让学生沉入文本之中，与文本、作者及作品中的人、事、景、物重建真正意义上的沟通、交流与碰撞的对话思维范式，通过对话实现对文本意义的深刻体悟。

三、总结

语文思维范式彰显了语文研究者与实践者对语文思维所秉持的基本框架、结构、模型及范例的共同认知与信念，其重建反映了语文思维共同体对语文课程及其教学的思维意蕴、思维理念和思维活动的整体认识和一致主张。它是哲学意义上的本体论与方法论的交融与整合，也表征了语文思维理论与语文课程及其教学实践的完美交织。面对语文思维范式的重建，一方面应立足于语文课程思维的基本原理，以学生的发展为本，从不同的思维视角重建不同的语文课程思维范式；另一方面还应根据语文教学思维的本质内涵和创新理念，重建符合新时代人才培养需要的新型语文教学思维范式，真正实现着力发展与提升学生语文学科思维素养之终极目标。

试论语文思维范式的重构

语文思维范式是语文学科思维的世界观和方法论，是语文的认知理念、理论视野和实践应用在教学上的反映，也是具有一定稳定性、典范性和公认性的语文思维规范和思维模式。基于传统意义上的语文思维方式已不适应当下人才培养的需要，亟须重构新的语文思维范式，即构建以语文课程与语文教学为内核的新型文本体系、教学模式和评价理念等思维范式，进而有效提升学生的语文学科思维素养，真正彰显语文课程与语文教学思维的科学性、灵活性和实践性。

语文课程与教学改革历经风雨，而语文思维在其理念与理论视野上真是革故鼎新。掀开中国近现代语文思维史的历历扉页，不难发现在具体的语文教育教学实践中常有：或力倡"自由读书"的思维观；或坚守"学科本位"的思维观；或强调"知识本位"的思维观；或主张"人本位"的思维观；或弘扬"工具性"的思维观；或恪守"人文性"的思维观；或树立"'民主''科学'"的思维观；或宣扬"'读''解''悟'"的思维观；或遵循"主体化"的思维观；或呼吁"'个性化''多元化''网络化'"的思维观……真是众说纷纭。但它无疑在昭示我们语文思维领域亟须拥有和重构最本质的、同而齐遵的语文思维范式。

一、"范式"与"语文思维范式"界定

所谓"范式"，其基本理论及理念最早源于美国著名哲学家、科学家托马斯·库恩的《科学革命的结构》论著，通常指在常规科学领域运行的基础理论和基本的实践规范，它既代表某一特定领域共同体之间的基本理念、基本价值、基本信念和基本技术等相互构建的整体，又指这一整体中的某一组成

部分。它是科学研究群体成员须要共同遵守的世界观和方法论，是"模型和范例"，①并主要适用于"社会学意义和心理学意义"②之上。诚然，今天的范式理念完全超越了库恩所赋予的范式本意，而"被广泛地用来表征或描述一种框架、一种思维方式、一种理论模型、一种理解现实的体系、科学共同体的共识等"。③"范式"作为一种科学研究的视界与方式，同样适用于诸多学科研究领域。"范式"的生命内涵和文化底色就是一种科学理论体系的构建，它是一种群体约定俗成的模型、范例及模式。诸如数学中的定理、定律、定义、公式、准则、理论和方法等，它是一种理论上的世界观、实践中的方法论和认知上的本体论相融合的理念与信念。而"语文思维范式"即指基于语文学科所蕴含的世界观、方法论、认知体系、认识理论、实践应用以及基本信念、理念等而构成的具有一定的稳定性、典范性、固有性、公认性、法则性、整体性及运用性的语文思维模型、思维规范和思维模式，可为语文学科的研究提供范例。语文思维范式是一种语文认识的方法论，它既是有关语文本体、语文本质与语文规律的阐释系统，又是构成语文群体的研究基础、研究范围和核心概念的理论框架，是语文学科活动的新思想、新理念、新方法和新模式的整合与升华。

二、语文思维范式的重构策略

"重构"这一学术用语，顾名思义即重新建构、组合、结成。具体说来，指通过科学调整某一程序元素进而改善其整体的功能质量。而语文思维范式的重构则是通过不断革新语文课程与语文教学中的阅读思维范式、认知思维范式、教学思维范式、备课思维范式、课堂思维范式以及评价思维范式等，逐步完善语文课程与语文教学的文本体系和教学要素，并使其课程设置、文本解读、教学策略、教学设计和课堂实施等基本模式、基本构造更加科学化、合理化和现代化，从而提升语文课程与语文教学的科学性和生命性。

（一）语文阅读思维范式的重构

语文阅读即指以语文文本中的语言文字为载体来获得信息，促进学生认

---

①托马斯·库恩：《科学革命的结构（第四版）》，金吾伦、胡新和译，北京大学出版社，2012，第147页。

②胡秀威：《西方教学研究范式的演进》，《比较教育研究》2003年第2期。

③陈颖健、张惠群：《新思维范式》，科学技术出版社，2003，第7页。

识客观世界，提升思维能力和审美鉴赏水准的活动。普通高中语文课程标准明确要求整本书阅读、跨媒介阅读、文学阅读、思辨性阅读、实用性阅读。这就意味着在语文阅读思维范式的重构上，应由有限的语文课内阅读转向丰富多彩的课外阅读，由认知性阅读转向情感性阅读，由"文学文本的阅读转向信息文本的阅读"，[①]由简单的语文片段阅读转向倡导整本书阅读，由传统的语文纸面文字阅读转向"互联网+"背景下的跨媒介阅读，由课堂教学性阅读转向文学鉴赏性阅读，由批判性阅读转向思辨性阅读，由花哨性或消遣性阅读转向实用性阅读，由整体上领悟文本思想内容及表现手法的阅读转向深入阐发个人观点和审美评价性阅读，由对文本的原始阅读转向注重学生个性化阅读、多元化阅读、探究性阅读乃至创造性阅读等。比如，在过去的语文课堂教学中，教师教授《桃花源记》的阅读方法几乎是停留在帮助学生理解文中所描绘的无剥削、无压迫、和平安宁、美好自由、人人平等、安居乐业的理想社会，可当下依据新课标的理念，教师须通过思辨性阅读方式巧妙设计教学情景，诱引学生质疑问题而深入思考，充分发挥联想与想象，在论辩与对话中得出答案，进而发展学生思维，提升其思维水平。这就是一种语文阅读思维范式的重构。

（二）语文认知思维范式的重构

所谓认知，是一种信息加工的心理过程，也是人们获得知识以及应用知识的思维过程。当代认知语言学认为："人们通过完形感知、动觉和意象获得对事物认知的思维能力。"[②]这种获得对事物认知思维能力的方式显然就是一种认知思维范式，而语文认知思维范式即指教学中师生双方共同获得语文知识和应用语文知识的思维方式。在语文认知思维范式的重构上，要力求从课程内容知识的认知体系转化为因材施教、因生施教、因学施教、因能施教、因质施教的教学认知体系；要从语文课程教学文本的"语篇分析"转向"语用分析"的语文认知思维范式；要由文本中按部就班的语文文本认知结构模式转变为打破原有语文课程"文本域"框架而重新构建的新语文认知思维范式。譬如，语文教学中，教师根据课程内容知识的认知体系以学生为本设计教学提问，有效引领学生思考并解决语文问题，同时也能更好地帮助学生提

---

① 边伟、王晓诚、车丽娜：《小学生信息文本阅读偏好及其影响因素探析》，《课程·教材·教法》2018年第10期。

② 赵艳芳：《认知语言学概论》，上海教育出版社，2001，第76页。

升语文核心素养和语文能力。这种语文课堂教学模式,其实就是将语文课程内容知识的认知体系重构为语文教学认知体系思维范式的过程。既能增进师生交流,又能激发学生思维,促进学生积极思考和探究语文问题而获得知识,提高其解决问题的能力。

(三)语文教学思维范式的重构

基于新课标理念下语文教学的不断革新和新时代人才培养的需要,给中小学语文教学提出了新的挑战,即语文教学不但要使学生掌握最基本的语文知识,而且还要通过语文课堂教学培养和提升学生发现问题、分析问题和解决问题的思维能力。这就不得不在语文教学思维范式的重构上,须从塑造学生被动的"表达"和"语用"转化为培养其联想与想象、聚合与发散、审美与创造的思维能力层面上;由重在训练学生的记忆能力、诵读能力、认知能力、理解能力以及平面化的再现能力转化为以语言的建构与语言应用、思维发展与思维提升、审美鉴赏与审美创造、文化传承与文化理解的语文学科核心素养上来;把过去只强调学生接受知识、吸收信息的语文教学范式转化为重点培养学生自主学习、合作学习和探究学习的语文学习思维范式。从过去注重追求普遍意义上的理论知识"大"视野教学范式转化为具体探究某一知识点的"微"视角语文教学实践思维范式等。在具体的语文阅读教学中,教师应重点培养学生的创造性思维能力,要树立学生的问题意识、批判意识和审美意识,拓展其思维空间,提升其思辨能力。比如,在教学陶渊明的《饮酒》一诗时,可联系与之相关的《归园田居》等文进行拓展教学和对比阅读,这样既能开阔学生的阅读思维视野,又能"提高学生的阅读理解能力,培养其分析问题与解决问题的能力"。[①]

(四)语文备课思维范式的重构

语文备课涵盖了语文教师对文本的掌握、学情的了解、教法的设计、教学理论的探究以及语文教学资源的开发和利用等,是语文教学的重要环节。语文新课标倡导新的语文备课思维方式的出现,而不是用整齐划一的教案代替。因此,要将过去个人行为式的备课转向集体协作式的备课,由过去的经验习惯式备课转向反思总结式备课,由以往的"教材中心式"备课转向"课

[①] 边会艳:《基于思维导图的小学语文阅读教学模式的建构与应用》,河南师范大学,2013,第10页。

外拓展式"备课,将传统的教案型备课转向网络型、活页型、趣味型、弹性型等备课方式。这显然变革了传统意义上以钻研教材知识为本的应试教育和以注重训练学生一体化、形式化的语文思维备课模式,进而构筑了以人为本并注重培养学生多元化、个性化的创新意识、创新能力、创新精神和创新思维的开放型、创新型备课思维范式。如教师在学期开学前可以语文教研组的形式组成备课组,协同研究课标和教材,确定课程教学目标及重难点而进行分头精心备课,然后统一制作教案行课,既节时省力而事半功倍,又能培养教师的团队合作精神,这无疑就是一种语文备课思维范式重构之体现。尤其是新课标理念下的新教案应打破统一的格式与模式,重构灵活多样、自主创新、规范科学的语文备课思维范式,真正体现教学内容在心中,教学机智在课堂,教学落实在学生的有效教学原则。

(五)语文课堂思维范式的重构

语文课堂教学要紧密联系文本内容和教学实际"教给学生科学的思维方法",[1] 切实利用有限的课堂教学时间对学生进行各种思维能力和思维品质的训练与培养。在中学语文课堂思维范式的重构上,应倡导从语言现象的感悟与理解走向文字信息内容的深度解读,从语文基础知识的学习与掌握走向文本字里行间作者思想情感的体验与品味,从语文知识的领会与巩固走向学生语文素养与能力的提升,从语文文本内容的洞见与彻悟走向作品艺术风格与特色的鉴赏,从学生语言表达的模练与仿写走向自身富有创意的表达与能力提升,从传统的注重以教师为主导的语文课堂思维模式走向注重以学生为主体而充分发挥其主观能动性的语文课堂思维范式,从以往的注重"教"的语文课堂思维形式走向注重"教、学、考"相结合的语文课堂思维范式,从曾经的听、说、读、写面面俱到的语文课堂思维形式走向以语言、思维、审美、文化为核心素养的语文课堂思维范式,从哲学意义上的"照着讲"的语文课堂照本宣科思维形式走向"接着讲"的语文课堂创新发展思维范式。[2] 例如,在《赤壁赋》课堂教学中,教师可引导学生在对文本进行初读、细读的基础之上,进而激发他们对文本作品读、赏读和美读,将学生的学习思维引向深入。这样的语文课堂思维范式,不仅能培养学生深度解读文本的良好思维习惯,同时也能有效提升学生的语文素养和语文思维能力。

---

[1]卫灿金:《语文思维培育学》,语文出版社,1997,第82页。
[2]冯友兰:《新理学》,北京大学出版社,2014,第1—5页。

（六）语文评价思维范式的重构

高中语文新课标指出："语文课程评价的根本目的在于全面提高学生的语文学科核心素养。"这就意味着语文评价须重视学生平时学习语文的过程，紧紧围绕文本解读与语篇鉴赏、语言表达与思想交流、梳理归纳与探究概括等开展语文教学活动，并通过具体的语文教学实践全面考查学生的语文核心素养和综合素质。同时，在语文教学中注重对学生进行评价性思维训练，培养学生思维的广阔性、批判性、深刻性、独立性、创造性等品质，进而提升其思维能力和审美情趣。在语文评价思维范式的重构上，要使学生由对文本一般意义的阅读与理解的评价方式转移到对作品思想内容、人物形象、表现手法和艺术特色的审美与评价思维范式之上，由只关注学生掌握语文知识和提高语文能力的评价模式转移到重视其情感、态度与价值观的形成与发展的语文评价思维范式之上，由对语文文本内容与语文教学单纯的"纵向或横向"与"定性或定量"的单一评价样式转移到对作品内涵的"纵横兼顾"与"性量结合"的辩证评价思维范式之上，由传统的语文终极性评价模式转移到重视语文的形成性评价和诊断性评价思维范式之上等。比如，教学鲁迅《故乡》中的人物形象分析时，可采用纵横对比的方法启迪学生对闰土和杨二嫂的人物形象进行多角度分析与评价，文中以实写闰土的不幸遭遇表同情之心，以漫画式勾勒杨二嫂的小市民丑态可笑、可悲而可厌。同时，作者对这两个人物形象的今昔刻画突出一个"变"字，意在表达作者改造旧时代、创造新生活的美好愿望。由此引领学生对《故乡》人物形象作出客观、辩证的评价，进而深刻透视文本意旨，提升学生思辨能力。诚然，教学中还应激励学生多进行拓展性阅读，培养富有个性化的评价思维。[①]

语文思维范式的重构能极大地避免过去传统思维意义上陈旧的课程理论和教学理念之现象。通过科学重组与构成方式，不但不会改变语文学科工具性和人文性的基本性质，而且更不会改变语文学科核心素养的基本理念，旨在对语文课程与语文教学内部的课程思维与教学思维结构进行重新组合、加工与整理。通过重构，不仅达到优化语文课程结构的目的，也能有效提升语文教学的育人质量。

---

① 刘祥：《教师应在拓展延伸中有所作为》，《河南教育》2012 年第 2 期。

三、总结

综上所述,语文思维范式既是语文研究者与实践者的思维共同体对语文思维所秉持的共同的价值认知、信念追求与能力策略的总和,又是一种关于语文思维的基本范例、基本模型、基本框架和基本结构。语文思维范式的重构,反映了语文思维共同体对语文思维意蕴、思维活动和思维理念进行整体抽象、概括与提炼的基本观点和一致主张。它是哲学意义上的本体论与方法论的交融与整合,也表征了语文思维理论与语文教学实践的完美交织。诚然,面对语文思维范式的重构,一方面应立足于语文新课程、新课标的基本理念,以人为本,以学生为本,"横看成岭侧成峰",从不同的语文思维视角建构不同的语文思维范式,思维有法,思无定法,重在得法;另一方面还应根据该范式的意蕴和旨趣恰当选择相应的语文思维概念和学术术语来予以科学建构,才能真正彰显语文学科思维素养的核心尊严和价值定位。

大学语文思政教育的问题与对策

思政教育与大学语文教学深度融合，是通识课程落实立德树人教育根本任务的重要途径。大学语文在培养学生思想道德素质、厚植学生民族精神等方面具有独特优势，应针对教学中存在的观念、方法层面的深层次问题，在思政元素挖掘、教学内容优化和课例开发等方面下功夫，有效提升学生的人文修养和思想道德素质，而最终达成以德育人、以文化人之根本目标。

思政教育是培养学生爱国情怀和社会责任感的内在动力，是引导个人践行社会主义核心价值观的风向标。大学语文课程蕴含的思政意义和育人价值特别突出，在教学中有效融入思政教育成为高校育人的重要方式。

一、大学语文思政教育的价值

大学语文教学中，应将语文学科内容与思政教育有机融合，充分发挥其课程在思政教育中的重要作用，培养学生正确的价值观念。

（一）培育良好道德素质

大学语文思政教育极大地发挥大学语文的思想教育功效，潜移默化地引领学生思想，培育学生良好的思想道德素质。使学生通过大学语文的全面学习，树立科学的人生观、价值观、伦理道德观和世界观，能运用正确的思想道德理念及其观念规范自己的思想与行为，不断升华其道德修养与品质。大学语文课程中的诸多经典文学作品蕴含丰富的思政元素，可涵养学生的道德品性，提升其思想领悟力、判断力和辨别力，帮助他们塑造正确的道德观、思想观。新时代，思政教育融入大学语文教学实践，有助于培养学生高尚的情操与美德，激励他们秉持崇高的道德理想，与人为善，遵纪守法，形成强大的思想动力，随时随地准备为人民服务、为社会作贡献。大学语文教学过程中，学生思想道德素质的形成乃是教学之重，将"思政教育"融入其中，更利于学生思想的洗涤与升华、道德的培养与陶冶，而最终成为有思想道德素质的有用之才。如通过思政元素的参与，使文学作品的教学熏陶教化学生对国家及民族的认同感、关爱感和责任感，以美育人、以文化人，[①] 切实厚植学生的人文积淀、审美陶冶与道德修养，真正实现"立德树人"而止于至善。让大学语文中的优秀文学作品，绽放修齐治身、仁义礼信及家国天下的思想光芒和道德辉煌，涵育学生良好思想道德素质。

（二）铸牢中华民族共同体意识

大学语文教育教学，理应为大学生"精神成人"提供坚实的价值根基。[②] 大学语文涵括中华民族千年开拓奋进的光辉历程，凝聚和充溢着民族精神的无穷魅力，思政教育融入大学语文教学，能厚植学生铸牢中华民族精神，使民族之光耀古烁今，照亮未来。教学中，通过挖掘大学语文里的爱国元素，厚培学生的爱国主义精神，如文本中《大禹治水》的"三过家门而不入"之爱国情操；儒家经典《孟子》所力彰的"忠恕爱人""舍生取义"之崇高精神；陆游的"尚思为国戍轮台"之家国情思以及李大钊《布尔什维克主义的胜利》中崇尚人道、追求自由、期望国盛的爱国之心等不胜枚举的典范之作，都以浓烈馥郁的爱国之情扣人心弦，极力培育学生的爱国主义精神。大学语文中诸子百家的创造精神、仁人志士的奋斗精神、同舟共济的团结精神等，都富涵中华民族的伟大精神。孔子、孟子、老子、庄子等圣人革故鼎新的不朽思想，奠定了中华民族创造与创新的精神底色；屈原、商鞅、梁启超、李大钊、鲁迅、毛泽东等伟人诗词歌赋中的理想抱负、斗争经历及英雄气概，无不体现其奋斗精神；中国共产党带领中国人民浴血奋战、抵御风险、复兴祖国的壮美华章，正是其团结精神之表现。课堂上将思政教育融入大学语文教学，能使学生迸发思想的火花与智慧的光芒，从中汲取中华民族的精神之源，铸牢中华民族共同体意识的精神之魂。

（三）促进优秀传统文化传承

大学语文中蕴含丰富的中华优秀传统文化，具有浓厚的文化性。[③] 将思政教育融入大学语文教学，能让学生更加深入理解其文本中所承载的价值理念、

---

① 教育部课题组：《深入学习习近平关于教育的重要论述》，人民出版社，2019，第3页。
② 夏中义：《大学新语文》，北京大学出版社，2005，第34页。
③ 李媛：《论高校思政教育与语文教育的关联性》，《语文建设》2016年第11期。

行为规范及思维方式等，课程内容所包含的诚信、友善、仁爱、正义、民本、礼仪、和谐等核心思想理念，正是中华民族自强不息、见义勇为、敬业乐群、尊老爱幼等优秀传统美德之体现。它是我们承传民族文化、弘扬民族精神的重要基石，亦是滋养和厚植社会主义核心价值观的力量源泉。思政教育融入大学语文教学，能更好地发挥母语教育课程培根铸魂的功能，着力实现继承并发扬中华优秀传统文化，使学生真正得到政治思想教育的熏陶与洗礼，从而提升其思想道德素质。大学语文教学秉持以文载道、以文育人之理念，通过思政元素与语文课程的深度融合，将师生、生生、师本、生本之间作深层次对话，唤醒学生对母语学习的浓厚兴趣和挚爱情怀，提升他们对大学语文经典作品中优秀传统文化特质、文化理念、文化个性、文化魅力及文化精神的认知、品悟与陶冶。如传统经典的韵味、诗情画意的美妙、散文泥土的芬芳、小说形象的典型……无不彰显中华优秀传统文化的勃勃生机、思政导向和育人功效。大学语文中充满中华优秀传统文化活力与灵性的经典作品，催生了学生对新时代文化的自觉、自信与认同，培植了他们对中华文化人文精神的浸润和人类命运的终极关怀，进而有力促进学生增强民族意识、坚定文化自信、继承并发扬中华优秀传统文化。

二、大学语文思政教育存在的问题

传统的大学语文思政教育缺乏与文本内容、学生经验以及人才培养目标等方面的深度融合，以致尚未达成良好的思政教育。

（一）思政教育理念与文本内容融入度不够

长期以来，传统的大学语文课程教学过于注重专业知识的系统性和连贯性教育，而缺乏围绕"思政教育"融入大学语文教学在立德树人、教书育人的理论与实践方面进行广泛深入的探索。大学语文教学中，执教者没有及时更新教学观念，大多运用传统、陈旧的语文教学观念进行教学，缺乏对学生主动性的有力调动，以致造成教学效率低下的局面。教师过于注重大学语文课程理性知识的灌输，而忽视了对学生语文素养、语文能力、价值取向及思想道德等方面综合素质的培育。学生被动接受书本知识，其学习能力、人文素养、道德修养、理想信念没有得到较好的培植。教师缺乏以人为本、以学生为本、以学生的发展为本的教学观念。大学语文教学实践中，执教者的教学模式严重脱离了思政理论的灵活运用，仅仅限于文本解读及学生阅读表达能力的培养,没有充分挖掘文本中所蕴含的思政教育要素,而无法对学生的思想道德、个性品质和人文素养产生影响,显然无从实现其思政教育目标。

(二)思政教育方式与学生经验结合度欠缺

传统的大学语文课堂教学,只重形式,不求甚解,没有有效提升其教育教学质量。当下不少大学语文执教者的课堂教学仍然以讲授法为主流,即在整个教学环节中以教师为中心,以知识解读为主导,教学内容浮于表面,教学方法单调枯燥,使学生对语文的学习深感乏味,兴趣不浓,积极性不高,显然难以对其思想品性、道德素质、人文修养等达成深刻影响,亦不可能取得良好的思政教育效果。大学语文课程内容承载着宏富的思想性和教育性,执教者若没有深入挖掘其思政要素,则无法形成学生对文本内涵的深刻领悟,更不可能培养其思想道德素质。即使是采用一些在线课程,也多是止于形式,而无实质内容,很难改变他们被动受教的状况,亦无法达至立德树人。

(三)思政教育效果与预期目标达成度脱节

《史记》云:"好学深思,心知其意。"当下的高等院校将教学重点置于学生的专业知识与技能的培养上,以满足于其就业之需,教学中的大学语文课时安排所占比重较小,学生根本没有真正做到深刻阅读和领悟文学经典而含英咀华,其心灵失之照亮与启迪,故思想品性亦失之培植。尤其是在新时代倡导立德树人的大背景下,"不从学生实际出发进行有效教学,不能发挥课程应有的对学生的精神净化和陶冶作用",[①] 教学往往忽视了对学生的文化价值认同、人文素养培育等思政教育理念的投入,教学目标不明确,教学设计不科学,加之教学观念落后、教学方法匮乏,而导致学生缺乏践行思政教育理念的主动性与积极性,其教学质量得不到提升。教学管理者和执教者没有明确大学语文课程所赋予的人文本质属性,对学生的人文素养和精神成长具有十分重要的意义及价值,教学知识得不到内化,文化精神乏于继承与发扬,教学质量则事倍功半。

三、大学语文思政教育的优化对策

基于大学语文思政教育的重要价值和存在问题,亟须紧扣课程文本并结合教学实际挖掘元素、重构内容、开发课例、活用教法及革新评价方式等,

---

① 蒋承勇、云慧霞:《大学语文教学与大学生人文素养培养》,《中国大学教学》2013 年第 2 期。

合理优化大学语文思政教育政策,有效提升其教学质量。

(一) 深入挖掘大学语文思政教育的基础元素

大学语文课程蕴含着丰富的思政元素,这不仅反映了作品的文学性因素,同时也是作家人生价值、文化底蕴及社会期望等理想境界的寄托。既承载着宏富的民族文化,又充溢着中华民族的精神与智慧。大学语文课程教学须通过挖掘其思政要素,传承优秀文化,弘扬民族精神,彰显爱国主义教育;引领学生树立科学的价值观,坚定正确的理想信念,涵养崇高的道德情操;拓展文化视野,[①]陶冶人类文化,塑造人文情怀,升华思想境界,健全自身人格。如庄子的《秋水(节选)》中,表现他淡泊名利而超脱旷达的生命意识和人生态度,以及永葆人格独立的精神;《孟子(节选)》中所阐述的"民本"思想和"仁政"主张;屈原《离骚》中主张"举贤授能、修明法度"的政治理想和爱国之魂;司马迁的《史记·垓下之围》对英雄人物项羽多角度、多层面的精神塑造中,表现其英勇无畏而舍生取义的民族精神和民族气节;李白的"安能摧眉折腰事权贵"之高尚情操和完美人格;[②]梁启超的《少年中国说》充满强烈的奋斗、进取精神,寄托了对少年中国的热爱与期望,执教者须以思政教育理念为导向,植根于文学、文化、思政等视角进行多维度挖掘,通过深入解读文本的思想情感、审美趣味、人生见解、价值取向等,紧密结合其中的思政教育元素,以社会主义核心价值观为引领,让学生深切感受、理解、体悟、洞见中华民族的传统美德和人文精神,从而增强其民族自豪感及文化自信力等。教学时,执教者应将文本中隐性的思政元素显性化,深入挖掘大学语文课程里的思政要素,充分引导和启迪学生了解中国故事,传播中国文化,弘扬中国精神,提升思想境界,塑造健全人格,涵养正确信念,真正实现全面育人。

(二) 科学重构大学语文思政教育的教学内容

大学语文具有独特的人文特征,[③]其教学内容旨在促进学生的阅读理解、审美鉴赏、表达交流及修身养德等,提升其思想修养和人文素质,培养他们的合作意识、独立精神及社会责任感。思政视野里大学语文教学内容的重构,

---

[①]聂迎娉、傅安洲:《思政教育:大学通识教育改革新视角》,《大学教育科学》2018 年第 5 期。

[②]张辉:《简论大学语文的育人功能》,《语文建设》2016 年第 6 期。

[③]段鸣骅:《大学语文课程结合思政教育之教学策略探究》,《语文建设》2015 年第 9 期。

应以专题教学的方式进行。

1. 突出专题教学任务的主题性

大学语文课程以"应用型"人才培养为统领，以专题架构教学内容，其专题应以"题"（问题、课题、话题）为最小基本学习单位和学习起点构成一组学习材料。基于专题的大学语文课堂教学以任务为导向，依据任务确定主题，并以学习项目为载体，合理整合学习资源、学习情境、学习内容及学习方法，凸显主题的明确性和思想的深刻性，①启引学生在阅读与理解语言文字的过程中提升语文能力、人文素养，培养职业精神。

2. 彰显专题教学内容的整合性

第一是要素的整合。整合大学语文学习的资源、情境、材料及方式等教学要素，引导学生在语文审美鉴赏过程中提高其综合语文素养。第二是文本的整合。将大学语文中不同类型的文本，采用不同的学习方式引入教学，实施基于课堂实际和问题解决的教学活动，培育学生的实践能力。第三是素养的整合。以核心素养（语言、思维、审美、文化）为根本而形成有机整体，融入三大文化（传统文化、革命文化、社会主义先进文化），在专题教学语文综合性实践活动中，有效提升学生的职业道德、劳模精神、工匠精神等人文素养，使立德树人育人目标落地生根。

3. 构建专题教学活动的系列性

开发思政教育融入大学语文综合性实践活动课程，在思政教育融入大学语文教学理论体系建构的基础上，根据教学实际情况，选择调研对象或利于开展大学语文思政教育社会服务的实践平台，进行体验式的调研或实施活动，由学生小组团队对其选定的服务机构进行实践性分析、实践性策划和实践性总结。让各社区服务小组，在老师和社区领导的指导下，秉持思政教育融入大学语文教学的理论内涵开展实践活动，并进行相关效果或实践绩效评估。学生通过社会实践活动的体验获得潜移默化的心理认知、品德行为、献身精神和爱国情操的培养。如以《"学习劳模"语文综合性实践活动课程开发》为例（如表1所示）：

---

① 赵超：《大学语文"模块化教学"探索》，《教育评论》2012年第12期。

表1 大学生"学习劳模"语文综合性课程系列实践活动

活动	任务	任务驱动的情境创设和活动内容
活动1	学劳模，爱劳动，撰写解说词	选取一位劳动模范，为他拍摄一段与大学语文课程学习相关的小视频，并配上解说词
活动2	访劳模，知精神，撰写访后感	组建采访小组，走进当地劳模家庭，走近劳动模范人物，对他们进行采访，撰写人物访后感
活动3	承劳心，展梦想，主题演讲赛	结合专业，以"劳心筑梦"为主题，开展班级演讲比赛，讲述自己"劳心筑梦"

就这样采用专题教学方式重构大学语文思政教育的教学内容，形成其教学体系，进而实现知识性传授、价值观塑造和思想道德培养的多元统一。

(三) 基于思政教育开发大学语文优秀课例

按"五步两轮"模式循环提升开发课例。第一轮（原教学行为阶段）：以教学的"构思—设计—实施—评价—反思"五步构成，即执教教师独立进行教学构思与教案设计，上研究课，并全程录像、录音后，召开课例反馈会议，让课例组对其课例进行多角度评议，执教者对课例不断反思，找出其存在的主要问题。第二轮（新教学行为阶段）：仍以教学的"构思—设计—实施—评价—反思"五个基本步骤构成，可先由执教教师在前一轮课例反思总结的基础上围绕要研究和解决的主要问题提出新的设计思路与方案，然后是参研教师提出改进建议，让执教教师充分吸收其建议后上第二次研究课，参研教师再听课、再观察，课后再召开反馈会议，并进行第二次课例评议，执教者对课例进行再反思，继续寻找课例实施的现实与课例设计之间的差距。

撰写定型课例文本。通过两轮课例开发形成相对定型的课例后，以书面文本的形式把该课例固定下来。课例文本撰写由课例专题责任教师负责组织，会同其他参与教师一道完成。所撰写的定型课例文本应包括导言、课例设想、拟解决的实际问题、课堂生成性问题、教学课例实施中的主要策略、课例评析及其反思等内容。

课例研究反思总结。可先由专题教师对该课例的研究进行小结，然后再由课例组全体教师研讨总结，回顾其课例研究的全过程，总结其研究经验，进而反思不足并探讨亟须解决的问题，内容应包括教学构思、教学设计、教学实录、教学评析和教学反思等五部分（如表2所示）。

表2 大学语文课程思政教育课例研究与开发分工

模块	内容	责任者
基础	专题1：赵威后问齐使（战国策）	主研1：×××（专题讲座与课例整理）
	专题2：晏子对齐侯问（左传）	主研2：×××（专题讲座与课例整理）
	专题3：哀郢（屈原）	主研3：×××（专题讲座与课例整理）
	专题4：论睁了眼看（鲁迅）	主研4：×××（专题讲座与课例整理）
	专题5：纪念傅雷（施蛰存）	主研5：×××（专题讲座与课例整理）
	专题6：苦恼（契诃夫）	主研6：×××（专题讲座与课例整理）
职业	专题7：讲故事的人（莫言）	主研7：×××（专题讲座与课例整理）
	专题8：启功二三事（黄苗子）	主研8：×××（专题讲座与课例整理）
	专题9：论毅力（梁启超）	主研9：×××（专题讲座与课例整理）
	专题10：都江堰（余秋雨）	主研10：×××（专题讲座与课例整理）
拓展	专题11：人间词话（节选）（王国维）	主研11：×××（专题讲座与课例整理）
	专题12：我的大学（节选）（高尔基）	主研12：×××（专题讲座与课例整理）

（四）合理采用大学语文思政教育方法

注重教学设计。大学语文教学的开展，需要在具体的教学实践中进行有效优化设计，关键是教师要树立"大思政"的教学观，"大力加强对其课程定位与教学改革的研讨与深入推进"，①将"思政教育"元素融入大学语文教学的全过程，精心筛选课程内容，完善规划每一个教学环节，多层次、多角度、多结构、全方位地设计教学内容，优化教学结构，重构教学范式。在合理的思政要素与教学内容相统一的基础上，充分发挥大学语文思政教育的育人功效，从而促进"立德树人"根本目标的实现。

创新教学模式。大学语文教学须以"立德树人"为宗旨，重视学生的全面及可持续发展。一方面，应以课堂教学为主阵地，注意结合专业实际，将思政元素有机融入其中，让学生立体地受到潜移默化的浸润。另一方面，可植根教学文本运用情境式、体验式、案例式等教学方法，创设思政教学情节培养学生思政意识，如可组织学生扮演作品中的人物角色，增强他们对教学

---

①孙宗美：《大学语文的课程定位与教学改革》，《高教探索》2018年第1期。

内容的洞见与深化。以《李将军列传》为例，通过让学生扮演"飞将军"李广，使学生能更好地理解教学内容，领会和感受李广身上独特的精神品质与文化内涵，如忠实诚信、机智勇敢的英雄形象和社会责任感，以及廉洁宽厚、从容镇定的人格魅力等。

多种教学方法的灵活运用。教学时，教师要紧密结合教学内容，将思政理念巧妙融入大学语文课程教学之中，灵活运用多种教学方法进行教学。或充分利用现代信息技术手段开展教学，如以多媒体方式为学生播放英雄故事、爱国影片及新时代的辉煌成就等短视频，使学生在耳濡目染的愉悦氛围中体悟民族精神与家国情怀；或拓宽教学视野，发挥大学语文课程实践的育人功效，如举办爱国诗词演唱会、崇德文学作品赛以及国学讲堂大家谈等活动，营造多维的思政教学环境，提升大学生的爱国情怀和道德实践能力；或善用讨论法、问答法、辩论法等训练学生的思辨力，将语文课堂还给学生，鼓励他们多思多辩，在思辨中形成正确的价值引领，提升其综合的道德素养；或精选思政融入教学（如表3所示）：

表3 "课程思政"融入大学语文教学内容及其方法列举

教学内容	思政融入	教学方法	教学效果
论语（节选）	体悟"仁"与"礼"的儒家思想对新时代大学生的思想道德及价值观的引领	讲授法、讨论法、探究法	培植学生的"仁爱"思想和道德规范，涵养其价值观
离骚（节选）	学习诗人"追求光明、爱国献身"的崇高精神与品格，树立正确的人生观、价值观	演播法、讨论法、问答法	培养学生的思政意识，激发其爱国热情

诚然，还可开展翻转课堂、线上线下结合以及项目教学法等实施教学。

(五) 改革大学语文思政教育评价方式

思政要素贯穿于学生学业评价始终。大学语文思政教育评价体系的构建须以学生语文核心素养的培育为宗旨，以考查其语文综合应用能力为重点。秉持主体多元性、形式多样性、要素全面性和过程发展性等原则，通过评价量化、成果展示和反思总结等形式凸显其检查与诊断、反馈与激励、导向与发展等功能（如表4所示）：

表4 基于思政视野里大学语文课程学生素养和能力评价体系

评价指标	评价要素	评价途径	评价方式
语言建构与运用	①通过文案写作、口语交际丰富语言文字，能正确理解和运用到语境中；②通过解说、评价提高自我表达能力，能清晰阐述自己的观点、抒发情感	课堂或课后在线完成学生自评表	学生自评
思维发展与提升	①对文本信息进行筛选、分析、整合与应用，发展其逻辑思维；②通过文案写作与点评，厘清事物间的内在联系，提升其形象思维、抽象思维和批判性思维能力	课内评说并填写小组互评表	小组互评
审美鉴赏与创造	①能在各种实践活动中发现并正确欣赏自然美景和人文景观，形成健康向上的审美情趣与鉴赏品位；②能品味语言、赏析作品内容和形式的美，能对具体的作品作出评论，发表自己创造性的观点	课内点评与课后作业评价相结合	教师点评
文化传承与理解	①以文化人，弘扬"三大文化"（优秀传统文化、革命文化和社会主义先进文化），在活动中了解并传播当地特色景观、历史和文化；②能在表达中运用富有文化意蕴的语言材料及形式，增强语言表现力	课内点评与课后作品展示评价相结合	学生互评

大学语文思政教育，是实现立德树人根本目标的重要一环，亦是厚植学生人文素养、塑造其社会主义核心价值观的强力基石。思政教育要素与大学语文教学过程的深度融合，应成为当下语文教学全面育人、全方位育人、全过程育人的新思路、新方略和新举措。基于新时代人才培养的需求，应不断革新大学语文教学范式，以课程内容为载体，精准提炼思政要义，极力拓展教学视野，构建立体多元的大学语文教学体系，科学施以教学之策，给大学语文教学带来新的生机与活力。

语文教学预设的"是"与"非"

语文教学需不需要预设已成为当下新课程教学实践中的热门话题,然而结论仍是众说纷纭,以致教师们在语文教学中感到困惑。因此,亟须辨清这预设的"是"与"非",才有益于教学。

所谓语文教学预设,是指语文教师在开展教学活动之前,在一定的教学思想指导下,根据课标的要求、教材的内容特点、学生的学习状况、现有的教学条件、教师自身的教学风格来设计教学目标、确定教学内容、考虑重点难点、安排教学环节、选择教学方法、分配教学时间的设想和计划。其实,它是一项将语文教学的诸要素进行科学、合理、有序安排的教学设计工作,是教师在教学活动中有效发挥主导作用的先决条件,无预设的教学必然是盲目的、随意的、无的放矢的无效教学。古人说:"预则立,不预则废。"一个严肃认真、一丝不苟地对待语文教学的教师,总是要呕心沥血地进行教学预设工作。

一、语文教学预设的重要性

语文教师发挥主导作用的关键是靠精心预设教学,只有通过预设,才能充分考虑怎么为学生学习创设良好的教学情境、激发学习动机、提供学习资源、指示学习方向、教给学习方法。教师要思考怎么去有效利用课堂真实情境开启学生思维的门扉,让他们"从所思所想出发,以能思能想启迪,向应思应想前进";[①] 怎么去点穴拨窍,为他们排难解纷助上一臂之力;怎么去升华结论,使他们的认知产生质的飞跃;怎么去做出评价,发挥其诊断与发展

[①]《语文建设》编辑部:《语文学习任务群的"是"与"非"——北京师范大学王宁教授访谈》,《语文建设》2019 年第 1 期。

功能;怎么去督促管理,使学习活动不走偏方向,始终在正确轨道上运转;怎么去通过语文教学"千方百计激发学生读书的兴趣"①……而这一切主导作用的发挥都需要精心预设,若什么都是临阵磨枪、临渴掘井、临场发挥,那语文教师的主导作用就会淡化。这种淡化语文教师主导作用的"唯自主化"课好像能体现学生主体精神,但很可能会因教师主导作用的缺失,使学生主体作用的发挥受到自身水平的限制,导致其认知水平在原有层次上徘徊。

二、反对非科学化语文教学预设

所谓非科学化语文教学预设,就是偏离语文课标的基本要求、忽略语文教材内容的特点、无视学生语文学习的实际、不顾语文教学的环境条件,闭门造车地设计教学方案,并且在实际的语文教学活动中,又不管教学的动态变化过程,一成不变地执行着既定的教学方案,逼着学生的语文学习思维向教师的教学预设靠拢,削学生足适教师履。

这种非科学化的语文教学预设在不同层次和学段的语文教学中均有表现。如有小学教师训练学生看图说话,画面是到处山花烂漫,万紫千红,近处嫩绿的小草生机勃勃,惹人喜爱。有成群的蜜蜂飞来飞去,还有一些小孩在快乐地放风筝……有学生从这幅画中感受到的是"春天来了"。这是在透过现象看本质,说明学生有敏锐的洞察力和概括能力,可是教师手里的答案是"大自然真美",把学生的答案给否定了。还有教师教朱自清散文《绿》,设计了一道单项选择题,朱自清描写梅雨潭的"绿",观察点是A、B、C、D四个选项。学生选A项"观察点是梅雨潭",教师的答案是B项"观察点是梅雨潭边"。仅仅多了一个"边"字,可谓没有区别,如此咬文嚼字否定学生答案,完全是本末倒置。

诸如以上这些教学案例都聚焦在一个点上,那就是搞非科学化的语文教学预设。这在传统语文教学中是一种普遍现象,完全背离了"学生是主体"的教学原则。在实施语文新课程中,这种非科学化的语文教学预设理应淘汰。

三、提倡科学化语文教学预设

科学化语文教学预设是指教师要以语文新课标为准绳、以语文文本特点为遵循、以学生实际为依据,充分利用教学的条件,发扬教师自身的教学风

---

① 温儒敏:《"部编本"语文教材的编写理念、特色与使用建议》,《课程·教材·教法》2016年第11期。

格，有的放矢地确定教学目标、选择教学内容，安排教学步骤，使教学设计充分考虑语文课堂教学的动态变化情况，在实际操作中不能墨守成规，而要凭预设去放飞学生的思想。

(一) 科学化的语文教学预设以贯彻民主教育思想为前提

教师须尊重学生人格及个性，满足其合理需求，有效调动他们学习的积极性、主动性和创造性。语文教学中，教师要不断鼓励学生在探讨问题时敢于阐述自己的见解，并提倡尝试探寻"多元新解"。即使说错也没关系，错误常常是正确的先导，关键是语文教师要有正确的引导，帮助学生发现和改正错误，使认识由错误走向正确、由片面走向全面、由肤浅走向深刻、由幼稚走向成熟。语文教师要欢迎质疑、欢迎争辩，即使有正确的观点也要允许学生提出不同的看法，这体现了对学生的包容，尊重学生敢于发表不同意见的积极性，同时更有利于暴露学生的问题。因此，语文教学中，绝不能用预设去框定学生的思想，要允许出错、允许改正、允许出现不同意见。

有教师执教《乡下孩子》一课，让学生轻声自由读课文，了解乡下孩子都有什么爱好，教室里迅速发出读书声，不到一分钟，有一个悦耳的声音盖过了读书声。师生们目光一齐看向发出声音的地方，只见第二排的一位同学正专心致志地唱着歌。这种突发状况怎么处理？这个教师暗暗捏一把汗，但是她马上镇静下来，然后微笑着对这位同学说："你唱得真好，能告诉大家你唱的是什么歌曲吗？"同学自豪地说："我是乡下孩子，我喜欢唱歌，刚才我唱的是民歌《小黄鹂鸟》。""是啊，你们跟课文中的孩子一样，都是乡下孩子。都很棒！那你们平时还喜欢做些什么呢？"老师兴高采烈地问。同学们的积极性一下子被调动起来了，大家演的演，说的说，很快融入了这特定的情境之中……听课的老师都露出了赞许的笑容。

该教学案例中的这位同学从朗读课文到唱起歌《小黄鹂鸟》，显然已对《乡下孩子》的课文内容产生了兴趣，只有教师机智引导，他才会倾心投入，甚至忘记了自己所处的课堂环境，情不自禁地唱起歌来。从读课文到联想自身，用行为演绎，这正是他在阅读时的独特感悟、体验和理解，而且这种体验正是他在自身经历与实践活动中产生的。因此这位学生出格的言行，就不应该等同于有意违反纪律，而是联系自己的生活经历来感受课文。这位教师在尊重学生体验的同时，灵活地运用教育机智，及时地调整语文教学的预设环节，充分调动了全班同学联系自身生活的阅读体验。教师树立民主教育思想,灵活调整教学预设,既尊重了学生阅读文本时的独特体验,也加深了他们对文本内容的理解,并在努力发现学生学习行为中值得肯定的东西时,巧妙地维护了师生的良好关系。所以科学化的语文教学预设必须以贯彻民主化教育思想为前提。

(二)科学化的语文教学预设必须充分考虑课堂上的动态变化

唯物辩证法认为,世间万物运动发展而变化无穷。教育家班巴斯基指出:"以动态观点看待教学法,就要看到在教学过程中,教师与学生都在发生变化,教师在挑选教学方法和形式时,已经能够同时考虑更广泛的因素。"[1] 因此语文教学活动中的科学化预设,绝不是凝固的、僵化的、一成不变的,它必须根据课堂中出现的不同情况随机应变。动态、灵活、流动、发展,便是科学化预设的特点。比如,有小学语文教师问学生:"树叶为什么会落?"有学生说:"她累了,想下来休息。"有学生说:"她不小心伸懒腰,就跌下来了。"有学生说:"她看到小朋友们很高兴,想和大家玩耍。"有学生说:"她想看看,有没有小朋友拾起她。"还有学生说:"她很善良,将自己化作春泥滋养树根,等待来年长出更新更美的叶儿。"于是,有个学生突然问老师:"老师,您说呢?"教师沉思了一会儿说:"树叶特别懂事,她知道,孩子们都喜欢她,就飞舞着跑下来了……"教师原来准备的答案是"秋天来了",但因学生给出了充满想象力和诗意的答案,让原设的自然科学答案失色,教师便灵活修正了预设答案,体现了教师在互动中的变通性。

(三)科学化的语文教学预设要有利于帮助学生产生新的思想

科学化的语文教学预设具有动态、灵活、流动、发展、多元、再生的特点,它绝不是仅仅停留在引导学生领悟已有的语文知识层面上,绝不能让思维的起点和终点都在同一方向和层次上,而是要以预设作为助推器,推动学生接触新的知识领域,从教学预设中涌现新的思潮,生出新的思想。教育家第斯多惠指出:"不好的教师是转述真理,好的教师是教学生发现真理。"[2] 语文教学切莫用预设去套住学生思想,而应通过教师的科学引领,不断促进学生由易到难、由简到繁、由近及远、由已知到未知循序渐进地学习新知识,掌握新知识,进而产生新的思想、新的观点。使学生真正能做到孔子《论语·述

---

[1] 刘舒生:《教学法大全》,经济日报出版社,1990,第75页。
[2] 同上书,第64页。

而》中说的"举一隅不以三隅反,则不复也"、《孟子》中说的"守约施博"、荀子提出的"以近知远、以一知万,以微知明"、《学记》中说的"知类通达"、《周髀算经》中说的"问一类而万事达"……这样的教学预设才更具方向感,更有成效性。这种生成性教学预设必定需要教师合理、合情、合度地引导。语文课堂上,教师可借助某个细节、抓住某个错误、聚焦某种分歧,引发某种联想,激活某种想象,从而引申教学的空间、内容和思想。教师还可以引导学生挖掘文本的思想、情感、主张、见解与丰富多彩的现实生活对接,由课内辐射课外,由课外延伸课内,从而让学生生出新的体验、感悟。教师还可以创设某种问题情境,"作为思维的刺激物"[①],让学生在情境中感觉到要解决某种问题的暗示。应遵循语文新课标要求,紧扣文本特点,聚焦重点难点,根据学生学情,精心设计能够形成逻辑序列,能够开启学生思维门扉的语境问、对比问、迂回问、分解问、点示问、类比问、推溯问、正反问等各种形式的问题,从而引导学生从盲目走向清醒、从肤浅走向深刻、从幼稚走向成熟、从已知通向未知……在这样的语文教学科学化预设中,教师就不是带着语文知识走向学生,而是带着学生走向语文知识。

有教师在教《鸿门宴》一课时,在让学生熟悉故事情节、人物性格、主题思想的基础上,预设问题情境:如果你就是鸿门宴上的楚霸王项羽,面对这个和自己争天下的政敌,你会怎么办?这个问题一下子就把学生带入了剑拔弩张的鸿门宴的矛盾旋涡之中,去充当一个角色设身处地思考斗争策略。学生的思维很快就活跃起来了,有学生说:"要借项庄舞剑,除掉刘邦这个争天下的隐患。"有学生说:"刘邦是个草包,没多大能耐,厉害的是那个谋臣张良,干掉张良,刘邦也就束手无策,这叫釜底抽薪。"有学生说:"在鸿门宴上,既不杀刘邦,也不杀张良,最好用好酒好菜款待他们,让他们醉醺醺的,然后,在回到自己军营的途中,在黑暗阴森、人迹罕至的地方暗算他们,钢刀杀人不见血,既锄掉了这个隐患,又不为天下人指责。"有学生说:"也不用在回营途中打埋伏,最好让他二人平平安安地回到军营,不仅欺骗他们两个人,而且通过他们麻痹全军将士,让全军将士都解除思想武装,刀枪入库,马放南山。然后来过夜袭沛公军,将他们一网打尽。"

以上案例中,教师从语文教学需要出发,预设了与教学内容相适应的具体场景,恰当地提出问题,激活了学生的发散思维。学生的答案是丰富多彩

[①] 刘舒生:《教学法大全》,经济日报出版社,1990,第64页。

的，从不同的角度来发展《鸿门宴》的故事情节，并对作品进行二度创作和意义建构，确实带有创新的成分，这不能不说是科学化的语文教学的预设结果。

四、总结

总之，语文教学预设是必需的。教学中，我们应该摒弃那些非科学化的语文教学预设，着力提倡科学化预设，构建动态、自然、和谐、发展、灵活、多元而充满生机的语文课堂，方可全面培养学生的语文能力，有效提升其语文核心素养。

基于转型发展背景下地方高校课程
教学改革策略研究
——以《语文课程与教学论》为例

面对社会经济的不断转型和迅猛发展，以及地方高校自身发展的需求，势必对地方高校的课程教学提出相应的改革要求。地方高校的课程教学改革不仅能促进地方高等教育的转型发展，也能更好地适应地方社会经济对人才的合理需求。《语文课程与教学论》作为地方高校汉语言文学师范专业的一门必修课，肩负着地方未来中小学语文教师素养和能力的培养与提高之重任，但目前各地方高校该课程教学的质量及水平仍参差不齐。以此为例，试从课程内容设置、教学方法应用及师资队伍建设诸方面分析其教学改革的必要性和使命感，进而探讨了转型发展背景下地方高校课程教学改革的有效策略，以期为当下地方高校提供理论与实践参考。

我国的高校教育向来是重理论而轻实践，重知识而轻能力，重过程而轻创新，高校课程教学改革仍然处于不完善阶段。另外，又受国家普通高等教育侧重关注学术性、学科性及综合性等评价体系的导向和影响，大多地方高校在课程设置、教学方法、教学理念、师资力量及人才培养等方面脱离地方社会经济发展的需要。因此，地方高校课程教学改革应成为我国当下高等教育改革发展的核心和重点。

一、地方高校课程教学改革的理论依据和现实意义

（一）地方高校课程教学改革的理论依据

课程教学改革的过程既是一个认识过程，也是一个促进地方高校学生全面发展的过程。既要向学生传授所学专业知识，也要培养和提高其适应社会

经济发展的基本技能和实践能力,二者缺一不可。由重视课程理论知识的教学转向重视对学生社会实践能力的培养,正是地方高校转型发展的内涵式建设之关键。课程教学决定社会实践,社会实践是课程教学的必然反应。良好的课程教学最终体现成功的社会实践,而成功的社会实践则依赖于良好的课程教学。因此教学要做到理论与实践的结合,既不能过于重实践而偏理论,也不能过于偏重理论而牺牲实践。传统的地方高校课程教学管理中,通常更重视理论知识的学习与检测,"而且在教学内容的设计层面上,也没有解释好'为什么''怎样做'的问题",① 于是忽视了具体的社会实践能力的培养与提高。事实上,教学与发展、知识与能力、理论与实践中的任何一个环节的缺失都会影响到其教育教学质量,也必将影响到地方高校的人才培养质量。课程教学改革从本质上应立足于社会经济结构、文化形态、价值观念等发生转变的基本理念而进行,即紧紧围绕人们通常所说的社会转型、经济转型、文化转型、教育转型、制度转型、观念转型等相关理论与理念实施变革,确保地方高校课程教学质量的有效提升。

(二) 地方高校课程教学改革的现实意义

教育部在《关于地方本科高校转型发展的指导意见》中明确要求必须推动地方普通本科高校向应用技术型高校转型发展,提高其创新能力,进而有效促进我国高等教育的特色发展。理所当然,课程教学质量是地方高校的生命线,提高其人才培养质量无疑要求势必进行课程教学改革。我国新建或升格的一些地方本科院校,虽在普通高等教育大众化、全球化、开放化洪潮中其办学规模得到迅速壮大,学科设置、专业建设、人才培养的水平和数量较之过去也有了很大进步,但在课程优化、教学质量、科研水平和服务社会诸方面仍然处于滞后状态,同时也在很多领域大大落后于国家部属高校。针对地方高校的差异化发展进程以及不能及时满足社会多元化人才需求的现实局面,此类地方高校转型发展势在必行。《国家中长期教育改革与发展规划纲要(2010—2020年)》指出"建立高校分类体系,实行分类管理",其目的就是构建高等教育分类研究和协调发展,有效实现服务社会的终极目标。这便成为我国高等教育发展中重大的理论和实践问题。② 缘此,地方高校只有通过变革办学思路、优化课程资源、创新教学理念,不断转变人才培养模式、提升

---

① 李正:《基于工程创新人才培养的课程体系改革》,《中国大学教学》2012年第3期。
② 习勇生:《我国高校分类管理研究十年(2000—2009)》,《高校教育管理》2011年第1期。

教学科研能力、增强服务社会功效,才能凸显其社会现实意义。

二、地方高校课程教学改革的必然性和使命感

(一)地方高校课程教学改革的必然性

英国著名思想家约翰·密尔(John Mill)曾指出:"大学不是为了教给人们一些谋生的知识,而是能力与智慧。"① 掀开世界高等教育发展史的一页,其功能演变有力推动了高等教育向区域性、地方性、行业性和企业性迈进,进行地方高校课程教学改革是培养应用型人才和直接服务社会的必然要求。一些地方高校的办学定位基本趋同,课程教学理念也盲目地按照习惯性的思维模式缓慢发展,学科专业课程的设置无特色,甚至与地方产业结构严重脱节。在课程教学实践中,过于重视理论传授而忽视实际能力的培养,过分重视科学研究而轻视操作技能的提高等,这无疑造成了人才培养体系的不够完善而导致服务地方社会经济发展效能低下的不堪局面。于是,地方高校课程教学改革则势在必行。

(二)地方高校课程教学改革的使命感

"不忘初心、牢记使命"是党的十九大明确提出的全党教育主题,而地方高校课程教学改革是在新形势下为适应地方经济社会发展而提高人才培养质量的历史使命。要实现这一历史使命,必须经历"思想观念转型、学科专业转型、培养模式转型、课程体系转型,其中最难的是课程转型"。② 要用新的课程教学理念武装学生头脑,推动地方高校人才培养质量变得更好。不言而喻,地方高校必须牢记课程教学改革使命,因材施教,因地制宜,奠定人才基础,构建地方高校新型课程体系,完善教学理念,在改革中创新,在创新中发展,在发展中提高,实现地方高校人才培养战略。

三、地方高校课程教学改革的有效策略

(一)要科学构建专业课程群

地方高校的课程教学改革,显然不是一个单项改革措施的简单相加,而是在课程教学的整体性与系统性基础之上所凸显的科学变革,即彰显课程教学改革的科学性。基于培养规格、培养目标以及地方社会对人才素质与能力

---

① 易红郡:《英国近现代大学精神的创新》,《清华大学教育研究》2015年第5期。
② 黄达人,等:《大学的转型》商务印书馆,2015,第138页。

的需求，地方高校应在课程体系、教学模式等诸方面作相应合理的调整，要运用学科理念和科学方法培养适于地方产业而服务地方经济发展的专业技能人才。比如：在课程体系上，可结合《语文课程与教学论》的课程实际科学构建专业课程群，所谓专业课程群既指同一专业不同课程间的知识建构，也指某一专业领域多门课程的有机组合（如图1所示）。

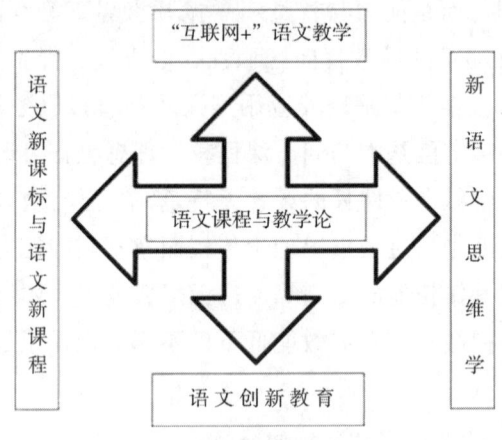

图1　专业课程群

并在该课程群中培养学生的创新创业能力，提高他们的专业素养，以便"适应各种各样的就业工作环境"。[①] 在培养流程和教学方式上，地方高校的课程教学改革必须紧紧围绕科学育人这一主线循序渐进地培养人才，要重构专业课程，科学设计课堂教学，并注重在学科理论基础上培养学生的应用能力和科学思维能力。在课程教学实践中，要尽可能科学地明确课程教学改革的正确目标和质量标准，才能有效推动地方高校转型发展的实质性变革。如地方高校汉语言文学师范专业必修课《语文课程与教学论》，就应遵照《国家中长期教育改革和发展规划纲要》的具体要求，在课程教学的整体规划与系统布局的基础之上建立健全科学而规范的评估体系，并结合地方中小学语文教学实践的特点，制定合理的学科建设评价标准，培养符合应用型的语文教学人才，适应地方中小学合格语文教师的需要。同时亦应创建地方中小学校的语文课程教学参与高校人才培养质量的评价机制，鼓励地方中小学校设置专门机构对《语文课程与教学论》的学科教学水平和人才培养质量进行综合评

[①] 陈星：《论本科院校财经类专业课程体系、教学内容改革和整体优化》，《北京教育学院学报》2009年第1期。

估，进而提升其办学质量，推动地方高校转型发展。

(二) 要有效培养学生的实际应用能力

地方高校的转型发展，无可厚非，其核心是"型"的深刻变化，转型之后依然具有高等教育的专业性和实践性特征。而这个专业性、实践性特征则主要表现为实效性，譬如：针对当前地方高校汉语言文学专业人才培养存在理论知识与实践能力脱钩的现象，《语文课程与教学论》需要不断优化其课程教学培养方案，"紧紧围绕高素质应用型人才的培养目标来确定教学内容"，①重视实践教学，突出课程教学的实效性。其课程教学改革须以地方中小学师资人才培养与服务为契机，紧密联系地方经济建设和社会发展的现实状况，构建良性互动的教学机制，强化实践育人、实效育人。完善地方各级政府与地方高校、地方中小学语文课程教学的融通机制，多开展一些语文实习、实训、实效教育教学及科研活动，比如：以《语文课程与教学论》为例，让地方高校课程与教学论的专业教师多到地方中小学指导语文教学实践，开展授课、赛课、评课、课题研究等相关教研活动，也可让地方中小学语文教师不定时地到地方高校进行专业前沿理论学习，提高其专业理论核心素养。同时，也要让地方高校汉语言文学师范专业学生经常参与地方中小学校的语文教学观摩、集体备课、课堂授课、教研实践及课题研究等活动，夯实良性互动，突出语文课程教学的实效性，不断培养学生的教学实践能力和知识应用能力，促进地方高校课程教学改革稳步提升。诚然，地方高校课程教学改革的核心是人才的培养质量，而人才的培养质量又须通过"产教融合"或"校企合作"的培养模式获得实效。"产教融合"是学校按所设专业教学与其开办产业紧密结合而相互支持和促进，形成产教浑然一体的办学模式。而"校企合作"则指学校与企业所建立的一种合作教学模式，即学校为了有针对性地培养人才而采取与企业密切合作的方式进行教学，注重了人才的实用性和实效性。无论是产教融合的办学模式，还是校企合作的教学模式，都打破了封闭的课程教学体系，提高了人才培养的质量，为地方高校的转型及经济社会的发展带来了实实在在的功效。当然，地方高校课程教学改革还须以科研促教学，让教师参与企业研发或承担项目课题，更好地将教师的科研成果转化为教学内容，进而提高其教学质量，有效培养学生的实际应用能力。

---

① 张玲燕、陈丽君：《适应高素质应用型人才培养的教学内容改革研究》，《广东技术师范学院学报》2017 年第 2 期。

(三)要与时俱进实现人的全面发展

课程教学改革的本体功能是"适应时代要求而促进学生发展"。① 新时代新教育,新课程新教学。基于新时代,地方高校转型发展势必促使其课程教学发生历史性变革。地方高校课程教学改革,其实质就是在新的时代视野下的人才培养目标与办学模式的变革,即从培养学术型人才转变至培养技术型人才上来,并且此转变须符合时代社会和自身发展要求,遵循其教育教学规律、人才培养规律及时代发展规律。地方高校课程教学改革,须以新时代地方经济发展为基本导向,应根据地方主流产业和技术革新领域的需求,在现行学科教学的基础之上,自主设置教学方案和确定教学目标,构建专业学科动态调整体系,同时创立适时响应机制,使专业课程教学改革真正彰显其现实性和时代性特点。譬如《语文课程与教学论》的教学应立足于地方中小学校语文新课程、新课标的相关理念,培养符合新时代的地方中小学合格语文教师。与此同时,构建地方高校与当地中小学语文课程教学合作学校的学科群、教学群、专业群和教研群等,诚然,学科群是指为了适应改革发展需要,由许多相关学科围绕某一学习领域按照某种特定形式而结合成的学科体系和群体。教学群即指某一学科或专业教学团队的总称。专业群则指由若干个专业学科基础相近或技术领域相关的专业组合而成的专业群体。而教研群就是针对某一专业或学科领域教育教学研究的集合(如图2所示)。

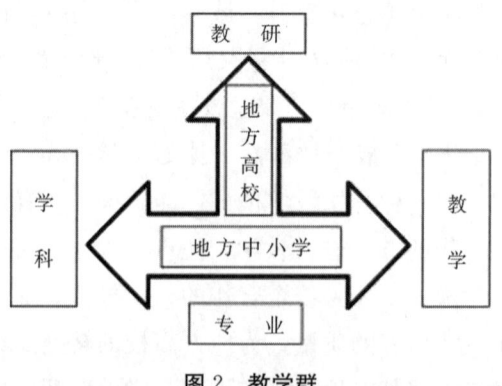

图2 **教学群**

营造地方校校合作、师师互动、生生交流、师生相长的教学氛围,及时提升地方高校汉语言文学师范专业《语文课程与教学论》的教学质量,真正

---

① 黄平:《大学教师在教学中的角色定位》,《湖北大学学报》2006年第5期。

做到课程教学改革与时代同呼吸共命运。无可厚非，地方高校的课程教学改革，既能提升当前毕业生的就业率，也能提高地方高校的办学质量，因为地方高校毕业生的就业率与地方经济发展速度和整个劳动力市场结构息息相关。地方高校的课程教学只有与时俱进深化改革实现人的全面发展，才能真正激活地方经济社会发展的内驱力，从而提升其教育教学质量。

（四）要因地制宜弘扬创新精神

党的十九大报告强调创新是引领社会发展的第一动力，也是我国建设现代化经济体系的战略支撑。教育部发布的我国高等教育领域首个教学质量国家标准指出："注重激发学生的学习兴趣和潜能，创新形式、改革教法、强化实践，推动本科教学从'教得好'向'学得好'转变。"地方高校的转型发展决定了地方高校课程教学改革的创新性，这不得不使其课程教学改革向适应地方应用技术型人才培养模式不断推进。为使地方高校教育真正起到积极支撑地方产业发展，加快现代经济繁荣的作用，培养发展型、复合型及创新型技术人才便成了目前地方高校课程教学改革创新的重中之重。以《语文课程与教学论》为例，教师应在探寻其课程教学规律、指导教学实践、服务地方基础教育的前提下，融汇语文教学专家智慧和各方资源，充分发挥地方高校转型发展的优势，以及地方各应用技术型大学或学院联盟和国家权威教育机构的教育科学决策作用，积极开展《语文课程与教学论》的课程教学改革，努力革新语文课程教学理论和教学方法，强化实践能力的培养，深入探究适于地方高校转型发展和地方中小学语文教师队伍人才建设的新路子、新举措和新视野，切实为地方经济社会发展开拓创新。地方高校课程教学改革的创新是地方高校转型发展的必由之路，要凸显课程教学改革的理念新、观点新、方法新和信念新。有了新的理念就有了新的理论，有了新的观点就有了新的思想，有了新的方法就有了新的策略，有了新的信念就有了新的勇气。创新是地方高校课程教学改革的唯一出路。要让创新成为地方高校课程教学改革的一项前所未有的革命，这既是应对地方经济发展新常态的根本需要，也是打造地方高校发展升级版的迫切要求。比如《语文课程与教学论》就要弘扬创新精神，敢于打破陈旧的课程教学常规模式，树立崇尚创新的课程观、教学观，把语文课程教学改革创新作为支撑地方中小学语文教育发展的首要资源，营造良好的语文课程教学改革创新氛围，并在语文课程教学改革中精心制定多样化的语文教育教学人才培养方案，全面推进语文课程学分制和模块化教学，鼓励地方中小学用人单位直接参与地方高校《语文课程与教学论》的教学设计、评价及国际先进课程教学理念的引进，大力推行基于语文教学实践应用的教学案例、教学项目和教学虚拟技术等，让创新成果在地方基础教育学校生根、发芽、开花、结果成为现实。

四、总结

综上所述，地方高校的课程教学改革，是在其转型发展的大背景下所进行的一场狂飙突进式的课程教学革命。这场革命，不仅决定着地方高校转型发展的未来前景，同时也影响到地方经济社会发展的历史进程和美好明天。地方高校的课程教学改革必须结合地方经济社会发展对人才的需求以及当下大学生的就业情景和现状，正确认识其改革的必然性和使命感，并注重科学构建专业课程群、有效培养学生的实际应用能力、与时俱进，实现人的全面发展，因地制宜地弘扬创新精神，只有让地方高校课程教学改革落地生根，才能真正充分发挥地方高校服务地方社会、促进地方经济发展之功效。

高中语文古诗词群文阅读教学研究

　　高中语文古诗词群文阅读教学是语文阅读教学中不可或缺的一部分，它能帮助学生扩大阅读视野，快速学习诗词知识，以适应新时代社会发展的需要。古诗词群文阅读是一种以训练学生独立性、探究性阅读能力为主的阅读范式，它充分利用较为有限的语文教学课堂时间，合理呈现与某个议题相关的古诗词文本，增加学生阅读数量，提高学生阅读速度，扩大学生阅读范围，丰富学生阅读主体，使学生更多、更快、更广地获得古诗词知识及提升其语文能力。高中语文古诗词群文阅读教学则是建立在"古诗词群文阅读"及统整课程与互文性理论基础之上，在教师的指导下，为实现"精神成人与知识成才"的教学目标，师生双方根据教学议题择优选取一组古诗词文本开展整体性、探究性的集体阅读，进而构建科学的阅读理念并取得共同认知视角的教学过程。高中语文古诗词群文阅读教学具有整合性、开放性、互文性和迁移性等特点。

　　高中语文古诗词群文阅读教学的价值是有利于学生积累与整合诗词知识、培养古诗词阅读能力、提升学生诗词素养。须聚焦"教学流程"探究高中语文古诗词群文阅读教学的基本程序。在诗词群文议题的确定上，须秉持"以课标为纲、以学情为主、以教材为基"的主要依据，并立足语文学科核心素养诸方面阐述科学设置议题的基本要求等；在诗词文本的组织上，须遵循"议题聚焦群文化、组文体现异质化、内容难易适度化、课内课外勾连化"的基本原则，立足议题并联系高中语文新教材古诗词文本进行具体的组文呈现等；在教学时间的设定及其容量的把握上，要求教师应在规定的单位时间内完成古诗词群文课堂教学任务，并对其课堂教学容量有清晰的把握等；在高中语文古诗词群文阅读教学的"集体课堂建构"上，须建构立足议题、植根文本、师生互动、教学共生、以读促写、学思并进为一体的集体课堂；在学

法迁移上强调古诗词知识的运用，须做到举一反三、总结反思而提升古诗词群文阅读能力；在高中语文古诗词群文阅读教学评价体系的建构上，应树立科学的评价理念、制定适宜的评价标准、确定合适的评价内容、采用多元的评价方式，做到扬长避短而客观辩证，精益求精而有效提升古诗词群文阅读教学水准等。为确保高中语文古诗词群文阅读教学的有效进行，还应实施相应的教学策略，即合理设计学习清单，为学生提供自学指导和教师反馈教学情况创造条件；创设情境激趣，充分调动学生的学习兴趣；巧设问题引导，激励学生答疑解惑培养理解力；开展合作探究学习，促进学生深入解读文本而提升思维能力。此外，高中语文古诗词群文阅读教学的落实理应注意一些相关问题，即须在了解高中语文新课标的基本要求、熟悉新教材的选编情况、洞察当下高考古诗词考点命制趋向及精准掌握学情的基础上，构建"单—群—整"高中语文古诗词群文阅读教学体系，为古诗词群文阅读教学提供参考。

一、综述

语文新课标提倡语文教学方式的变革，要求根据学习任务群的特点创造性地实施教学。其任务群是以学习任务为导向，以学习项目为载体，整合学习情境、内容、方法和资源，引导学生在运用语言的过程中提升语文素养。"整合"是学习任务群的基本特征，通过梳理与整合，可将积累的语言材料和语文知识进行重构，使其结构化、系统化、科学化，并总结反思语言活动经验，将其不断转化为具体的学习方法与策略，让学生终身受益。群文阅读教学模式基于"统整课程"，旨在把一切能为教学目标服务的语文要素进行优化重组，发挥最大功效化教学。而学习任务群以任务驱动为引领，通过教师的正确指导，学生紧扣一个共同任务开展学习活动，并以问题驱动、资源整合等进行自主、合作与探究式学习，完成既定学习任务。诚然，其实质便是群文阅读"议题"与学习任务驱动理念的融通，且围绕"议题"选择文本、创设任务、聚焦问题，进而开展具有开放性、可议性、挑战性的群文阅读教学。因此，古诗词群文阅读教学模式的提出符合语文新课标的基本理念和相关要求，为促进"以教为主"向"以学为主"的教学变革注入新活力。

当下，高中语文古诗词教学虽取得了一定成果，但仍存在诸多问题。审视教师的教学现状可见，迫于高考与升学压力，被动追求考分效度，功利化倾向较为严重；忽视了古典诗词丰富的审美价值、深厚的文化内涵和博大的民族精神对学生的陶冶；教学方法单一，教学梯度模糊，盲目崇拜教参，迷信权威解读；缺乏深入研读文本的能力，大多偏向感性审美解读而忽视理性审美解读，[①]对学生的鉴赏能力和审美品性培育重视不够等。考查学生的学习现状而知，由于教法陈旧，导致学生产生惰性思维和厌学情绪，认为学习古诗词无非就是了解其大意和中心思想罢了，压根儿没有什么韵味、趣味、意味可学，于是造成了学生对古诗词的学习兴趣不浓、阅读面窄、鉴赏水平低下等不良情况。而群文阅读教学理念的提出，无疑为古诗词教学开辟了新路，弥补了单篇古诗词精讲模式的缺憾，如运用多文本组合为学生提供了更宽广的阅读舞台，通过"比对读议"方法围绕精选议题感受古诗词中的语言美、形象美、情感美和韵律美等。使学生在感受、体验和评价美的基础之上，最终实现涵养审美情趣、培植鉴赏能力及创造美的目标，提升学生语文核心素养。

传统的语文教学模式以课堂、课本、教师为中心，其特点是教学方式单一、课堂气氛紧张、忽视学生学习需求，形成了"满堂灌"的教学局面，导致了重负低效的不良后果。在语文新课标理念的引领下，传统的"授受"教学模式将"进行创造性改造"，[②]而逐渐被"自主、合作、探究"的学习方式所取代，群文阅读教学模式也不例外。它以丰富阅读内容、开阔阅读视野、拓展阅读路径、激活阅读思维、提升阅读品质为导向，倡导由浅入深、由表及里、由一元到多元，循序渐进地建构多角度、多层次、多维度的古诗词阅读教学模式，进而让阅读体系向结构化、系统化、整合化发展。它不仅扩大了阅读量，还充分考虑了阅读内容的思维含金量，利于学生自觉分析和反思其语文学习经验，提升语用能力、思维能力。无可厚非，从传统的单篇阅读走向群文阅读，既是对古诗词教学模式的突破，也是对古诗词低效阅读困境的转变。

阅读是一个学生终身发展与完善的重要途径。但在应试教育的导向下，学生疲于题海战术和应付各种考试，课外难以静心研读经典。同时，课内语文教材一般选择的是单篇短章，篇幅、内容和数量极为有限，因此，教与学基本囿于较为狭窄的认知范围和肤浅的情感体验，长此以往，学生的阅读习惯就演变成了"就教材读教材"。这不仅造成了课内外阅读的脱节，还窄化了

[①]黄嘉怡：《基于语文核心素养的高中古诗词教学研究》，湖南师范大学，2020，第46页。
[②]爱华德·希尔斯：《论传统》，傅铿、吕乐译，上海人民出版社，2009，第2页。

学生的阅读面，无助于学生必备语文知识的积累和有效阅读方法的掌握，其阅读能力与核心素养的培育就更是无从说起。群文阅读以开放性、可论性的议题为阅读引子，以多个关联互通的文本为阅读平台，整合多种思维方法贯穿学习全过程，构建个性化、整体化、迁移化的阅读与鉴赏范式，有效促进师生、生生间的交流与对话。将群文阅读教学模式运用于高中语文古诗词教学，则有利于培养学生的诗词语感、语言积累、审美情趣和阅读能力，提高古诗词教学质量。

核心素养是学生形成关键能力和必备品格的重要一环。高中语文古诗词群文阅读教学模式的探究，有利于高中生语文学科核心素养的全面落实。譬如，能让学生在丰富多彩的语言实践活动中多积累、多丰富、多运用、多提高；可强化学生的认知与体悟，激活学习思维，搭建思维网络，发展与提升学生的多种思维能力及品质；在语言与思维的训练中，通过确定古诗词群文阅读的核心议题进行比较与解读，让学生充分感受古诗词群文阅读的音韵美、情感美、形象美、艺术美、表现美以及创造美，真正提升学生的鉴赏力；另外，透过古诗词群文阅读教学，不仅能促进学生对优秀传统文化理念及其价值的传承与践行，而且能强化他们对民族文化精髓的理解与认同。总而言之，课堂上，可借助群文阅读所展现的同一主题、作者、情志、意象等的古诗词教学，综合提升学生的语文学科核心素养。

二、群文阅读研究现状

通过知网、维普、微信公众号等网络平台和图书馆、阅览室等实体空间，查找、鉴别与古诗词群文阅读教学模式研究的相关文献，并对其进行筛选、整理、归类，参考与借鉴其中有益的研究成果，以此作为本篇研究的理论基础。在研究古诗词群文阅读教学模式时，选择了一些教学案例来说明、支撑相关论述，其中既有语文名师的教学设计和课堂实录，又有笔者结合具体阐述所举的例子，旨在理论联系实际，论证其观点的可行性。

考查高中语文古诗词群文阅读教学模式中诗与诗、词与词、单篇与多篇以及课内与课外之间教学的相异度或相似性，探究学生在阅读中比较、在比较中辨别、在辨别中判断与升华的学理逻辑，揭示古诗词群文阅读最普遍的教学规律及其方法，审视国外的群文阅读研究状况，最早见于1996年日本学者佐藤学在《课程与教师》一书中提到"群书阅读"概念。因此，本篇主要基于国内有关"群文阅读"理论与实践研究现状的洞察，并在此基础上获得新的启示。

2006年，在太原举办的第六届全国青年教师阅读大赛上，台湾"小语会"前会长赵镜中先生在"走过来时的路——悦读'大陆的阅读教学'"的演讲中提出了"群文阅读"这个名词，但当时还未形成清晰的概念。随后，陈易志、干国祥等人都尝试用"群文阅读"进行教学，取得了不错的教学效果，但仍未明确阐释"群文阅读"这一理念，只做了教学经验上的积累而已。特级教师蒋军晶在2010年高举"群文阅读"之旗，呈现了一节经典的群文阅读课——"创世神话"，这堂课以阅读量大、思想内涵深而著称，于是成为不少群文阅读理论类文章引用率最高的课例。蒋老师不仅积极倡导"群文阅读"，进行了"单篇"到"群文"的新思考，还为其概念做了阐释："群文阅读就是在较短的单位时间内，针对一个议题，进行多文本阅读教学。"[1] 但从该定义来看，依然只关注"多文本"这一形式上的改变，并未透过"群文"这一阅读现象，看到其背后所蕴含的理念内涵。直到2013年，业界将于泽元等人发表的《群文阅读：从形式到理念变革》视为"群文阅读理论的奠基之作"，对"群文阅读"的概念做了较清晰的界定，即"群文阅读是师生围绕着一个或多个议题选择一组文章，而后师生围绕议题进行阅读和建构，最终达成共识的过程"。[2] 这一概念既明确了其核心要素及操作系统，又指出了群文阅读是由形式的改变而带来语文教育理念与实践的变革。然而，仔细审思这一概念，依然不够完善，其一是它模糊了群文阅读与群文阅读教学的界限，其二是过于理性化、学术化，不利于一线语文教师对群文阅读的理解。之后，又有学者对群文阅读概念与内涵进行了不断丰富，如王林博士、倪文锦教授等。2018年，于泽元等人集近几年群文阅读研究之大成，出版了《群文阅读的理论与实践》，它将群文阅读界定为"围绕着议题对群文展开以比较与整合为主要行为的整体性阅读过程，也是一个探究性阅读"。[3] 此外，还详细阐述了群文、群文阅读教学的概念，探讨了群文阅读的理论基础、主要特质、基本课型等，可视为目前研究群文阅读理论与实践的范本。当然，群文阅读的核心概念和本质内涵，还有待在今后的教学实践中不断完善，以便更好地服务于

---

[1]蒋军晶：《让学生学会阅读：群文阅读这样做》，中国人民大学出版社，2017，第4页。

[2]于泽元、王雁玲、黄利梅：《群文阅读：从形式变化到理念变革》，《中国教育学刊》2013年第6期。

[3]于泽元、王雁玲、石潇：《群文阅读的理论与实践》，西南大学出版社，2018，第78页。

语文教学。

学者们在研究群文阅读的理论概念与内涵时，也进一步探讨了其价值与意义。2016年，蒋军晶老师在《让学生学会阅读——群文阅读这样做》一书中，从学生与教师两个方面介绍了群文阅读的意义，认为群文阅读不仅可使学生提高阅读速度、习得阅读策略、提升表达力与思考力，还可促进教师的专业素养发展。同年，于泽元等人在《群文阅读的内涵、精髓与价值核心》中提出群文阅读的核心价值是提高学生的高阶思维能力，主要包括系统化思维、创新性思维和批判性思维。2017年倪文锦教授在《语文核心素养视野中的群文阅读》一文中，认为群文阅读的价值在于培养学生语言、思维、审美、文化四个方面的素养。2019年，郎孝忠老师在《浅谈小学语文群文阅读的价值与教学策略》中，认为群文阅读的价值在于激发阅读兴趣、培养阅读思维、拓展阅读视野等。由此可见，增加阅读量、开阔阅读视野、提高思维能力、培育语文核心素养，应是时下语文教育界对群文阅读价值与意义研究所达成的主要共识。

蒋军晶在《让学生学会阅读——群文阅读这样做》一书中，将群文阅读与单篇阅读、主题阅读列表进行了区分，由此凸显了群文阅读的优越性。于泽元等人在《群文阅读的理论与实践》中不仅将群文阅读与单篇阅读、单元整组阅读、主题阅读、班级读书会、海量阅读等进行了比较分析，还批判式地吸收了这几种阅读的优点，旨在充实与完善群文阅读。此外，陆语淳在其硕士论文《初中古诗文群文阅读教学实践研究》中，将群文阅读与单篇阅读、全书阅读做了详细对比，认为群文阅读既可以弥补单篇阅读的不足，也有助于全书阅读的开展，为单篇阅读与全书阅读的衔接架起了桥梁。以上的对比研究，有利于厘清群文阅读与其他阅读的不同之处，从而对群文阅读概念和内涵有了更加清晰、深入的认识。同时，也有利于群文阅读的不断完善与丰富，以便更好地发挥其价值与效用。

关于群文阅读教学模式的研究，主要有两类。

一类是一线语文教师对群文阅读教学模式进行探究，有的未分学段，从整体上论述群文阅读教学模式，如李文超的《群文阅读"45555教学模式"初探》从"整合内容""选文渠道""议题确定""教学实施""教学评价"五个方面初步完成搭建模式框架；有的是基于语文核心素养来建构，如杨俊荷的《核心素养背景下小学语文群文阅读教学模式分析》针对核心素养背景下小学语文群文阅读教学模式的重要价值进行分析，并提出了对话导入议题、创建审美情境、注重文化传承等应用策略；有的立足于学习任务群尝试建立其教学模式，如冯尚财的《摭谈高中语文学习任务群群文阅读教学模式》围绕学习任务群提出了系统教学模式、自学－辅导教学模式、程序教学模式、合作教学模式等。

另一类是硕士学位论文对群文阅读教学模式的研究，这类研究数量较少，目前只见到三篇相关论文，如吴双的《语文群文阅读课堂教学模式建设》从三维目标出发，构造了"一置两评三环节、四动、情感迁移"等群文阅读课堂教学模式；陈赟的《初中语文群文阅读教学研究》从语言、思维、审美、文化四大核心素养分别构建了群文阅读教学模式，并分别列举有代表性的教学案例，以论证模式的合理性与有效性；赵清的《"群文阅读"教学模式在小学语文阅读教学中的实践与探索》根据群文阅读教学现状提出了以议题为线索多元开发阅读资源、以议题为主线选择文章、探索阅读方法等实施策略。

上述群文阅读教学模式的研究在把握其内涵与特征的基础上，立足学情、紧扣课标进行了群文阅读教学程序与路径、教学理念与经验体系的建构，有助于改变理论与实际相脱节的现状，具有一定的教学指导意义。但就整体而言，仍有不足之处，如研究学段主要集中在义务教育阶段，高中段偏少；混淆议题与主题，导致议题的可论性空间较小；组文原则模糊，忽视多文本之间的互通性，以致求同比异、整合判断等教学目标难以落实。

因为目前尚未见到专门探究古诗词群文阅读教学模式的论文或著述，所以只能转而综述古诗词群文阅读教学的相关文献。关于古诗词群文阅读教学研究，国内主要有两种探究模式，一种是一线语文教师对古诗词群文阅读教学进行探究，切口较小，往往以某一首诗词为依托来展开论述，并提出具体实施策略。如严晓燕的《依托古典诗词，铸造群文阅读的突破口》是以辛弃疾《清平乐·村居》为主体，从目标、学情、思维发展等几个方面谈古典诗词群文阅读的实践策略。另一种是硕士学位论文对古诗词群文阅读教学的研究，主要集中在对古诗词群文阅读的特征、意义、可行性、具体实施策略的研究，并未建构完整的古诗词群文阅读教学模式。如杭州师范大学李娜娜所写的《初中古诗词群文阅读教学研究》，首先系统介绍了群文阅读的内涵、特征、理论依据和价值等；其次从学生、教师、教法、教材四个方面论述了群文阅读在初中古诗词教学中的独特价值；再次从议题设计、文本组群、文本

学习这三个角度研讨了运用策略;最后指出师生在古诗词群文阅读课堂教学中如何对所选古诗词文本进行阅读与集体建构。古诗词群文阅读教学模式研究还有待深入探讨,亟须建构更科学、恰切、完整的教学模式,以便更好地让学生感受诗词之美,领略古典诗词文化的博大精深,进而培育审美情操,提升其语文核心素养。

三、群文阅读教学模式的概念界定和探索历程

"模式"一词最早运用于工商业领域,意指人们为解决某一类问题从生产经验和生活经验中总结、归纳、提炼出来的一套具有操作性的知识系统,是理论和实践之间的中介环节。模式在实际运用中必须结合具体情况,并且强调要根据实际情况的变化随时调整相关要素与结构,只有这样才能使理论的一般性和实践的特殊性实现理想对接。美国学者乔伊斯(B. Joyce)和韦尔(Weil)将模式首次引入教育领域,并在其著作《教学模式》中对其进行了系统研究。我国学者从 20 世纪 80 年代开始对模式进行研究,并逐渐掀起热潮,但由于模式理论层面的研究与教学实践层面的实施未做好衔接,使得一线教师对模式概念形成了极为片面的认知,以致在教学模式的运用过程中一贯生搬硬套旧有程序、步骤等进行,并把关注点全部聚焦于具体的操作程序层面,完全忽视了具体的教学实际情景,而最终使教学陷入刻板化、机械化、形式化、模式化的死循环局面。诚然,这种不尽如人意的结果引发了教育界对模式的质疑与批判,出现了强烈的"反模式"呼声。其实,出现这种极端的情况,归根到底是由于人们混淆了"模式"与"模式化"这两个概念的本质内涵,表面上看只是一字之差,实则相距甚远。"模式"是一种科学的方法论,即便已经成形,但仍会有许多不确定的因素存在,比如在具体操作过程中需要依据学情改变教学方法等。可"模式化"不同,它更强调的是一种较为稳定的、固定不变的理念、理论、思想、方式、方法、程序、过程等基本观念和操作手段,因而,呈现出"模式"上的固化性、僵化性、静止性和死板性等特质。通过两者概念对比可知,它们在意蕴上有着很大差异,"模式"犹如源头活水,不断有新的生命力注入,时刻散发着生气和活力;而"模式化"则如一潭死水,毫无生机。然而我们不能盲目地排斥"模式",而应正确解读"模式"原理,用科学的"模式"理论和理念指导具体的教学实践,并在教学实践中不断完善"模式",充分发挥"模式"的功效,进而提升其学科教学质量。

教学模式从宏观上可分为两个层面：一个层面是课堂教学模式，指的是构建适合某种教学内容的课堂教学模式；另一个层面即指某一学科教学全过程的模式，包括其学科课程标准、教学大纲的制定与实施、课堂教学内容的预设以及教学目标的达成与评价等在内的整体教学模式。在此所讨论的教学模式主要是指课堂教学模式。

四、国内外学者对教学模式的探究

最早研究教学模式概念的学者是乔伊斯（B. Joyce）和韦尔（Weil），他们将其定义为"构成课程和作业、选择教材、提示教师活动的一种范式或计划"。①当然，若用"范式"或"计划"来界定教学模式，显然是将其简单化了，该阐释只抓住了"教学模式"的外显表征，并未触及其精神内核，也没有揭示其本质意涵。教学模式不仅仅是一种"计划"或"范式"，还蕴含着特定的教学理论、教学思想、教学理念、教学思维等。

我国学者对教学模式的概念探究主要见于：其一，教学模式即教学范型。"教学模式就是在一定的教学思想指导下，围绕着教学活动中的某一主题，形成相对稳定的、系统化和理论化的教学范型。"②其二，教学模式即教学结构。代表性观点是顾明远先生所倡导的"能够保持某种教学任务，且反映教学理论逻辑，具有相对稳定性的教学结构"。③其三，教学模式即教学方法。教学模式指的是方法或多种方法的有机组合，即某种方法适用于某种特定的教学情境的组织形式。其四，教学模式即教学程序。"教学模式就是在某一教学思想和教学原理的指导下，围绕某一主题，为实现教学目标而形成相对稳定的规范化的教学程序和操作体系。"④他们分别从教学范型、教学结构、教学方法、教学程序角度来洞见其内涵、阐释其意义、透视其本质，各有侧重。由此，笔者认为：首先，教学模式不是严格意义上的教学范型，该定义过于宽泛和简单化，不够严谨和准确。其次，教学模式也不等同于教学结构。教学结构是指客观存在的教学各组成部分之间的相互影响和相互依存关系的基本框架，受既定规律之制约。教学模式是人们发挥自身能动性与创造性建构的，带有很强的目标指向性，而教学结构则具有独立内在机制和存在状态。再次，

---

①王静：《美国布鲁纳·乔伊斯的教学模式探究过程研究》，西南大学，2017，第4页。
②李秉德：《教学论》，人民教育出版社，1991，第294－295页。
③顾明远：《教育大辞典》，上海教育出版社，1990，第18页。
④黄甫全、王本陆：《现代教学论学程（修订版）》，教育科学出版社，2003，第432页。

教学模式更不是教学方法，它是教学目标、教学内容、教学策略、教学组织形式、操作步骤、评价体系等一系列要素的交互作用在教学过程中的反映形式。最后，教学模式也有别于教学策略。若认为教学模式是一种有关教学程序的"策略体系"，那么只强调了教学模式对教学过程中具体的程序性研究，而忽视了教学模式作为沟通教学理论与教学实践的桥梁性特质等基本内核的揭示。无须讳言，要想较为客观、辩证、准确而科学地解读和透射"教学模式"之意，亟须紧紧围绕教学活动的核心理念、关键要素和逻辑程序来予以考察，即透彻理解教学模式的理论依据—明确教学内容的目标指向—深入了解教学的实际情况—恰切选择适宜的教学方略—构建有效可行的评价体系—反省审思教学的动态过程，方可达至最终凝练不断发展、丰富、完善而科学的教学模式之义。

群文阅读教学模式是建立在统整课程与互文性理论基础之上，为实现教学理应达成的"精神成人与知识成才"的目标，师生双方根据教学议题择优选取一组文本开展集体阅读，进而构建科学的阅读理念并取得共同的认知视角的教学过程及其范式。这种教学模式打通了单篇阅读和整本书阅读之间的教学阻隔，有效填补了课堂阅读教学中一个空白的"断层"面，形成了多层次、多视角、多领域、立体化的阅读系统，即由单篇精读、多文群读和整本阅读而构成的完整阅读链条，为学生搭建了梯度式的阅读平台，有利于促进学生阅读素养及能力的发展与提升。群文阅读教学模式既能引领和培养学生良好的阅读方法，使学生在阅读中学会拓展、迁移与整合，又可全面开阔他们的阅读视野，培育自身筛选信息、整合信息、提炼信息、抽象概括信息的能力，从而涵养学生的人文情怀和审美体验，彰显阅读教学的开放性、多元性、共识性等特点。

五、群文阅读教学模式的基本特点

（一）整合性

"青春语文"的倡导者王君曾在集体备课时指出"群文的追求，体现了道家'一生二，二生三，三生万物'的追求，群文教学走向的是一种九九归一的'和''合'之大境界"。可谓一语道出了群文阅读教学模式的最本质特征，既体现了统整课程的基本理念，又为群文教学找到了哲学层面的理论归宿。由此可见，群文阅读教学模式的整合性特点主要表现在以下三方面。

第一，语文学习目标的整合。语文新课标提出要"以核心素养为本"，强调学生通过语言、思维、审美、文化四个方面的学习，既要达到掌握知识技能的外显目标，又要获得精神涵养的内隐价值。群文阅读教学模式的中心任务是在真实的阅读情境中，以议题为任务驱动，通过多文本阅读进而发展学生的语用能力、提升学生的阅读技能、思维品质、审美鉴赏水平和文化吸收力、理解力，涵养其灵动的生命人格，满足学生精神成长的需要。因此，该教学模式的建构，能使培养语感与掌握语用的基础目标和实现思维、审美、文化等方面的高阶目标完成衔接式整合，突破了传统阅读教学模式中"单一教学目标"的局限性，实现了工具性与人文性的和谐统一，在"文"与"道"的融合中凸显其立体、灵动之美感。

第二，语文学习内容的整合。群文阅读教学模式的学习内容载体是多文本，这里的"多文本"既包含连续性和非连续性的语言类文本，也涉及了更广泛意义上的非语言类文本，如图片、视频、音频、实物等，只要有利于学生理解文本和达成阅读目标的有机素材，都可将其纳入囊中，为"解"辅之，为"读"所用。这其实就是群文阅读的"跨阅读介质、跨文本形式"，[①]甚至是跨学科整合学习内容的一种显著表现。它需要师生用敏锐的眼光从海量的信息中辨别、筛选、重组学习内容，既要善于将教材内容与现实生活连接起来，用鲜活的人生百态、世事万千激活教学文本；又要将课堂教学与网络资源深度融合，用新颖而不失创造力的互联网信息丰富、充实学习内容；还要突破语文学科与其他学科间的壁垒，打通知识体系，让各学科知识充分渗透、学习方法触类旁通、能力发展和谐共进。

第三，语文学习方式的整合。群文阅读教学模式的基本方略则是求同比异式的方法整合，即在众多文本阅读的求同整合过程中，学生的学习思维自然会从以往的碎片化、浅表化的阅读理解走向合作与探究的深度解读。与此同时，还会产生相似、相近、相关的联想与想象，促进学生思维状态的"阶梯式"不断深化。在求异整合过程中，学生的思维方式、情感体验、审美活动都会在综合与比较、推理与归纳中得到升华。无论是求同整合还是比异整合，师生都能在阅读与鉴赏、表达与交流、梳理与探究等学习活动中共享阅读体验、共建阅读理念，真正达成"语言建构与运用、思维发展与提升、审美鉴赏与创造、文化传承与理解"的语文学科核心素养的培育。

---

① 潘庆玉：《群文阅读：由链接而群聚，因秘响而旁通》，《语文建设》2018年第1期。

(二）开放性

群文阅读教学模式是一种富有开放性的教学范式，它突破了传统语文教学观念的束缚，打破了原来以教材、教师、课堂为中心的封闭式格局，构建了以学生为中心、以全面提升学生语文核心素养为目的的新型教学体系。其开放性主要体现在以下三方面。

其一，议题的开放性。群文阅读教学模式虽以议题来统摄教学目标、引领多文本进行阅读学习，但它不是一个封闭的、死循环式的阅读主题，而是一个多维度、多层次、多面性的阅读话题，彰显出鲜明的开放性。这样的教学模式，因开放而赋予变动性和多样性，为学生提供了一个极富个性化的阅读场，能充分调动学生的主动性和积极性，激励他们以议题为核心展开发散思维，将阅读思维活动引向深处。如卢望军老师以马致远《秋思》为范本提炼议题"一样秋色，别样秋思"开展群文教学，要求学生围绕该议题将此文本与其他同类题材作品对比阅读，引导学生大胆思考，合理建构阅读经验、汲取精神养料，很好地体现了议题的开放性。

其二，文本的开放性。群文阅读教学模式是通过整合多文本的跨阅读介质而进行的，折射了群文阅读文本来源的开放性。此外，还体现在多文本的组合上，通常有同一主题的多文本组合、同一作者的多文本组合、不同作者的同质文本组合、同一本书的关联文本组合等。以同一作者的多文本组合为例，如青春语文名师司艳平做了"同质同人群诗研究"：《饮酒（其五）》《归园田居（其三）》《杂诗（其一）》——陶渊明：在独我闲静中追寻；《上李邕》《行路难》《宣州谢朓楼饯别校书叔云》——李白群诗阅读：唯有夸张识君心等。司老师的组文灵活、开放，为群诗阅读有效教学奠定基石。

其三，学习的开放性。在群文阅读教学中，尤为强调以学生的学习过程和思维训练为主线，以人为本、以生为本的教育理念真正落地生根。让学生在群文阅读中敞开思绪，放飞想象，在阅读中发问，在探究中辨析，在归纳中提炼，在审美中冶性……营造了浓厚、开放、自如的群体阅读教学氛围。教学中以议题为内核，用系列问题串联整个教学过程，给予学生开阔的阅读与思考时空，让他们来回穿梭于多个文本阅读之中，大胆质疑、探索与解构，阐发独特而有创新的观点。譬如，在群文阅读教学中，以"宋词中的女性形象刻画"为议题，选择秦观的《南歌子·香墨弯弯画》、李清照的《点绛唇·蹴罢秋千》、周邦彦的《解连环·怨怀无托》这三首词进行阅读，可为学生创设一个开放的集体探讨空间，让他们在轻松自由的环境中讨论追问词中有关女性形象刻画的表现技巧、艺术特色、意旨内涵、个人启示等，从而获得阅读的体验与启示，充分展现了群文阅读集体学习的开放性。

（三）互文性

于泽元先生在《群文阅读的理论与实践》一文中积极倡导群文阅读的互文性理念，以多文本这一核心要素为基准，考察文本间的内在联系及相关性。所谓"互文性"（Intertextuality）理论最早见于法国符号学家朱丽娅·克里斯蒂娃，她认为"任何作品的文本都像许多行文的镶嵌品那样构成的，任何文本都是其他文本的吸收和转化"。[1] 即一切文本都具有互文性的可能，这种互文性既是作者的有意营造，也可能是无意为之，它或许还是超越作者关联的跨时空、跨语言、跨文体的纯陌生文本。其发生范围或是一整篇文本，或是某一局部内容，如某一情节构思、人物塑造、环境描写、手法运用等。凝聚了文本间的相互参照、互为渗透、彼此牵连的认知理念，因而构成了文本间共时性与历时性的交叉融合、相得益彰和符号体系。互文性理论不仅适用于创作领域，也广泛应用于阅读教学。因为文本写作本质上是一个嵌入互文性的隐形过程，而文本阅读则是一个调动、运用、产生互文性的动态过程。在群文阅读教学模式的多文本氛围中，互文性的特征更加明显。教学中，需要找准互文文本间内容与情感表达上的平衡点，选择互文内容与学生认知、情感间的连接点、聚焦的、关联点，通过比较、鉴别、批判、反思促使多文本内容间的互相映射、佐证与深化，达成阅读目标而提升阅读质量。如以"小人物视角下的中国古代战争"为议题，将曹丕描写战前与亲人依依惜别的《见挽船士兄弟辞别诗》、反映周公率军讨伐叛乱战士们久役不归的《东山》和描写军旅战士常年征战的汉乐府名篇《十五从军征》组文成群，为学生呈现一组波澜壮阔的战争版文本，引领学生走进群文与文本对话、与作者对话，透过文本间的互文性再现其思想意蕴、人物形象和艺术手法，进而提升学生的阅读能力、人文情怀和语文学科核心素养。

（四）迁移性

迁移一词最早源于桑代克，指"一种学习对另一种学习的影响"。[2] 群文

---

[1] 蒂费纳·萨莫瓦约：《互文性研究》，邵炜译，天津人民出版社，2003，第3页。
[2] 廖策权、梁俊：《教育心理学》，东北师范大学出版社，2018，第161页。

阅读教学模式的整合性特质为迁移性提供了系统化、结构化的学习内容与方法，给迁移提供了有力保障；其开放性特征为迁移性打开了一片广阔而丰富的语文学习天地，无疑是迁移的助力器；其互文性理论为迁移性营构了文本关联的学理背景，促成了迁移的理论支撑。在群文阅读教学中，整合、开放、互文与迁移特性相生相伴、融为一体。

迁移性在群文阅读教学模式中主要见于以下三方面。

第一，语文学习态度的迁移。主动学习态度是影响个体对学习对象作出行为选择的准备状态，学生的语文学习态度直接决定了他们能否有效进行阅读学习和自觉迁移的主观能动性发挥。学生对语文学习的兴趣源于其学习态度的主动迁移，自觉寻求语文学习任务间的互通性、语文知识间的关联性，并有意识地运用迁移去解决语文问题。群文阅读教学模式的迁移性在新的阅读发展环境下应时而生，它注重了学生的学习需要与兴趣，并通过确定多维视角的开放议题，选择富有情趣意涵的多文本，设计回答域宽的问题链，为学生设置了一个个极富生长力、生命力的阅读场。让学生在阅读中涵养本性、培育兴趣而形成积极进取的学习态度，进而促使他们将这种态度迁移到今后的语文学习中。

第二，语文学习方法的迁移。在群文阅读教学模式中，采用的是多文本齐读与通读，常运用分析与综合、比较与归纳、评价与反思等教学方法。学生在清楚议题所指向的学习目标前提下，对多文本的阅读从整体浏览到信息筛选的过程，是建立在多文本比较、分析、归纳的基础上，学生通过相互交流、探讨，获得对多个文本语言、审美、文化及思维素养的发展与提升。学生在群文阅读教学中的收获与启示，其学习方法会迁移到其他的语文阅读学习之中，如以"当苏轼变成苏东坡"为议题，择取《寒食雨其二》《卜算子·黄州定慧院寓居作》《念奴娇·赤壁怀古》《定风波·莫听穿林打叶声》设计一堂关于苏轼的古诗词群文阅读课，让学生对苏轼在同一时期不同心境的作品进行比较阅读，从中梳理信息、求同比异、拓展联系、讨论评价，让学生深刻理解苏轼在黄州由人生困境走向超然境界的过程，并从苏轼身上中获取精神能量，正确面对人生的挫折与逆境。学生通过对苏轼同一时期不同作品的学习之后，会有意识将此方法迁移到其他诗人或词人的作品学习中。

第三，语文知识应用的迁移。由于过往的单篇阅读教学缺乏整合意识，容易产生基于篇目的碎片化学习，导致语文知识的掌握过于琐碎化、零散化，不利于学生在知识应用上的迁移。群文阅读教学模式以整合为基本特征，它既注重阅读教学中知识的结构化积累与灵活应用，又重视知识点深度与知识面广度的紧密结合，让学生通过典型语用现象的学习，逐渐掌握语理，自主形成对知识的结构化认知，并在真实情境中规范得体地应用知识，最终实现知识迁移。比如，以"通感的魅力有多大"为议题，组织韩愈的《听颖师弹琴》、李贺的《李凭箜篌引》、杜甫的《严郑公宅同咏竹》三首古诗进行群文阅读，其教学焦点是对古诗中通感修辞手法的认知与学用，学生洞晓了通感对文本所起的作用之后，将其迁移到其他文本的阅读鉴赏和自己的写作之中。既着眼于学生语言建构与运用能力的培养，又遵循语言学习"反三归一"知识应用的迁移规律，使学生的认知学用更扎实有效。

六、群文阅读教学模式的预期目标

任何一种教学模式都是为具体的教学目标服务的。在教学模式的系统中，教学目标处于中心地位并对构成教学模式的其他要素起着制约作用，它既决定着教学模式的操作流程和师生在教学活动中的组合关系、呈现状态，也是教学评价与反思的标准和尺度。教学模式与教学目标的高度内在统一性决定了不同教学模式预期目标的独特性。群文阅读教学模式也不例外，它也是为实现一定的教学目标而服务的。其目标可概括为：积累与整合必备语文知识、培养与练就关键阅读能力、发展与提升语文核心素养三方面。

（一）积累与整合必备语文知识

"必备知识是高中课程标准规定的知识内容，也是进入高校进行专业学习所必需的基础性、通用性知识。语文必备知识主要包括三个部分：语言文字知识、文学审美知识、中外文化常识。"[①]

首先是语言文字知识的积累与整合。在传统的单篇阅读教学中，语文知识莫过于语言、修辞、逻辑、字、词、句等相关知识。教学中把语文知识解读得支离破碎而不着边际，根本没有将学生带入文本视界联系真实、复杂、灵活、多变的语境来学习语言文字知识，更没有建构完整的言语体系去探究语言文字的深刻意蕴，因而导致学生"一学就会，一用就废"的尴尬局面。在群文阅读教学模式中，可选择语言知识相似、相通甚至相矛盾的多个文本，

---

①张开：《基于高考评价体系的语文科高考内容改革实施路径》，《中国考试》2019年第12期。

在议题的统筹下带领学生把单个语言知识点学深悟透，力求实现一课一得、得得相连的学习效果。使学生跨越言语个体的阻隔，在更宽广的语文园地里构建属于自己的言语体系，并通过词语选择、句式运用、段落衔接、篇章结构、作品风格等方面促进学生语用能力的发展。教学中通过聚焦言语表达的独特形式，从中吮吸祖国语言文字所承载的智慧和审美价值。

其次是文学审美知识的积累与整合。这类知识要求学生熟练掌握各种文学作品文体的基本特征和表现手法，以及赏析名篇名句所需的其他相关知识。群文阅读教学中，突破了单篇阅读教学的种种弊端，使学生在群文阅读中探究、品味、反思、鉴赏，提升其人文情怀、个性陶冶和精神愿景。如在古诗词群文阅读教学中，教师要引导学生将文本中的情、景、物、理融为一体进行对比解读，不仅通其意，更要识其理、赏其美。特别是对群文中名篇名句的鉴赏，要激励学生对其审美特质开展深入探究，挖掘其哲理性所散发出的文学艺术之美，促使必备语文知识的积累与整合。群文阅读教学模式摒弃了原有单篇教学获取审美知识的方法，为学生预设了多样化的例文，让学生对多元异质的文本群进行系统化感受、认知、品鉴和体悟，并从中归纳总结其独特的审美特质，从而丰富和升华学生的文学审美知识。

最后是中外文化常识的积累与整合。群文中融入了中外优秀文化中的艺术、历史、哲学等领域的基本常识，如艺术领域的中国书法艺术、茶道，欧洲的雕塑与绘画艺术等；还有中华优秀传统文化、革命文化和社会主义先进文化中的"仁义礼智""上善若水""红船精神""长征精神""五四精神"、社会主义核心价值观、人类命运共同体等基本常识。在群文阅读教学模式中，对这些中外文化常识不再是零散式、碎片化的机械背诵或识记，而是结合预设的教学目标，创造极富真实性、生活化、社会化的学习情境，使学生走进中外文化，感知、理解、体悟、辨别、汲取其中的文化营养，并将其与已有的文化常识进行新旧勾连、重组整合，形成自身独特的文化认知。

（二）培养与练就关键阅读能力

关键能力是学生在面对与学科相关的生活实践或学习探索问题情境时，能够有效地认识问题、分析问题和解决问题所必须具备的综合能力。语文学科的关键能力主要表现在阅读能力和表达能力，阅读能力一般包括文学性阅读能力、信息性阅读能力等，表达能力一般包括应用写作能力、语言表达能力等。这两种关键能力是一个不可分割的整体，彼此关联，互相成就。其中阅读能力是前提和基础，它为表达能力积蓄力量，若没有较好的阅读能力，其表达能力也就成了空中楼阁。

群文阅读教学模式在培育学生阅读能力方面有着不可低估的价值，一方面培育了学生的信息性阅读能力。信息性阅读主要涉及论述类和实用类文本。在群文阅读课上，打破了传统教授论述类和实用类文本的教学常规，从片面学习此类文本的基本特征和表达方式的传统观念中挣脱出来，引领学生走进一组关联性强的文本"群"，在议题的驱动下，让学生自觉筛选所需关键信息，主动分析与探究文本内涵，透视观点与材料的内在联系，做到言之有理、言之有据地评判文本主要观点和价值取向。同时，在多元异质的开放阅读域中，使学生构建文本信息的阅读思维范式，在质疑中探索，在合作中交流，在交流中升华其阅读能力。可见，学生的信息性阅读能力源自群文阅读中的分析、推理、比较、归纳与整合多文本内容、材料和观点等的沉淀。

另一方面培养了学生的文学性阅读能力。文学性文本包括诗歌、散文、小说、戏剧等，阅读这类文本是为了涵养学生性情，润泽学生生命，提升学生文学鉴赏水平和艺术品性，让他们在文学作品中找到自己的精神寄托。传统的单篇阅读教学模式，其着眼点集中在答题技巧和应试上，忽略了文学类文本所蕴含的深刻悠远思想和启人心智哲理，剥夺了学生植根文学沃土的权利与需求。群文阅读教学模式则以确定清晰而恰当的阅读目标，选用具有探讨性、挑战性、开放性的议题，组织底蕴丰厚、意义深刻的互文性文本"群"，为学生创造一个全身心浸润式的阅读平台，让他们在结构化问题链的引导下，既理解作品基本内容，积极主动地感受、联想、体悟作品所呈现的社会生活和情感世界，又开阔学生视野，充分调动学生已有的知识积累和生活经验，对多文本的语言与表达特色、结构与艺术技巧、思想与精神内核进行多维度鉴赏与评价。让学生濡染文学群文"横看成岭侧成峰，远近高低各不同"的立体美、张力美和艺术美，着实提升其阅读能力。

（三）发展与提升语文核心素养

语文新课标提出了"核心素养"这个概念，它是语文学科育人价值的集中体现，是学生通过语文学习而获得必备品格、关键能力和正确价值观的过程。语文学科核心素养即语言建构与运用、思维发展与提升、审美鉴赏与创造、文化传承与理解，其中以语言建构与运用为基础，相互依存，相互促进，相辅相成。群文阅读教学模式是在新课标的引领下，以科学而崭新的阅读思想与理念、丰富而多样的阅读策略与方式、灵活而开放的模式流程与操作打造语文底色纯正、语文底蕴深厚的课堂,为培育学生语言、思维、审美、文化四大核心素养奠定基石。

其一,语言建构与运用的培育。它"是指学生通过语文课程的学习,在读写听说的言语实践中逐步形成和发展的正确理解与运用祖国语言文字的能力及其品质"。① 要培养学生的语言素养,不仅要做好语言文字积累、语感的形成、语理的掌握等基础学习,还应学会在真实的言语实践活动中灵活运用。群文阅读教学模式为学生提供了丰富多样的语言场,既能让学生在不同语境中感知和理解同一字词的不同意思,又能使学生学会同一字词的不同用法,深刻感受祖国语言文字的博大精深,进而开阔自己的思维视野,提升阅读能力。如诗仙李白写月,在"青天有月来几时,我今停杯一问之。人攀明月不可得,月行却与人相随"中,这里的"月"是可以问的,它能引发李白对宇宙和人生的思索与追问;在"明月出天山,苍茫云海间。长风几万里,吹度玉门关"中,这里的"明月"颇有人情味,诗人借它表达了对戍边将士的同情;在"举杯邀明月,对影成三人"里,又把明月当作自己的知己朋友,想象明月可伴己畅饮。把这三首古诗组成一堂群文课,让学生在多文本阅读中,体悟李白赋予"月"的深刻意涵,感受诗人丰富的想象力和高超的语言运用艺术。

其二,思维发展与提升的培养。学生通过语文学习获得思维能力及品质的发展与提高。传统的单篇阅读教学模式指向求同目标,重在培养辐合思维,强调思维对象和结果都统一到既定的原有观念上来,导致学生思维能力的欠缺和思维品质的低下。而群文阅读教学模式既涵盖了辐合思维的训练,也重视了发散思维和创造性思维的培养。群文阅读本质上是求同比异的阅读,学生可以在多文本中对多种语文要素进行识别、比较、分析和整合,区分文与文之间的异同,进而深化自己对文本的理解,也有助于形成较强的思维张力。比如,以"不同诗人眼中的昭君出塞"为议题,选择杜甫的《咏怀古迹·其三》和王安石的《明妃曲》组文,这需要学生充分发挥丰富的联想与想象去对比两首咏史诗的异同点,让他们学会从不同角度、不同层面、不同立场去审视同一问题,培养学生辩证思维,提升其思维的批判性。

其三,审美鉴赏与创造的培植。学生通过语文课程的学习逐渐形成了发

---

① 倪文锦:《语文核心素养视野中的群文阅读》,《课程·教材·教法》2017年第6期。

现美、感受美、鉴赏美、评价美、创造美的能力和品质。语文教育是美的综合体，它以言语作品为审美对象，这表明了语文学科所特有的向美而行、以美育人、以美养心的审美功能。学生以文质兼美的经典作品为依托，在语言品味、艺术鉴赏等审美实践活动中进行审美体验与评价，并尝试进行表现美与创造美，最终实现提升自己审美情趣的目标。在群文阅读教学模式中，以其议题导向和多文本阅读空间让学生受到美的熏陶与濡染，形成自觉的审美意识和健康向上的审美情操。如将李白的《忆秦娥·箫声咽》和毛泽东的《忆秦娥·娄山关》进行组文，以"一样的词牌，别样的风情"为议题，通过阅读这两首经典之作，引导学生以美的态度去欣赏词作的艺术特色，以美的追求审视词作所蕴含的精神境界和人格力量，并鼓励学生联系自己的写作畅谈对美的再认知，培植其审美鉴赏与创造力。

其四，文化传承与理解的塑造。学生通过语文学习逐渐形成认同、继承、弘扬中华优秀传统文化、革命文化、社会主义先进文化的能力，以及理解、吸收外国优秀文化的思想，并在此过程中唤醒文化意识，开阔文化视野，增强文化自觉，树立文化自信。基于单篇阅读教学模式在培育学生文化的传承与理解方面有很大的局限性，群文阅读教学模式则为学生呈现丰富多样、风情别致的文化读本，不仅能启引学生深入探究群文背后所隐藏的文化根脉、文化心理、文化思想、文化理念和文化价值，也有助于塑造学生的文化品性和文化人格。如以"劳动中的苦与乐"为议题，组织白居易《观刈麦》、范成大《四时田园杂兴·其五》、范仲淹《江上渔者》、陈章《采茶歌》四首诗，并配上宋摹本《闸口盘车图》、南宋楼璹《蚕织图》、明代周臣《鱼乐图》、南宋刘松年《撵茶图》，让学生进行阅读与欣赏，促使他们以有声之诗和无声之画感受其文化艺术、文化现象、文化品格和文化精神，从而传承与理解文化。

七、高中语文古诗词群文阅读教学模式的建构

古典诗词是中华优秀传统文化领域中的一朵奇葩，它以短小精悍的形式、优美凝练的语言、生动传神的形象、含蓄蕴藉的意境，让无数读者为之痴迷。为使学生更加全面、系统、深入地理解、认同、承传古诗词文学艺术之美、之魂、之神，亟须建构高中语文古诗词群文阅读教学模式，以便更好地促进学生学习古诗词。古诗词群文阅读教学模式，即在单位时间内针对一个开放且讨论空间大的议题，进行古诗词多文本阅读教学，实现教学内容、教学方法、教学流程的整体突破，提高阅读速度，扩大阅读范围，让学生多角度、

深层次地感受古典诗词独特的情感美、意象美、意境美等，解悟经典诗词所包蕴的文化内涵与文化魅力。古诗词群文阅读积极倡导以学生为主体、以教师为主导、以训练为主线的教学方略，打破以往单篇阅读教学模式的局限，教学中目标明确、重点突出、紧扣要点、张扬个性、突破难点，坚持议题引领、问题导向、任务驱动，指导学生有目的、有计划地阅读。因此，高中语文古诗词群文阅读教学模式的建构应主要遵循以下六个步骤：一是确定议题，二是组织文本，三是设定单位时间，四是创构集体课堂，五是学法迁移应用，六是创建评价体系。

（一）确定议题

群文阅读教学模式的议题通常指教师和学生在阅读多文本时所提出的讨论话题。其议题既是选构一组群文的统标，也是群文阅读教学的突破口，还是课堂集体建构的主线。议题质量的好坏直接影响着群文阅读教学的效度，因此，如何确定议题是最为关键的一步。要求每个议题都要有明确的聚焦点和代表性，明晰的聚焦点可将师生的关注点和思考点凝聚起来，使整堂群文阅读课的探究方向得以明了，从而才能顺利围绕议题展开积极的阅读建构。此外，还得注重议题的多元性和延展性，为学生搭建一个交流多、视域广、层面深的平台，让学生在议题的导引下进行多视角思考，避免禁锢思维、僵化思路、延宕思考。

1. 选择依据

对议题选择依据的了解和掌握，是精准定"议"的前提。只有洞晓"以课标为纲，以学情为主"，才能以此为标尺来科学设置议题。

（1）以课标为纲

王宁先生说："新课标不是远离教学实践的空泛条文，而是全国语文教师多年特别是近10年教学改革实践经验的总结和提升，这是课标具有的实践性基础。"[①] 可见，语文课标兼顾实践性与理论性。一方面，它通过对以往语文教学实践经验的回顾，发现优缺点，查漏补缺；另一方面它又积极吸收新的教育教学理念来指导语文教学。因此，语文教学必须吃透课标，将课标精神、理念、要求、目标落到实处。新课标的最大亮点是提出了语文学科核心素养，语言、思维、审美、文化四方面，这既是语文学习的基本内容，也是语文素

[①] 王宁：《新语文课标是语文老师实践经验的总结——兼谈顾德希老师的语文教学经验》，《中学语文教学》2018年第7期。

养培育的四条途径。高中语文古诗词群文阅读教学模式的议题应紧扣其学科核心素养的四方面来予以选择，它们为议题确定提供了可行路径、宽广范围、丰富内容，这既能满足议题的聚焦性，专注于某一点进行深度探究；又符合议题的开放性，有足够的辩论、交谈空间。其中，语言类议题可从揣摩字词与体验语言两方面来确定，思维类议题可从发展思维与提升品质两方面入手，审美类议题可从审美鉴赏与审美创造两方面选择，文化类议题可从文化传承与文化理解两方面来拟定。由此，议题不仅能紧扣新课标理念，还能促进语文核心素养的全面落实。

（2）以学情为主

群文阅读教学中，对高中语文新课标理念的熟知只是宏观层面的把握，不仅要掌控新课标提倡的普适性理念，还应结合微观层面的复杂、多变的学情来设"议"。古今中外的卓越教育家都极为重视学情的了解与分析，它是教学的出发点和立足点，只有对学情做出科学精准的分析与评估，善于抓学生的"最近发展区"，[1]阅读教学才能彰显实效。在古诗词群文阅读教学模式的议题确定过程中，应首先通过匿名填写古诗词学习情况调查问卷，初步诊断学生对古诗词学习所持有的态度、兴趣、动机乃至水平等，然后进一步分析学生学习古诗词的种种情况，如或因其语言古典、含蓄、凝练、多用典故等因素难以理解而产生畏难心理和厌学态度，或因其所写之物、所表之情、所说之理皆为古人所有而产生隔阂感和距离感……找到学生的最近发展区，并对其当前学情进行准确判断，才能最终确定适宜的"议题"，调动学生学习的积极性，发挥其潜能完成古诗词学习任务，实现预期目标。

2. 科学设置

（1）立足语言确定议题

"语言建构与运用"是高中语文核心素养体系构成要素之基石，思维、审美、文化的培育与发展都离不开语言而独立存在。海德格尔曾说"语言是存在的家"，语文教育须植根于"语言"这片沃壤，在鲜活、真实的语境中培养学生语感，让他们获得语理、语用的能力。语言是识记、理解和积累的基础，语用是根本，唯有学生将自己学到的语言知识运用于写作、口语表达之中，语言体系的建构才算基本完成。古诗词群文阅读教学模式议题的设置，不仅要着眼于其凝练的语言形式，还要注重语言文字的思想内容开掘，让学生在

---

[1]维果茨基：《教育心理学》，浙江教育出版社，2003，第14页。

阅读中发现和探寻语言本身的深层意蕴。因而，群文课上，可以语言训练为主设立议题，即以古诗词中字、词、句的积累与运用为内核确定议题，锻炼和涵养学生语言能力。

①揣摩字词

揣摩字词是指创设的议题能引导学生在灵动丰富的多文本中构建充满魅力的语言体系，促使学生对古诗词中精炼的字词和优美的句子进行反复咂摸、咀嚼和品味，并激发其探究意识，培养古诗词群文中所特有的语言艺术。所谓"炼字"是通过艺术化手段，对古诗词中所使用的每个字做反复推敲并精准搭配，使之简练形象、精美灵动、含蓄蕴藉的基本方法。而炼词与炼句是建立在炼字基础之上的升华，炼字组词、遣词造句乃浑然一体，珠联璧合。教学中，为了让学生揣摩古诗词中字词的灵活应用，可设置"什么让古诗词点铁成金——炼字、炼词与炼句"这一议题，可选择杜甫的《登高》、李贺的《李凭箜篌引》、张先的《天仙子·水调数声持酒听》组成群文，引导学生寻找诗词中具有典范性的诗眼、词眼或名句，揣摩其中精华的字词组配特点，品味其语言的简洁与准确、生动与形象，促成学生语言的积累与运用。该类议题明确指向古诗词中所拥有的语言知识点，能真正落实学生学习、认知、解悟和运用字词的能力与素养。

②体验言语

体验言语重在强调语言的正确运用，此类群文议题旨在促进学生对某一语言特质的认知和学用。教学中，可围绕某一鲜明突出的语言现象，选取多个互为印证与支撑的文本构成"阅读场"，同时还需设计具有连贯性、阶梯式的阅读任务或问题，启引学生感受、理解、体悟群文中的语言特性，获取言语表达的智慧，掌握其语言运用规律。本类议题着眼于学生语言运用能力的培养，遵循语言学习的基本规律，催生学生学用语言的融会贯通。比如，以"奇妙的排比与对偶"为议题，选择《孔雀东南飞》、苏轼的《有美堂暴雨》、曹操的《短歌行》进行群文阅读，一方面让学生感受"排比与对偶"对诗词语言高度凝练性和节奏感的塑造，透视诗人以有限的文字传达宏富的言外之意、意外之旨；另一方面激励学生主动学习"排比与对偶"手法在古诗词中的灵活运用，透悟语言修辞，审视言语规律，积淀语言学养，增强语用能力。

(2) 重视思维确定议题

哲学家笛卡尔说"我思故我在"，思维发展与提升是语文学科核心素养的重要组成部分，思维的生长源于语言的学习、积累与体验。就语文学科而言，文本中的语言文字是训练学生思维的工具，其积累与运用效度直接影响到学生思维能力及其品质的发展与提升。在古诗词群文阅读教学模式中，应着眼于学生的思维训练，须通过多文本阅读聚焦学生思维，激发学生思想碰撞与交流，让他们学会思考，修炼良好的思维能力和过人的思维品质。因此，高中语文古诗词群文阅读教学模式的议题确定须重视思维培育，所设思维类议题要能指导学生在多文本阅读与鉴赏学习活动中，运用联想和想象，获得对语言与文学形象的直觉体验，丰富、深化对古诗词的感受与理解。同时，还应积极引导学生运用批判性思维来审视古诗词作品，通过分析与综合、比较与归纳、抽象与概括古诗词中的语言及文学现象，阐扬个人见地，学会辩证审思，培养其思维的深刻性、批判性、敏捷性、灵活性和独创性品质。

①发展思维

发展思维是指发展学生的思维能力。发展思维类议题可指引学生在有感情地朗读古诗词过程中，对诗人所描之物、之景、之情、之理进行直接体验和感知，以此激发学生对诗词理解的灵感，训练其直觉思维能力；也可充分发挥学生的想象力将诗词中一个个跳跃的意象镜头，在脑海里组成一幅连贯流畅的画面，锻炼其形象思维能力；还可启迪学生捕捉古诗词中新颖的立意、精巧的构思和与众不同的观点，培植他们的创造性思维；当然，更能在富有人生哲思的古诗词中，铸就学生辩证思维和逻辑思维的发展等。例如，以"看词人如何品思杨花"为议题，组织章质夫的《水龙吟·杨花》、苏轼的《水龙吟·次韵章质夫杨花词》、张惠言的《木兰花慢·杨花》为群文读本，让学生通过感受章词的构思新颖与刻画物象之妙、体会苏词的别出心裁与拟人手法之奇、感悟张词的立意独具与咏物匠心之法，洞悉古诗词群文以花喻人、托物抒怀的艺术特色和理论旨趣。这三首古词同写杨花，或杨花之孤，或杨花之傲，或杨花之坚……突出花之个性、花之情愫，亦彰显作者情怀，各有所思、所悟、所感，且各具创新，是培养学生创造性思维的范本。

②提升品质

提升品质即提升学生的思维品质，语文新课标强调"促进深刻性、敏捷性、灵活性、批判性和独创性等思维品质的提升"，而思维品质则主要体现在人与人之间的智力差异和思维水平的高低，它决定着思维的质量。古诗词群文阅读教学模式的议题不仅要注重思维能力的培育，更要重视思维品质的提升。提升思维品质类议题要比其他类型的议题设置更具有矛盾冲突性,让学生原有的认知在观点各异的多文本中不断受到思想冲击和思维碰撞,才能激起学生探求知识的欲望。使之自觉辨析、反省文本观点,在慎思中开展批判性解读而获得对文本经验与知识的新洞见。学生经过这样一个质疑、激疑、解疑的过程,会逐渐增强其思维的深刻性、灵活性、敏捷性、批判性和独创性品质。譬如,可确定"不一样的'马嵬'"这个议题,将李商隐的《马嵬》、郑畋的《马嵬坡》、李觏的《读长恨辞》、袁枚的《马嵬》进行组文,让学生在各持己见的群文阅读中,体会李商隐诗对唐玄宗荒淫误国的讽刺批判;理解郑诗通过宣扬陈腐的女色亡国论,来赞扬唐玄宗的明智选择而导致唐王朝得以复兴之观点;体悟李觏诗把马嵬事变从杨李爱情的小角度进行扫描,刷新了国破家亡之大背景下审视现实的思想高度;感悟袁诗既不落前人窠臼,也不同情李杨悲剧,转而怜悯泪流成河的平民夫妻之态……这些诗歌对同一历史事件从不同角度进行了立体化与交错式的认知,有助于激荡学生思维,提升其思维的辩证性、批判性和深刻性品质等。

(3) 引导审美确定议题

"审美鉴赏与创造"是高中语文学科核心素养的又一重要元素,审美活动与语文教学密不可分、骨肉相连。一方面,语文教学有审美鉴赏的需求,它凭借文质兼美的文本唤醒学生的审美意识,使其学会发现美、欣赏美、评价美,并在美中怡情养性而浸润其人格;另一方面,审美活动又反哺语文教学,使学生在审美鉴赏中生发审美创造欲望,力求走向美的境界。古诗词群文阅读教学模式的议题尽可能从其形式美、音韵美、绘画美、形象美、情志美、意境美中提炼其议题,让学生在典雅、古朴、优美的古诗词阅读活动中,既能借助联想和想象丰富自己对诗词美感的体验和感受,又能从不同视角、不同层面鉴赏古诗词之美,获得对其情感意绪、形象再现、表现形式及创作风格之美的陶冶与濡染。同时,唤醒学生以诗词为载体表现美、创造美的浓厚兴趣,提升其审美情趣、审美品位和审美境界。

①审美鉴赏

审美鉴赏即指对审美对象进行欣赏与鉴别、判断与评价其美丑的创造性活动,它是审美知觉感受、理解、想象、评判与创造的综合反映。审美鉴赏类议题旨在对古诗词所包蕴的一切具有美的表现形态和价值内涵进行探索、挖掘和提炼。让学生通过赏析古诗词中"一字传神""一句千古"的锤字炼句来体悟其语言的凝练美、隽永美、精确美，品味其"情感的审美"，① 提高他们的文本审美能力。也可引领学生鉴赏古诗词中的唯美浪漫、朦胧多义的意象美和深邃悠远、含蓄蕴藉的意境美，通过感悟"意"与"象"的完美结合走进诗人心田，赏其营造意境，鉴其理想人格，进而与诗人达成心灵上的契合与情感上的共鸣。还可指导学生朗读诗词，培养其平仄切换、抑扬顿挫、节奏和谐、朗朗上口的音韵之美等。透过美的感知、体验、欣赏、鉴别、评判来升华学生的审美能力、审美格调和审美境界。如确定"洞庭水究竟有多美"这个议题，选取孟浩然《望洞庭湖赠张丞相》、杜甫《登岳阳楼》、刘禹锡《望洞庭》、雍陶《洞庭诗》、赵孟頫《洞庭东山图》构成一组洞庭湖诗、书、画三位一体的群文，学生在议题的导引下，结合诗、书、画特点纵览不同诗人笔下的洞庭湖之美，即解悟孟诗"气蒸云梦泽，波撼岳阳城"和杜诗"吴楚东南坼，乾坤日夜浮"的壮阔之美；洞彻刘诗"遥望洞庭山水翠，白银盘里一青螺"和雍诗"烟波不动影沉沉，碧色全无翠色深"的灵秀之美；欣赏赵孟頫的题画诗和图画的天然融合之美……并能运用对比赏析不同诗作在审美境界和审美人格塑造上的差异，进一步对其作出客观而辩证的审美评价。

②审美创造

学习美的至高境界就是创造美。② 古诗词群文阅读教学模式的议题设计须重视在审美体验与鉴赏中，引导学生进行美的表现与创造。审美创造类议题是对古诗词中的审美点按照美的规律进行丰富、拓展和呈现。在其牵引下，把一连串包含创造性的审美问题融入古诗词的群文教学之中，使审美对象尽可能外显，以此来点燃学生的审美情愫，激活其主体美感表现的兴趣和愿望，勾起学生的丰富想象，助力学生审美表达与创造，促使他们实现以美启美的目标。比如，以"用通感表达不一样的美"为议题，拣选杜甫的"雨洗娟娟净，风吹细细香"（《严郑公宅同咏竹》）、韩愈的"浮云柳絮无根蒂，天地阔远随风扬"（《听颖师弹琴》）、李贺的"天河夜转漂回星，银浦流云学水声"（《天上谣》）、宋祁的"绿杨烟外晓寒轻，红杏枝头春意闹"（《玉楼春》）来组文，这些诗词里的"气味"有"质感"，"音乐"可"观看"，"色彩"能"听见"，"冷暖"有"重量"，可让学生在通感有意错位生成的特殊美感中，体悟其为视、听、嗅、味、触等各种感官带来的审美享受。也可让他们在这

---

①孙绍振、孙彦君:《文学文本解读学》，北京大学出版社，2015，第4页。
②孙涛:《生成课堂：提升学生审美能力的理想课堂》，《语文教学通讯》2020年第10期。

种特殊美感的冲击与刺激下，积极探索通感该修辞手法的神奇之处，并鼓励学生联系实际生活经验，使用通感来描写某一事物，使通感之美在学生笔下熠熠生辉，达成审美表达与创造之目标。

（4）关注文化确定议题

文化传承与理解作为高中语文学科核心素养的精神基因，旨在阐明语文教育以语言文字为文化载体，承载丰厚的文化价值，肩负着以语育人、以文化人、培根铸魂的重任。语言文字是文化的重要组成部分，依靠文化的浸润和滋养，夯实了语文教育的生命厚度。古诗词是中华优秀传统文化的精髓，具有更深厚、更持久的文化力量。其群文阅读教学模式的议题拟定需将文本中的文化现象、文化思想、文化精神、文化生命、文化价值纳入教学范围，引导学生通过古诗词的学习，在多文本阅读、表达、交流中积极探析有关文化现象，深入洞见文化思想，理性涵养文化精神，科学厚植文化生命，辩证吸收文化价值。强化学生在理解、探讨、研究相关文化问题的基础之上，用审慎、批判和反思的意识多角度、多维度、多层次对群文诗词文化现象及其观念予以透射和解构，以历史眼光和现代理念看待古诗词群文作品的思想内容倾向，坚定学生对优秀古诗词文化传承、弘扬、发展、创新的自信。

①文化传承

文化传承类议题是以聚焦古诗词有意义、有价值、有底蕴的文化现象为议题进行学习、理解、认同、继承和弘扬。它既能引导学生领略古诗词中所蕴含的种种文化现象，如风情各异的民俗文化、意义深刻的节日文化、有滋有味的饮食文化、辛勤坚毅的劳动文化、钟灵毓秀的山水文化、伤春悲秋的生命文化等，让学生在古诗词的世界里见证风花雪月的温柔浪漫、人间世事的沧桑变迁、万事万物兴亡的规律；也能启示学生透过古诗词表层的文化现象，洞悉其背后所隐藏的文化精神内核，进而促进学生由浅入深、由表及里地深化理解，厚淀学生的文化底蕴，打好学生的文化底色。比如，梅兰菊竹因其丰厚的文化象征意义深受中国古代文人墨客的喜爱，被雅称为"四君子"。所以，可利用"四君子"的题画诗来确定议题，即"梅兰竹菊知多少"，将金农的《冷香图》、赵孟坚的《墨兰图》、郑燮的《衙斋听竹图》、郑思肖的《画菊》进行组文，让学生在这组诗书画一体化的"梅兰竹菊群文"中，美读其诗、欣赏其画、品味其书，感受金农借"梅"来表达自甘贫寒，不随俗流的情操，体悟赵孟坚画墨兰表白自己孤芳自赏、清高拔俗的情趣，领悟郑板桥通过"卧听萧萧竹"表达对百姓疾苦的同情与怜悯之情，体会郑思肖借菊花在秋风中"抱香守节"的人生遭际和理想追求等，从而增强学生对"四君子"文化内涵与精神的理解、认同与承传。

②文化理解

文化理解类议题是指通过发掘古诗词中的精神内涵来增强学生的文化自觉、提升学生的文化自信。此类议题要长于引导学生通过阅读、比较、分析古诗词的思想内容、情感表达、生命襟怀等，发掘其中所蕴含的伟大民族精神，如爱国主义、自强不息、厚德载物、勤劳勇敢等精神，体会其中所彰显的坚贞不屈、大义凛然之民族气节。激励学生将伟大的民族智慧与时代风华凝聚中国精神、中国力量，以其精髓涵养自身自信、自觉、自强、自豪的民族性格，并在学习与生活中践行文化的传承、理解、弘扬、创新和转化。例如，"毛泽东是伟大的革命家、政治家、军事家、思想家，同时又是独领风骚的诗词巨匠"，[①] 他的诗词奇伟磅礴、思想深邃、境界高远，饱含着厚重的文化底蕴和伟大民族精神，具有重要的学习价值及意义。因此，可以"毛泽东诗词中的民族精神"为议题，择取毛泽东的《贺新郎·读史》《清平乐·六盘山》《蝶恋花·从汀州向长沙》《七律·到韶山》组成多文本阅读群，让学生在毛泽东豪情万丈、乐观自信、斗志昂扬的诗词中，体悟"铜铁炉中翻火焰"的伟大创造精神、"不到长城非好汉"的伟大奋斗精神、"百万工农齐踊跃"的伟大团结精神、"敢教日月换新天"的伟大梦想精神……从中汲取精神养料，陶塑民族斗志，崇尚文化品性，增强文化自信。

(二) 组织文本

古诗词群文阅读教学模式中的文本是指"能够被阅读的一切信息载体"，[②] 它既包括整首诗词内容，又涵盖与诗词内容相关的图画、表格、视频或音频等阅读材料。换言之，只要有助于古诗词群文阅读知识的积累、阅读方法的获得、阅读思维的提升、阅读能力的培养以及阅读目标的达成，都可以视为该文本。文本组织是指根据教学需要，在一个议题的统摄和指引下组织一组师生用于课堂阅读的文本，便以此解决古诗词群文阅读教学模式中"用什么来读"的问题。组文的多文本"群"要求贴切、恰当，须符合相关原则与方式。

[①] 汪建新：《毛泽东诗词的时代价值与现实意义》，《红旗文稿》2015 年第 24 期。
[②] 方东流：《群文阅读的文本组织策略》，《教育科学论坛》2017 年第 1 期。

1. 组文原则

古诗词群文阅读教学模式中文本的组织，不是随便找几个文本进行简单叠加或堆砌而成，而是按照"议题聚焦群文化、组文体现异质化、内容难易适度化、课内课外勾连化"的基本原则，将多文本重组构成一个有机整体，充分发挥群文的整体功能，为其阅读教学的开展奠定基础。

(1) 议题聚焦群文化

议题是古诗词群文阅读教学模式的"指挥中心"，它不仅统领群文阅读教学的整个过程，还指向各个具体要素。因此，要想让学生在该模式中系统化、结构化地有效开展古诗词群文阅读，顺利整合多文本所提供的意旨信息并形成自己的阅读启示，所组群文文本则应突出议题内涵，即议题聚焦群文。群文间贯穿了议题的核心主线，透射出议题的核心思想，体现着议题的基本理念，规定了群文阅读教学模式的生成向度和思维边界，维系了学生解读文本的自由与自觉的统一。古诗词群文阅读教学的组文在本质上不能偏离议题中心，才能取得预期的教学效果。如有的老师以"诗词中的悲秋与颂秋"为议题，选择了杜甫的《登高》、范仲淹的《苏幕遮·碧云天》、毛泽东的《沁园春·长沙》、戴望舒的《秋天的梦》进行组文。乍一看，好像没有什么问题，但实际上经不起推敲和琢磨，这个议题中的"悲秋"与"颂秋"是关键词，那就说明所选诗词在"悲秋"与"颂秋"上要有明确的态度和感情倾向，但戴望舒的《秋天的梦》主要通过对牧羊女轻快恋情之梦的描绘，间接抒发诗人内心对美好爱情的向往和爱而不得之憾。可见将戴望舒的这首诗选入是不恰当的，有画蛇添足之嫌，反之，若将其大胆舍弃，则会更加贴近议题的核心话题。

(2) 组文体现异质化

多文本组合除了关注它们在议题统摄下的内在关联性，还得注意文本之间的差异性。如果所选文本都是同质化的，不能凸显文本间的区别，那这样的组文则无助于群文教学。一堂群文阅读课上，多维度下的异质性文本，能形成更好的互文效果，且有利于议题的统领和整体建构。但也要把握文本异质的"度"，文本差异不能过大或过小，否则不能体现群文阅读的精神内核及价值所在。例如，语文教材中所选伟人毛泽东的诗词都是豪气冲天、豪情万丈、自信乐观的作品，像《七律·长征》《沁园春·雪》《沁园春·长沙》等，并没有涉及毛泽东潇洒风流、诙谐浪漫和柔情恬淡的一面。因此，我们组文时，为彰显文本的多样性和差异性，可选取彰显毛泽东革命豪情和革命志向的《沁园春·长沙》和《清平乐·六盘山》等豪放词作，也可补充毛泽东的《虞美人·枕上》和《蝶恋花·答李淑一》等洋溢浓情蜜意和极富怀念之情的力作，让群文文本之间的思想意蕴及其创作风格形成鲜明对比，呈现恰切的异质化态势，为古诗词群文阅读教学模式的建构提供了理论范式。

（3）内容难易适度化

古诗词群文阅读教学模式中的文本选择虽然要体现差异性，但也要注意把控一组文本内容的难易程度，不宜太难，亦不宜太简单，应处于适中程度。在同一议题引领下的多文本之间，其难易程度还应呈现一定的层次性，其选文难度不能超出学生的解读能力和认知水平，但也不能太过于浅显和幼稚，否则会挫伤学生的阅读兴趣而丧失其阅读价值。所以，教师在组文时一定要准确把握文本的难易程度，统筹考虑学生的年龄特征、学习基础、学识水平以及教师的教学进度等情况。这样才能让学生对阅读有兴趣、有信心、有挑战，在群文阅读中提升自己的语文能力和素养。比如，我们确定"古诗中渔父形象的变迁"这个议题，选用范仲淹的《江上渔者》、柳宗元的《渔翁》、张志和的《渔父》、屈原的《渔父》组成群文，运用循序渐进的阅读方法引导学生开展群诗阅读，先读比较易懂的范诗，体会不畏险境与艰辛、出生入死同惊涛骇浪搏斗的打鱼人形象；其次读柳诗，感受置身于自然山水之间辛勤劳作的神秘渔翁形象；再次读张词，体悟自由自在、不食人间烟火的渔父形象；最后读屈诗，感悟与屈子这位独醒者对话的哲人渔父形象。通过由易到难的群文阅读，学生会发现渔父这个传统母题的形象内涵在因时、因人而变化，激起学生对渔父形象的探究欲，加深理解和感受。

（4）课内课外勾连化

除上述讨论三点之外，还要注重选文的来源。群文来源通常有三种：一是教材内组织文本，比如人教版必修四第二单元是宋词专题，可确定"宋词中的婉约与豪放"这个议题，选择柳永的《望海潮》、李清照的《声声慢》、苏轼的《念奴娇·赤壁怀古》和辛弃疾的《永遇乐·京口北固亭怀古》组成群文，引导学生从语言句式、韵律节奏、意象呈现、意境营造等角度比较、分析婉约词与豪放词之异同，促进学生对宋词"婉约与豪放"词作的透彻理解。二是课内外联合组文，比如教材上柳永的《雨霖铃》，这首词最典型的艺术特色是层层铺叙、层层深入，写得情真意切，感人肺腑。那我们为了让学生了解"词贵愈转愈深"这一特点，在课外精选了晏几道《蝶恋花》、黄燮清《苏幕遮》组成群文，柳词以层层铺叙的手法来表达层层深入之情，而晏词采取层层转折的表现技巧来达到层层深入抒写离别愁思之目的，黄词则以层层递进的艺术手段抒发强烈之情等。以上词作都采用了层层深入的艺术手法来抒情，但各不相同，突出艺术创作的多样性、丰富性，为学生展现不一样的美，有助于提升学生的审美鉴赏能力。三是课外组文，如以"古代通才大家知多少"为议题，选择苏轼的《寒食雨二首·其二》和书法名作《寒食帖》，宋徽宗的《秾芳诗帖》和《燕山亭·北行见杏花》，郑燮的《衙斋听竹图》及其题画诗设置群文，让学生读诗词、观书画、解情怀，进而饱览古代文人的才与学，感悟中华文化的博大精深。诚然，打通课内外进行组文是比较切合群文教学实际的，既能紧扣教材，又能拓展学生的阅读视野，为学生建构丰富多彩、妙趣横生的阅读场。

2. 组文方式

我们把握了其组文原则之后，须对其组文方式进行探究。基于当下语文学科专家和一线教师对群文阅读教学模式理论与实践的研究，我们认为，古诗词群文阅读教学模式的组文应遵循以下方式进行：

（1）议题式组文

议题式组文是最常见且使用最多、操作性较强的一种组文方式，它根据已有议题从不同角度、不同层面择取文本。在组文过程中，议题的拟定一般会涉及古诗词中的语文知识、语言运用、文化现象、审美鉴赏、思维训练等话题。有了议题的导向，其组成的文本大多具有代表性，可为学生学习该类文本提供参考范式，或以主体情志组文，或以常见意象组文，或以同一主题组文，或以同一作者组文，或以作品风格组文，或以高考考点组文等。比如，以常见意象组文为例，高中语文古诗词常见的意象有花、柳、月、梧桐、长亭、流水等，那我们就以月来确定议题，即"月—诗人生命情感的寄托"，挑选李白的《月下独酌》、杜甫的《月夜》、苏轼的《水调歌头·明月几时有》、王维的《鸟鸣涧》构成群文，指导学生通过阅读感受诗人笔下不一样的"月"。李白的"举杯邀月"，视"月"为驱逐孤独的精神之友；杜甫的"望月怀人"，把"月"当作思念妻子的传情载体；苏轼的"把酒问月"，借"月"来抒发人世间的"悲欢离合"之情；王维通过"月出惊山鸟"来表达内心的空灵和虚静，由此领悟诗人所赋予"月"的生命意义，从而建构属于自己的灵魂之"月"。有学者认为这类议题"以聚合思维为主，发散思维为辅",① 显然具有一定的借鉴意义。为了满足当下信息时代、网络时代以及人工智能大数据时代的阅读需求，应不断探索更加开放而有活力的组文方式。

(2) 链接式组文

链接式组文是潘庆玉先生针对议题式组文之不足而提出的，它更符合信息量大、类别繁多、处理时效高的大数据时代对阅读的需求。它以教学的某一文本内容和与之相关的不同文本、不同形式及不同种类资源等链接，能更开放、全面、深刻地帮助学生阅读群文。该组文方式"以发散思维为主，以辐合思维为辅",② 更加关注学生对多文本的阅读体验与意义探究，诸如潘庆玉先生所执教的《大美兰亭》，他以课内的《兰亭集序》为出发点，"由兰亭诗序链接出书法之美，由书法之美链接出历史传承，由历史传承链接出'天下第一'的历史评价，由历史评价链接了美学分析和哲学阐述",③ 把《兰亭集序》的艺术特色、书法魅力、文化传承、历史评说串联起来，让学生与其进行思想沟通、情感交流和生命对话，深度探讨了兰亭之美，促进学生审美鉴赏、思索论辩、作品评析能力的发展。古诗词群文阅读教学模式中的链接式组文也可如此进行，如人教版高中语文文本苏轼的《定风波》和《念奴娇·赤壁怀古》两首词，为了让学生对其文学创作、思想变化、人生态度有一个更透彻、系统、全面的了解，可以"逆境与旷达"为话题或关键词，组织苏轼在黄州所作的《卜算子·黄州定慧院寓居作》《寒食雨·其二》《黄州寒食帖》《枯木怪石图》、余秋雨的《东坡突围》以及林语堂的《东坡居士》节选，运用逆向思维观照苏轼在逆境中"凤凰涅槃、浴火重生"的心境。首先由《定风波》的乐观自信、旷达超脱逆向链接到《念奴娇·赤壁怀古》的怀才不遇、功业未就的忧愤之情与关注历史和人生的旷达之心；其次链接到《卜算子》的孤寂幽恨、高洁自许、不愿随波逐流的品性；然后链接到《寒食雨·其二》在逆境中的痛苦、愤懑和惆怅的心绪；接着链接到《寒食帖》光彩照人、气势奔放的行书之美；再链接到《枯木怪石图》中的拒俗与守拙；最后链接到《东坡突围》和《东坡居士》的名家评价，让学生完整感受苏轼在黄州的心路历程，同时也升华了他们的精神境界和人生态度。链接式组文需要执教者具

---

①潘庆玉：《群文阅读：由链接而群聚，因秘响而旁通》,《语文建设》2018年第1期。
②同上。
③同上。

备良好的学术积淀、文化功底、专业能力和教学素养,才能确保古诗词群文阅读教学的有效开展。

(3) 根茎式组文

根茎式组文即以教学文本中的某一元素为基准,向四周相关内容辐射组合群文的一种方式。这种组文方式需建构恰切的"互文空间",即"主文本、互文本交互作用而构成的多元、多层次的文本关系",① 它既可是追踪文本间起源、发展、变化的纵向结构,也可是多文本之间互相阐释、补充、说明的横向结构。古诗词群文教学中,可依据主文本、互文本、链接点来组文,其中主文本是语文教材中的精读文本,互文本是课外拓展的阅读文本,链接点是主文本与互文本发生交互关系的点,它是衔接主文本与互文本的中心线索,主要由文本中的重要知识点构成,以议题、话题、主题的形式呈现。王国维言"诗之境阔,词之言长",可见,宋词写景变化多端,情韵悠长而极富抒情效果,我们可从高中语文宋词单元来确定群文阅读的链接点"宋词的写景抒情"。让学生走出对写景抒情的固化认识(诗词中的写景对情感的表现有渲染、烘托的功能,加强了情感表达的含蓄性),有针对性地深入探究宋词的写景与抒情,并比较、归纳其新视点、新洞见。如在链接点的引领下,可选择主文本柳永的《雨霖铃》,互文本周邦彦的《苏幕遮·燎沉香》、秦观《踏莎行·郴州旅舍》、晏殊《鹊踏枝·槛菊愁烟兰泣露》,构成横向互文空间,学生通过阅读这些词作,会发现宋词的写景抒情更加细腻精巧、轻柔新颖,情与景的契合度更高、主观性更强,同时又因宋词容量大及结构与句式多变,使其写景抒情更加自由灵活、随性洒脱。

(三) 设定单位时间

以上我们明确了议题的确定、透视了组文的基本原则及方式,厘清了古诗词群文阅读教学模式中的阅读"枢纽"与阅读载体。不言而喻,在课前还有必要对教学时间与教学容量等相关问题作清晰的认知,以确保古诗词群文阅读课能按时、保量完成。

1. 树立时间观念

树立时间观念是指教师上古诗词群文阅读课要有强烈的时间意识,即在规定的单位时间内完成课堂教学,一般为二至三个课时。在以往的单篇阅读

---

① 姚姝兰、叶黎明:《群文阅读:在互文空间中建构文本意义》,《语文学习》2019 年第 9 期。

教学模式中，针对某一篇文质兼美的课文，从关键字词的揣摩、优美句子的品味到段与段关系的把握，再到整篇文章的思想内容讲解、艺术特色鉴赏等，教师花时太多而事倍功半。而当下的群文教学，需要教师转变教学思维，围绕精选的议题，紧扣教学重点，合理安排课堂教学时间，既要有完成预设教学目标的刚性时间，又要给学生留有合作、探究的弹性时间，使群文课堂教学张弛有度、收放自如。如董一菲老师的《诗经·郑风》爱情诗群文阅读课，在时间安排上极其合理、妥当，她仅用一小时零六分就上完了一堂容量大、内容丰富的群诗课。其原因在于一菲老师切中了这堂群文阅读课之要害，合理把握课堂教学时间，将教师的讲解引导与学生的感知体悟紧密结合，师生紧扣"爱情"这一主线去整合内容，从"青青子衿"的字词诠释到《子衿》《将仲子》《狡童》三首诗中的人物形象、情感程度的比较，再到用热烈奔放的西方彩画《春》和同主题的俄国诗歌《我要从所有的时代，从所有的黑夜那里》作对比，感受西方人民与中国远古先民对爱情的不同表达，使学生自始至终都沉浸在诗意美的氛围之中，真正体验了群文课的高效率与高效益。

2. 把握教学容量

要想按时、保量、高效完成一堂古诗词群文阅读课，单纯地在思想上树立正确的时间观念是远远不够的，还要对课堂教学容量有一个明晰的把握。因此，在确定古诗词群文阅读课堂教学容量时，需首先了解高中生的认知规律和情感、意志、兴趣、爱好等非认知特点，分析其学习现状，明白他们真实的学习需求，为设置科学合理的教学容量做准备；然后再结合教师自身的教学特点、教学风格、教学能力等，对教师讲授的量和学生接受的量有一个整体把握。教师讲解的内容不宜过多，以免把学生当作装载知识的阅读"容器"，而学生接受的量既取决于其教学目标是否符合学生的"最近发展区"、拟定议题是否贴切、多文本内容难易是否适中、数量是否适宜等客观因素，又取决于课堂上教师对学生的激励和引导的正确程度等主观因素。教学中，能否让学生真正以议题为核心，体验发现问题、分析问题和解决问题的阅读过程，从而实现"计数量与质效量的统一"。[①] 诚然，文本数量一定要控制好，切不可贪多求大，将群文阅读之"群"进行主观性扩大，以至于文本数量多，学生力不从心而导致阅读失效。譬如，上文所提到的董一菲老师的《诗经·郑风》爱情诗群文阅读课，其文本数量把控恰当，课堂容量较适中。从精读

---

① 柴军应：《论合理的课堂教学容量》，《中国教育学刊》2014年第6期。

篇目到拓展阅读再到辅助理解，内容上横跨古今中外，体裁上诗画互证，巧妙地将容量大的多文本进行分解，有助于学生分块逐层地阅读学习。师生"教"与"学"的容量布设较科学，整堂课教师引领学生对群文的分析、比较、鉴赏、概括等，既开阔其阅读视野，又锻造了学生的阅读智慧。

（四）创构集体课堂

在完成古诗词群文阅读教学模式的议题确定、多文本组织、教学时间和教学容量的前期准备之后，须带领学生走进古诗词群文阅读的课堂学习，进行集体建构。集体建构中的"集体"原意为"许多人合起来的有组织的整体，与个人相对而言"，但在该教学模式语境中，它既指以教学班为单位的学生集体，又指文本信息的多样性。"建构"原是建筑学词汇，指建筑起一种构造，而这里即指学生"在充分发挥个人智慧的基础上"①阅读多文本，从多角度、多层面去发现问题、表达想法，然后师生共同建筑起一个归纳、分析、整合与评估的阅读系统，并在文本阅读活动的视野融合中达成共识。集体建构为学生多种观点、多维视角、多样化问题提供交流、沟通、斟酌、探讨的平台。以下将从设计学习清单、创设情境激趣、巧设问题引导、合作探究解疑、讨论达成共识五环节创构集体课堂。

1. 设计学习清单

所谓学习清单是指教师依据学情、遵循学习规律对教学内容和教学活动进行全局性规划，用以协助学生明确学习目标、梳理学习内容、充分利用学习资源进行自主、合作与探究学习的工具，它既可是课前预习的指导表，也可是课上边学边完成的任务单。一方面，它为学生自学提供指导性，即学生根据预习指导表或学习任务单上的提示和要求去阅读文本、生疑发问、合作探究，有助于激发学生的好奇心与求知欲，锻炼他们学习的独立性、自主性，充分体现学生的主体地位；另一方面，教师通过查看"学习清单"的反馈情况，能了解学生的学习困难所在，及时调整教学设计，做到以学定教，为课堂教学的顺利进行作准备。古诗词群文阅读教学模式的教学容量是单篇阅读的几倍，要想在单位时间内有效完成其阅读教学任务，则需充分发挥学习清单的作用。学习清单的设计需依据具体的教学情况而定，妥善考虑如何制作预习指导表，如何设计课堂学习任务单等。从古诗词群文阅读课来看，可先

---

① 于泽元、王雁玲、石潇：《群文阅读的理论与实践》，西南大学出版社，2018，第183页。

考虑制作预习指导表，因该阅读文本需要学生了解大量的背景知识，教师有必要通过预习提示和要求，有目的、有计划地指导学生查阅文献了解文本相关信息，为群文阅读课堂教学的顺利实施奠定基础。而设计课堂学习任务单则比较适合训练学生的阅读速度、阅读技巧、阅读策略的运用等，当然这需要在学生对文本没有提前预习的情况下进行，否则影响训练效果。比如，以部编版高中语文古诗词学习单元为例，其人文主题为"生命的诗意表达"，择取曹操的《短歌行》与陶渊明的《归园田居·其一》组成课内群文阅读课，拟定议题"聆听生命的吟唱：出世与入世的碰撞"，旨在通过阅读不同体式的经典诗歌，理解两位诗人各自的生命表达、生命思考和价值追求。课前我们可为学生设计预习清单，引导学生查阅资料梳理两位诗人的人生际遇和生命轨迹等相关信息，为进一步理解诗歌情感、走进诗人精神世界等作铺垫。

表1 诗人履历表

诗人姓名	曹操	陶渊明
所处时代		
从事职业		
主要经历		
代表作品		
创作风格		
《短歌行》/《归园田居·其一》的写作背景		
后世评价		

2. 创设情境激趣

"创设情境，激发兴趣"并非表面化、形式化的调动学生一时的学习兴趣，而是学生语文学科核心素养形成、发展和表现的载体，其主要包括个人体验情境、社会生活情境和学科认知情境。显然，赋予了人们对"情境"丰富内涵及其意义的再认知。在古诗词群文阅读教学模式中，根据其学习目标、学生体验及社会生活经历创设学习情境，包括导入情境、问题情境、活动情境等，不仅要激发学生的学习兴趣，还要贯穿整堂群文阅读课始终，实现教学内容与学习实践一体化。学生只有在真实、典型、具体的情境中，才能

"从所思所想出发,以能思能想启迪,向应思应想前进",① 最终达成语文核心素养的发展与提升。如针对曹操的《短歌行》与陶渊明的《归园田居·其一》的群文阅读课,可这样设计学习情境:其一,假如你有幸被学校的朗诵艺术团邀请去设计朗诵脚本,其中你负责的朗诵篇目是《短歌行》和《归园田居·其一》,主要从节奏、重音、情感、语言风格、表达技巧等方面去着手指导,如果表现出色,还可推荐你去参加学校的微电影摄制组,进行相关的剧本创作;其二,同学,你好!欢迎你来到"微光"剧组,假如雄才大略、积极入世的曹操和崇尚自由、闲情隐逸的陶渊明穿越时空相遇,会擦出什么样的火花?他们又会对对方说些什么呢?请发挥联想与想象,编写一个名为"志士与隐士"的剧本,对话要得体,符合人物的身份和阅历。这样的情境设计与议题"聆听生命的吟唱:出世与入世的碰撞"是高度契合的,既能激发学生的阅读兴趣,还能将整个学习活动与任务串联起来,为学生理解学习内容提供平台和跳板,有助于他们高阶阅读思维的训练与培养。

3. 巧设问题引导

问题是语文阅读课堂的引擎,没有问题就没有探究。问题设置的深浅、品质的高低直接关系到阅读教学的效果。在古诗词群文阅读教学模式中,能否巧设高质量的问题,则成为群文阅读的关键。因此,这就需要语文教师从古诗词群文阅读教学实际出发,基于议题与多文本的内在关联,寻求最佳设问点、最具兴奋点,从提纲挈领处为古诗词群文阅读设计一个或几个颇有探讨意义,又能激起课堂活力、勾起学生探究欲的问题。其问题应围绕议题贯穿多文本始终,并呈递进式逐层深入。尽可能创设科学、有效、高品质的问题,将古诗词群文阅读教学目标具体化,既要有利于精简教学过程、突出教学重点,又要能激活学生阅读思维、优质高效地完成教学任务。譬如,以"苏轼旷达知多少"为议题,设置以下问题:苏轼为何"旷达"?苏轼"旷达"何处?苏轼怎样"旷达"?你认为我们有必要像苏轼一样"旷达"吗?请结合自身的生活体验谈谈其观点与理由。这四个问题全都是根据议题生发出来的,从整体上构成了一条环环相扣、层层递进的问题链,由探索"苏轼旷达"之象进而追溯其"旷达"之缘、之本所在,能透过现象揭示事物本质,从感性认知上升到理性思辨,学生经过"抽丝剥茧式"的层层思考,对苏轼旷达的

---

① 《语文建设》编辑部:《语文学习任务群的"是"与"非":北京师范大学王宁教授访谈》,《语文建设》2019年第1期。

人生个性和精神品质有了更为深刻而透彻的解读。

4. 合作探究解疑

语文新课标倡导"开展自主、合作、探究学习"。其中"自主"是指学生在教师的指点与引导下，自觉选择学习方式，自我监控学习过程，主动评价反思学习效果的一种行为方式；"合作"是指学生在学习小组中为了完成集体任务，在清晰明确的责任分工前提下，进行师生、生生的互助性交流；"探究"则是指学生在听、说、读、写等丰富多样的语文实践活动中，多思善疑地去发现问题，科学合理地分析问题，并采用恰当的方法去解决问题。在古诗词群文阅读教学模式中，多文本的阅读需要学生在议题和问题的牵引下，进行合作探究阅读。由此，我们须将学生的主体探究放在首位，教师要善于激趣、鼓励、引导学生全力以赴地独立完成阅读任务，若学生碰到难题或阅读障碍时，再启动预设的合作学习方案，在师生、生生互帮互助中解决疑难问题。如果在学生个体能力之内能完成学习任务，那学生间不必交流合作，同时也要切记不能一开始就让学生合作交流，这既浪费时间和精力，又不利于学生独立思维能力的培养。如以"李白豪放性格的由来"为议题设置问题：李白的豪放性格表现在哪里？李白是怎样走向豪放的？李白的豪放性格意义何在？请结合现实生活予以评价并阐述理由。显然，前两个问题大多学生在其知识与能力范围内，通过阅读文本或查阅资料完全可以独立解决，不需要合作探究。但第三个问题对于部分学生而言就会有些难度，这就需要教师因材施教、因势利导有效组织学生进行合作探究解疑，助力有困难的学生顺利完成学习任务。

5. 讨论达成共识

"讨论达成共识"是"合作探究解疑"的终极目标和落脚点，它是通过集体的共同努力而走向对多文本阅读理解的共识。这里的"共识"不是要求学生得出教师课前预设好的"标准答案"，追求答案的唯一性，而是师生在同一议题引领下的群文阅读中，阅读者在深度研读、开阔思路、广泛讨论、互融互通之后形成的集体智慧结晶，即所提取的精炼的共同认知成果。在古诗词群文阅读课堂教学中，不能用笼罩教师权威的"唯一真理"来压制学生的思维视野，而须体现"共识"在不同主体间的多元性和差异性，营建一个开放、包容、和谐的课堂讨论环境，让学生积极主动相互沟通与交流，虚心听取对方观点和理由，最后在全面统筹与整合的基础上达成理解或知识上的共同认可。它饱含着师生、生生间的审思、探究与批判，也反映了学生对多文本观照的感性体验与理性思辨的结果。有助于指导学生今后的阅读学习。其"共识"突破了学生原有的定势思维和固化观念，以更高眼光和格局去审视文本，从而更全面、深刻、透彻地揭示人、事、物的本质。如上文中根据"李白豪放性格的由来"这个议题所设置的问题：李白的豪放性格意义何在？请结合现实生活予以评价并阐述理由。学生怎样评价李白的豪放性格意义及能否根据自己的阅读认知、生活历练、人生感受来表达自己的观点或想法，教师应激活学生思维、张扬学生个性，充分挖掘其潜能，让他们多视角、多层次、多元化展开思考、讨论、交流与表达，只求言之成理，不求答案唯一，在充满慎思与争议中聚合思维而得出一个或几个较为科学、合理的结论即可。

（五）学法迁移应用

古诗词群文阅读教学模式的建构从确定议题到组织文本，再到集体课堂的创构，课堂教学已基本完成，但还有必要在群文阅读课结束时，积极组织学生对所学内容的阅读技巧、策略及方法进行自主反思、总结、归纳和概括，从而形成一个学、思、行三位一体的良性循环。

1. 活用学法，举一反三

群文阅读课程研究专家何立新曾说"群文阅读教学必须是多文本'比对读议'过程的演进"。[①] 不言而喻，在古诗词群文阅读教学中，"比对读议"是最基本的常规学习方法。此外，师生还须在阅读、理解、体验、感悟、评价古诗词时，有针对性地学习、积累一些阅读方法，并能学以致用，将其灵活地迁移到其他"听说读写"的语文教学实践活动中。当完成群文阅读任务之后，一定要让学生将学到的阅读方法在其他类似的陌生文本阅读中进行"实战化"训练，才能牢固掌握其阅读方法，提升阅读能力。如可以"唐诗中的女性形象刻画"为议题，组织白居易的《琵琶行并序》《长恨歌》、杜甫的《咏怀古迹其三》这三首诗进行群文阅读。我们通过"比对读议"发现三首唐诗采用了不同的方法刻画女性形象，明确应从动作、外貌、心理、神态等多种描写方法去分析和塑造人物形象。于是，可给学生布置课后练习，要求学生活用学法任选其一完成即可：①请你运用课堂上所学到的阅读方法分析这三首古诗中的女性形象，元稹的《行宫》、杜牧的《秋夕》、王昌龄的《闺

---

① 何立新、王雁玲：《基于问题解决的群文阅读教学实践尝试》，《语文建设》2017年第2期。

怨》；②运用课堂上所学刻画人物形象的方法，尝试为一位你最熟悉的女士进行文字"画像"；③如果你是一位摄影师，你打算用什么样的镜头、场景来呈现这几首诗中女子的美？可作简要阐述。诸如此类，通过这样的教学范式，既可强化学生牢固掌握课堂上所学内容与方法，又使学生课后能独立完成其阅读任务，达致触类旁通而活学活用。

2. 总结反思，提升能力

教育家杜威提倡"对于任何信念或假设性的知识，按照其所依据的基础和进一步导出的结论，进行主动的、持续的和周密的思考，就形成了反思性思维"。[①]古诗词群文阅读教学模式亦是如此，通过课堂教学的训练以及课后迁移巩固的强化，进行适当的审视、反思与总结，只有这样，才能不断革新、完善与提高。因此，亟须对语文古诗词群文阅读教学模式的教学活动，从先前的预设、全过程的互动到最终的教学效果进行审慎总结和深刻反思，发现其中存在的问题，促进其不断更新、改善和完备，以求在今后的教学活动中实现功效更大化。正如学生在探讨古诗中女性形象的刻画方法之后，需要对学习效果进行课后检测，使其在完成相应课后学习任务时明确自己所掌握的学习技能与方法是否扎实，找到存在的不足，然后反思改进。在总结中反思，不断归纳学习体验，审思阅读得失；在反思中升华，扬长避短而革新自我，真正提高学生的语文古诗词群文阅读水平和鉴赏能力。

（六）创建评价体系

教学评价是教学模式的一个重要组成部分，主要包括评价理念、评价标准、评价内容和评价方式等。因为不同的教学模式所依据的理论基础、达成目标、实施条件和操作程序有区别，所以评价的标准和方式也就各具特色。在古诗词群文阅读教学模式中，为了监测教学过程，诊断发现问题，优化教学效果，需要创建适合该教学模式的评价体系，以期发挥其最大效用。以下将从评价理念、标准、内容和方式四方面，尝试构建古诗词群文阅读教学模式的评价体系。

1. 评价理念

科学的评价理念是教学实践评价的风向标，具有正确的引领作用。语文新课标的"评价建议"也提出了相关要求，古诗词群文阅读教学模式的评价

---

① 杜威：《我们如何思维》，马明辉译，华东师范大学出版社，2019，第8页。

应树立正确、客观、多元、创新的评价观，须遵循全面把握模式特点、选择恰当评价方式、倡导评价主体多元、着眼核心素养发展的评价理念。

(1) 全面把握模式特点，选择恰当的评价方式

古诗词群文阅读教学模式的评价首先要精准把握特点，全盘考虑、综合统筹评价过程。针对该教学模式，首先应吃透其"整合性"要义，系统掌握教学目标、内容、方法及策略等教学要素的整合特性，全面洞悉古诗词群文阅读课的价值取向及其意义。其次要深悟其"开放性"要旨，既要透视议题场域的深广性与理解的多元性，又要通晓其跨阅读介质、跨文本形式的阅读载体，还要洞见阅读时师生的探究欲以及智慧共享中的集体建构等。再次要领会其"互文性"要点，即理解所选阅读文本间相互参照与阐释的内在关联性，既要熟知其点面结合、潜力无限的阅读场景，又要洞彻其组文成群的网状阅读体系。最后还要透射其"迁移性"要领，须明确学生在古诗词群文阅读课上所掌握的阅读技能和方法等，可灵活运用于多变、复杂的语文阅读活动之中。只有深刻把握古诗词群文阅读教学模式的整合性、开放性、互文性和迁移性特点之精髓，才能科学、合理地有效组织和开展群文阅读活动，也才能有目的性、计划性、指向性、科学性地去选择恰切而适宜的评价方式。基于该教学模式的基本特点，其评价方式需多样化、客观化和科学化，教师应在真实的古诗词群文阅读教学模式情境中，根据教学实际恰当整合定量与定性评价原则，或采用纸笔测验，或进行现场观察，或开展对话交流，或组织小组分享，或作自我反思等多种评价方式，综合考查和检验学生的学习情况，并积极做好交流总结，提高评价的效度及信度，增强评价的科学性和可靠性。

(2) 倡导评价主体多元，着眼核心素养发展

古诗词群文阅读教学模式的评价除紧扣教学模式特点，选用适当的评价方式外，还须以学生的发展为中心，秉持评价主体多元化的理念，并着眼于学生语文学科核心素养的发展。在评价过程中，须以语文新课标的评价理念为导向，打破传统式"教师一元主体"评价的桎梏，转向开放式的师生、家长等构成的多元评价主体。实施评价前，应厘定各个评价主体的职责分工，以学生为主体，以教师为主导，以家长、教学管理者为辅助。倡导评价主体多元化，一方面要将学生的主体地位"扶正"，不能将学生置于评价之外，让其被动地成为评价对象，而要创造机会让他们积极参与多种评价活动，充分

发挥其自评能力，正确认识自己的学业水平，并与老师和同学密切交流沟通，构建属于自己的"学评共同体"；另一方面要重视收集家长和教学管理者的评价意见，作为整体评价的参考与辅证，倡导评价过程公开透明，增强评价信度，提升评价效力。最后要以教师为主导，分析、斟酌、思考、评判及整合多个评价主体信息，综合发挥检查、诊断、反馈、激励、甄别、选拔等多种功能，不仅要关注学生的外显学业成绩，还要注重对其内隐学习品质的考查与评判。逐步引导学生联系实际，促进学习方法的改进，极力提升语文学科核心素养。

2. 评价标准

评价标准是指评价主体在实施评价时应用于评价对象的衡量尺度。评价标准是人们价值认识的反映，在整个评价体系中占据十分重要的地位，具有较强的指向性和引导性。古诗词群文阅读教学模式的评价体系应重视评价标准的制定，为其评价的科学性、合理性、可行性指明方向。以下试从其议题的适度性、组文的呈现性、设问的针对性、方法的灵活性、课堂的生成性五方面探究。

（1）议题的适度性

议题是古诗词群文阅读教学模式的主心骨，合适与否直接关系到古诗词群文阅读课堂教学的成败，因此，所拟议题的适度性尤为重要。其一，议题应有吸引力。一个具有吸引力的议题，能使学生眼前一亮，被唤起好奇心和求知欲，进而使其自发阅读议题的相关文本，积极思考，主动交流。比如，可将两位爱好相近、命运相似的艺术家皇帝之作组合：南唐后主李煜的《浪淘沙·帘外雨潺潺》与宋徽宗赵佶的《燕山亭·北行见杏花》进行群文阅读，确定"艺术家皇帝的赤子之心"这个议题，能激起学生阅读的兴趣力，让他们切身感受帝王的另一面。其二，议题应有可议性。评估一个议题是否科学有效，不能仅止于趣味性，要兼顾其广度与深度，广度是指能启迪学生的思维火花，使他们在群文阅读中能畅所欲言，既有自己独到的思想观点，又能辩证看待他人见解，建构师生、生生、师本、生本间的多向思维。但需注意议题的核心引领作用，若所定议题过于宽泛，也会让学生无从下手，导致阅读漫无边际而偏离主题。如"边塞诗"这个议题就太笼统，可改为"边塞诗里的英雄情与民族魂"，这样师生就可围绕其英雄情怀与民族气节来议论。深度则指所选议题既要有探讨价值，又要符合学生的认知发展规律和接受范围，切不可过于深奥难解而损伤学生学习的积极性、主动性，应让学生在拥有探知欲望的情境下，通过自身努力而实现学习目标，摘到美味的"学习之果"。

（2）组文的呈现性

组文的呈现性也是古诗词群文阅读教学模式的重要评价标准之一。从已有的群文阅读相关论述及课例来看，其组织形态、方式千差万别，没有统一的评价标准，但通过深入研究，发现其组文的呈现还是有规可循、有法可施的。就高中语文古诗词群文阅读教学模式的组文呈现评价而言，须从以下诸方面予以审视：

第一，选文是否文质兼美。所选群文内容不仅要能展现古诗词的音韵美、形象美、含蓄美等，还要体现其正确的价值取向，不可将一些带有糟粕思想的诗词呈现给学生阅读，以免造成学生思想认识上的混乱。

第二，选文是否呼应议题。议题是一堂群文阅读课的主旋律，选文则是主旋律上响亮的音符，要想在群文课堂上奏出悠扬婉转、美妙动听的乐曲，就须使议题贯穿文本，使文本照应议题的核心思想。

第三，选文是否呈现多元化。虽同类文本有助于加强学生对某一问题的深入理解，但不利于他们思维能力与审美水准的提升，故选文须在议题的统摄下体现多样化，以便引起不同的学生在认知上的思想及智慧碰撞，为他们提供质疑、思考、探讨的机会。当然，还须注意诗词之间的内在关联，切不可为了求多求异造成文本混乱。比如，执教者马建美围绕"历代文人咏西施"这一议题选取了杜光庭《咏西施》、鱼玄机《浣纱庙》、柳永《西施》、袁枚《西施》四首诗组成群文让学生阅读。① 马老师选择了同一题材不同作者的诗歌，诗与诗之间既求同又存异，既紧密联系又不失矛盾冲突，呈多元化态势，并以议题为核心，引导学生体悟西施诗词的思想内涵、文化精神、艺术特色和当代价值，其组文呈现较合理、可借鉴。

（3）设问的针对性

设问是古诗词群文阅读教学模式的动力之源和创新起点，要想上一堂精彩的古诗词群文阅读课，就须坚持设问导向，树立问题意识。首先，要确定问题能否针对议题而设。古诗词群文阅读教学过程中，设问一定要和议题相契合，助力议题引导教学方向，揭示教学内容，推动教学发展，否则难以达成教学目标。其次，要确定问题能否针对组文而提。问题除紧扣议题之外，

---

① 马建美：《西施题材群诗阅读教学案例》，《教学月刊》2020年第2期。

还得立足文本发问,透视文本内容,反映文本思想,突出文本意旨,并把控其问题的难易度等,否则很难促进学生透彻解读文本。再次,要确定问题的解答是否具备多角度。课堂设问不仅要准确具体、突出重点,还应迅速及时、举一反三,具有启发性,做到"一石激起千层浪",为学生创设更广阔的思维空间,充分调动其学习的积极性、主动性和创造性,增强课堂活力,提高学生的参与度,促使他们进行有价值的深度学习。如以王昭君为主题开展群诗阅读教学活动,以"诗人笔下见昭君"为议题,先请学生感知诗中王昭君的形象之美,将创设的"形象代言人"作真实的情境展示,随后抛出问题"王昭君到底有何魅力?"诱导学生通读文本并回答此问之后,教师可及时设问"何处写美?""怎样写美?""情感倾向?"让学生的思考进一步深入展开。这三个问题由浅入深,由易到难,从内容、手法到情感都依据群诗议题和组文而设,不仅给学生留有思考余地,且耐人寻味。

(4)方法的灵活性

"教学有法,教无定法,贵在得法。"古诗词群文阅读教学模式的评价需考查其模式是否在遵循学生认知发展规律和教学原则的前提下,灵活运用多种教学方法和辅助手段进行教学。譬如:①是否采用吟诵法?群文课上,教师能否正确指导学生根据诗词所传达的情感基调进行诵读?如把握诗词朗诵的节奏、快慢、抑扬和轻重等。是否通过吟诵让学生体会诗词的音乐美,增进学生对诗词内容的理解。②是否运用评点法?古诗词群文阅读教学中,"基于个人的阅读体验与感受,是对文本内容做个性化、多元化的文学意义的解读。"[1] 教师能否善于引导学生在群文阅读课堂上运用评点法,如在特定的阅读情境下是否边读边作批注评点,将独特、新颖、有价值的见解或心得表达出来,然后与他人分享、质疑、探讨并产生新思想、新洞见,提高学生的自主阅读能力等。③是否以读促写?叶圣陶先生曾积极倡导读写结合,把阅读当作吸收,视写作为倾吐,并认为读写密切关联。古诗词群文课上,教师是否在学生阅读过程中结合文本内容合理设计仿写、扩写、评写及改写等,真正做到以读促写、读写结合,提升语文素养。此外,还应把教师在群文阅读课上是否灵活运用科技手段助力教学作为评价标准之一。如能否借助信息化、数字化、智能化的大数据、人工智能等科学技术辅助教学实践,开发学生智力,培养其审美情趣和创新思维能力。

---

[1] 薛玉:《指向思维品质提升的阅读评点活动观察》,《中学语文教学》2020年第10期。

(5) 课堂的生成性

评价一堂成功的古诗词群文阅读课，课堂的动态生成显得尤为重要。预设与生成是课堂教学不可或缺的两翼，二者相辅相成、相得益彰。一方面，要看课前预设是否为课堂生成服务。教学中，如果备课预设过于紧密，没给学生留下任何回旋余地，完全按照教学设计按部就班地开展教学，那将制约课堂教学的灵活性，也就根本谈不上群文课堂的生成。当然，这与群文议题的开放性、文本的多样性、问题的针对性以及方法的灵活性密切相关，只有在预设时把弹性因素与不确定因素引入教学环节，才能为师生留下积极参与、交流互动、创造生成的机会。另一方面，要看课堂生成的表现与质量如何。课堂生成的表现和质量是衡量古诗词群文阅读教学效果的关键要素。

一是看教师是否具有课堂生成理念。教师须有群文课堂的生成意识，才能在教学中随机应变，迅速而准确地抓住学生思维中的灵感，并将其转化为学习资源与学习契机，满足学生心理期待，进而促成古诗词群文阅读课堂的生成。

二是看教师是否拥有掌控课堂生成的能力。在古诗词群文阅读课堂上，教师是否具有辨识、评价并引导学生生成信息的能力，这是决定教师是否拥有掌控课堂生成能力的主要因素，也是考查其教学质量的重要一环。如学生在多文本阅读中总会产生五花八门的观点和见解，这就需要教师对所生成的信息进行辨别、判断并及时评价，评价时对有探讨意义的分歧点要因势利导，鼓励学生深入思考，积极开展小组讨论，为课堂注入活力。对于阅读上的误解或偏见，既要保护学生的自尊心，又要耐心引导，变错误为资源，让他们在失误中获得启示。

3. 评价内容

古诗词群文阅读教学模式的评价理念和标准奠定了评价的整体框架，而评价内容则丰富了评价内涵。评价内容应主要基于以下三方面：诗词对学生言语经验整合的促进、诗教过程对学生思维品质的发展、诗词对学生情感与价值观的陶冶。旨在以评促教、以评促学、以评促改、以评促新，扎实提升高中语文古诗词群文阅读教学质量。

(1) 关注诗词对学生言语经验整合的促进

古诗词群文阅读教学需在课堂上带领学生用心学习文本中具有精确性、凝练性、概括性、创造性及个性化的语言，寻觅其规律，体会其奥妙，揣摩其表达，斟酌其含义，逐步整合学生的言语经验，提升语用品质。因此，须从两方面进行评价。

第一，语言的积累与建构。在群文阅读教学过程中，教师能否有意引导学生关注诗词中独特而丰富的语言材料，注意总结其言语活动经验，诸如古诗词的章法构思、句式选用、词语锤炼、手法运用等；是否通过多读、多诵让学生形成良好语感，并不断探寻语料间的内在关联而洞彻语用规律。比如，泪是人真情的流露，雨是天上水汽的降临，而诗人利用两者的共通性塑造了一个"雨泪共滴"的艺术范型，写下"枕前泪与阶前雨，隔个窗儿滴到明""伴我枕头双泪湿，梧桐秋雨滴"等无数佳作，以抒发连绵不断的悲伤之情。这可让学生思考为什么作者要将雨和泪联系起来进行抒发情感？这样写有何好处？读之对自己的写作有何启发？由此启引学生关注诗词中的用语特点，逐步积累和建构自身语言。

第二，语言的表达与交流。古诗词群文阅读课上，能否让学生根据特定语境和不同主体对象，借助已有语感及所掌握的语用规律，运用口头或书面语进行得体的表达与交流。如教学汉乐府诗《涉江采芙蓉》时，我们可选取元代朱睎颜的《拟古十九首·涉江采芙蓉》同题诗歌进行群文阅读，利用诗中的艺术空白和期待视野让学生进行微剧本改写、范读、点评、小结等，并要求学生在表达与交流时要注意人物动作、语言要符合人物身份及心理、场景的设置与人物的添加要符合剧情需要等，这不仅锻炼了学生的语言表达与交流，也促进了他们对言语经验的整合。

（2）注重诗教过程对学生思维品质的发展

学生思维品质的发展离不开教学培育，古诗词群文阅读教学模式的评价，应重视诗教过程中对学生各种思维品质的培养，促进其发展与提升，如批判性思维品质的发展。在群文课上，教师是否运用反思性阅读放手让学生对议题和多文本中存有歧义、难以理解、无法认同之处进行大胆质疑与合理反省，激励他们辩证思考而得出科学结论等。阅读中能否突破学生原有的定势思维和固化认识，获得反思性认知与体悟而达成批判性思维品质的发展。又如独创性思维品质的发展，教学中教师能否积极活跃学生思维，综合运用求同、求异、发散、聚合等多种思维范式，及时抓住诗词阅读过程中学生的灵感和兴奋点，激励他们生长与众不同的新立场、新观点和新视角，创造性拓展其思维视野而开辟出新的认知领域。使学生在群文阅读课中以独到的见解剖析问题、用创新的方法解决问题、凭科学的理念阐述论断,充分发挥思维主体的独特性和创造性。再如深刻性思维品质的发展,深刻性思维品质是学生思维品性的重中之重,是学生针对某一问题或疑惑所进行的持续性、开放性的思维方式和思索过程。基于高中学生人生阅历、生活体验、学识积累的有限,其思维发展有待提升。教学中须由近及远、由浅入深引导学生解读古诗词文本,尤其是群文中一些富有哲理性、多义性、歧义性和开放性的字词句乃至主题等,要激励学生结合生活体验和群文背景反复追问、深刻理解和透彻领悟,提高其思维的深刻性品质等。无可厚非,诗教过程中能否有效促进学生多种思维品质的发展,是评价古诗词群文阅读教学模式质量的重要内容之一。

(3) 聚焦诗词对学生情感与价值观的陶冶

古诗词群文阅读教学应聚焦诗词内涵濡染学生情感,秉持诗词精神陶冶其科学的价值观,让学生沉浸在诗词的海洋中,憧憬诗和远方。因此,评价内容应重点关注:

其一,品味诗美,感悟诗格。群文课上,教师是否引领学生尽情吟诵诗词,感受诗词圆融流转之美、含蓄蕴藉之美、体式回环之美、神与物会之美、感物寄兴之美等,体会诗词意象所传达出的意致、神韵和理趣,品悟诗人词家所赋予诗词的精神内涵和崇高品格。

其二,觅得诗心,涵养诗性。"中国诗学的哲学基础是'天人合一'观",[①] 涵养了诗人创作追求物我两忘、神与物游之境界,这其实是诗人心灵与天地万物的真诚交流和共鸣,也是诗人内心深处的赤诚表白,更是诗人考究宇宙本体与生命视界的反映。群文教学中,教师要善于抓住时机启迪学生洞悟诗词中的天地之心和诗人的赤子之怀,吮吸古典诗词中的智慧之源,熏陶培养自己的诗词品性。

其三,传承诗情,践行诗魂。诗词是感天动地之情物,群文课上须引导学生怡情练能厚植诗之气势、词之魅力,将诗之精魂融入生命而化入生活。诸如"青青子衿,悠悠我心"的渴贤之魂、"惟江上之清风,与山间之明月"的旷达之魂、"指点江山,激扬文字"的豪迈之魂等,这是诗情与诗魂的再现,更是诗人情感与价值观的集中体现,无疑陶冶着学生的情感倾向与价值追求。

---

① 骆寒超、陈玉兰:《中国诗学:第一部形式论》,中国社会科学出版社,2009,第5页。

4. 评价方式

评价方式是检验目标达成和质量标准的基本途径。古诗词群文阅读教学模式的评价方式是对其教学目标、教学功效、教学质量等方面进行考察的一种价值判断。为提高语文古诗词群文阅读教学评价效率，增强其评价的可靠性和科学性，应根据相应的教学目标和评价标准来选择恰当而多样的评价方式。在此结合古诗词群文阅读教学模式的特点和预期目标，拟用现场观察、纸笔测验、对话交流和自我反思四种方式进行评价。

（1）现场观察

现场观察是指评课者带着明确的观察目的，借助自身的感官和有关的支撑工具（如观察量表、录音录像设备等），在课堂上直接或间接地收集相关信息，并以此作为评价和改进教学依据的一种评价方式。它能更直观地关注群文阅读课堂教与学的发展过程，采集师生在课堂活动中所产生的各种表现及相关资料，弥补考试评价的单一与不足。其具体评价方法如下：

一是课前观察设计。评课者须先了解被观察者的教学目标和所在班级的学情，结合语文教材和课标对群文教学内容的学习任务安排和学习目标要求，确定观察视点，准备观察辅助工具，选择恰当的观察途径，并与观察对象建立良好的关系，减少隔阂，拉近距离。

二是课中观察实施。评课者应在不影响正常上课的情况下进入教室，选择既能看到教师教授情况，又可关注学生学习状态的位置开展观察工作，客观准确地记录现场情况，以备课后研讨。

三是课后交流反思。课堂观察结束后，评课者要根据所收集的资料与感受，及时形成观察报告，就先前确定的观察视角与任课教师进行交流，肯定优点，指出待完善之处，达到以评促教之目的。比如：以"感悟杜甫的孤月情怀"群文阅读课为例，[1] 结合课标和教材对古诗教学的要求，可将观察视点定为"学生在合作探究活动中的参与度如何"，制定观察量表记录课堂情况，选择"聚焦式观察法"（即着重关注学生在合作探究中的表现）完成观察任务。

---

[1] 詹碧容：《高中古诗词群文阅读的策略探微——以"感悟杜甫的孤月情怀"教学为例》，《福建教育学院学报》2019 年第 5 期。

表2 《感悟杜甫的孤月情怀群文阅读》观察量表

合作探究活动的设计	合作探究活动的呈现方式	合作探究活动的呈现时间	学生的参与度	观察结果、评价反思及改进建议
议题设置：教师巧借学生突发的疑问，引导学生共同讨论，从"杜甫的咏月诗"入手，明确"感悟杜甫笔下的孤月情怀"这个议题，旨在探讨同一意象在同一诗人笔下如何传达出不同的情感意蕴	质疑激思 追问回答			
集体建构：为了深刻理解杜甫不同的"孤月情怀"，既让学生合作探究，从知人论世、艺术手法、写作对象等角度对四首杜诗的差异进行纵向比较，又进行拓展阅读，让他们将杜诗与其他著名写月诗进行横向对比，深入剖析其形成原因	朗诵品味 探究讨论 展示分享			
学生的参与度：①主动参与，积极讨论，兴趣浓厚；②认真聆听，但不发表自己的看法，兴趣不高；③被动参与，心不在焉，毫无兴趣				

(2) 纸笔测验

纸笔测验是以书面形式呈现测评题目的一种常见的学习评价方式。它本是众多评价方式当中的一员，却因对其认识不足和使用不当，使它成为语文教育界的批评对象。但不可否认，它确有不可替代的评价作用。因而，在新时代语文核心素养背景下，为更好地提升古诗词群文阅读教学质量和水平，应从语文教学评价实际需要出发，重新审视纸笔测验的意义及价值，真正发挥其效用为古诗词群文阅读教学评价服务。

一是以培育素养为目标。纸笔测验的考查目标须按高中语文学业水平要求来设置，客观反映学生语文核心素养的发展过程和已有水平，检测他们学习古诗词所掌握的基本知识、必备品格和关键能力，为他们的未来发展奠定基础。

二是以综合考查为导向。在试卷命题时,要通过"阅读与鉴赏、表达与交流、梳理与探究"等综合语言实践活动,来检验学生的古诗词学习能力与水平,尽量避开用单纯、固定的知识点命制考题。

三是以情境任务为载体。在设计试题过程中,应联系学生的个人体验、生活经历和学习情况创设活动情境,根据典型任务情境选择多样且富有时代气息的语言材料,充分彰显古诗词特点。同时,还需创新考试测评形式,设置选择性大、开放度高的题目,利于学生的思维拓展。譬如,试题可命制为:

朝阳中学高二(10)班准备举办一场古诗词朗诵会,邀请你参加下列活动:

①小伟准备配乐朗诵李白的《将进酒》,现有几种乐曲,请你帮他选择并说明理由。

A. 慷慨激昂的古筝曲　B. 轻柔和缓的钢琴曲　C. 伤感凄凉的二胡曲

②小华选择了李清照的《醉花阴》和《声声慢》两首词,为了能够准确理解李词的情感,增强朗诵效果,请你帮她解决下列问题:

A. 把握词作意象

易安喜用独特意象营造意境,抒发情感。例如,《醉花阴》用(　　)、(　　)这样两个意象开头,以天气暗喻心情;《声声慢》用(　　)、(　　)等意象,表明作者愁苦落寞的情绪。

B. 赏析作品语言

李清照善用"素洁清雅细腻婉曲"的语言来表达自己的情感,从下面两句中任选一句,试分析其语言表达效果。

莫道不销魂,帘卷西风,人比黄花瘦。

寻寻觅觅,冷冷清清,凄凄惨惨戚戚。

③小佳和小颖商量合作朗诵两首意境相近的古诗。小佳选择了王维《山居秋暝》,小颖有陶渊明《饮酒·其一》和孟浩然《岁暮归南山》两首诗,不知道哪一首的意境与之贴近,请你帮她选择并简述理由。

④如果班主任邀请你当古诗词朗诵会的主持人,你会怎样撰写开场白?请将你开场白的内容写下来,150字左右。

⑤朗诵会上,小敏想就"古诗词的阅读方法",并联系最近在读的《杜甫诗选》或《纳兰容若词集》,与同学们分享读书体会与心得。请你帮他完成这一任务。

⑥朗诵会最后是诗词抢答环节，请你从名家诗词作品中选择精彩的句子呈现给同学们。

A. 李白在《蜀道难》一诗中，摹写行人艰难的步履、惶恐的神情的句子是_____，_____。

B. 杜甫《登高》中为我们营造了一幅气势磅礴的长江秋日图的句子是_____，_____。

C. 《锦瑟》一诗中回环曲折地表达了自己的惆怅苦痛，让人为之哀伤不已的句子是_____，_____。

D. 李煜的《虞美人》一词中一个诘句惊心动魄，把李煜的愁闷劈空倾泻下来，这个句子是_____，_____，其中蕴含了宇宙的永恒和人生的短暂无常之意。①

(3) 对话交流

对话交流是评课者对语文教学中师生、生生、师本、生本间多向信息交互、碰撞与生成质量评估的一种方式。在古诗词群文阅读教学模式评价体系中，对话交流是审视其教学质效的方式之一。首先，要建构富有价值的交流话题。评课者须提前了解古诗词群文阅读课的教学设计，以此为参照，检测课堂上师生与文本间的多重对话是否围绕教学目标而展开，是否由议题和文本阅读所生成，尽可能保证所交流的内容既有价值性，又能助力教学生长。其次，须营造民主平等的交谈氛围。营造和谐、活泼、民主、平等的课堂氛围，是激发学习兴趣、焕发课堂活力的前提条件，是促进学生敢于发问、勇于表达的有力保障。相反紧张、严肃的课堂气氛则会压抑学生交流的积极性，降低学生的求知欲，因而评课者须对群文课上师生交流氛围的融洽度进行考察评估。再次，应秉持质疑促思的沟通过程。"学起于思，思源于疑"，古诗词群文阅读课上的对话过程应是一个不断发问、质疑、解惑的过程，没有怀疑精神就不会有思维碰撞和智慧交融的产生。因此，应考评教师是否在群文课上针对阅读中的歧义点、疑惑处及时引导学生进行高质量对话，鼓励学生全程参与，分享思想成果。最后，需合理尊重多元的对话结果。每个人的个性特征、学习经历、人生体验不同，对文本的理解和感受就不一样，尤其是面对群文阅读时更会出现多元解读的现象。审查执教者是否以一种开放、包容、理性和尊重的态度看待学生的多元对话结果，是评价群文课上对话交流

---

① 陈森泓：《在纸笔测试中提升评价学生语文核心素养的效度》，《教学月刊》2020年第1期。

效果的方式之一。教学中不应置学生的思想见解于不顾，而生搬硬套地将学生引入教师预设的"答案圈"中，追求其答案的唯一性而禁锢学生思维。当然，也要敢于纠正学生对群文文本的误读或曲解，引导他们树立科学的解读观。

（4）自我反思

自我反思是指教师对自身教学思想、教学期待、教学行为、教学效果等的判断，是一种促进主体自我批判而不断进步的评价方式。它有助于教师把教学经验转化为教育智慧，从中获得解决问题的方法或启示，从而提高教育教学能力。在古诗词群文阅读教学中，教师可运用"自我反思"的评价方式审视自己的教学实践。

可搜集活动材料。教师平常要注意收集自己和学生在语文教学实践活动中所产生的各种材料，诸如自己的备课研讨札记、教学设计等；学生的测试卷分析结果、读书笔记、小组探讨成果、调查报告等。通过材料搜集既可对自己的群文教学有一个全面、清晰的认知，又能掌握学生在古诗词群文阅读学习中表现出来的发展轨迹、成绩收获、个性品质和精神态度等，进而获得自我反思的研究素材。

可撰写反省日志。教师在完成一堂群文课后，应静心反思，并记录自己的教后感受和反省心得，明确课堂亮点与缺憾，如教学重点是否突出、难点有无突破、训练能否到位等，并进一步分析、梳理与归类教学得失，以便发现与解决问题。诚然，写反省日志可视心而动、视情而定、有话长说、无话语短而贵在坚持，这无疑是群文教学中强化自我反思的一种评价方式。

可探究解决问题。教师在古诗词群文阅读教学中收集材料和记录体会还远远不够，须追本溯源找出其疏漏和失误之处，然后向学生反馈信息并与之互动解决。针对难点问题亦可与同事、专家交流寻求最佳解决方案，做到扬长避短、精益求精，把群文阅读教学水平提升到一个新高度和新境界。

八、高中语文古诗词群文阅读教学模式的注意问题

（一）透彻解读课标要求

语文新课标提出"学习任务群"，它以整合为特征、以任务为驱动，将多个文本和不同学习方式引入教学的主张，这与"群文阅读"所倡导的基本理念一脉相承。古诗词群文阅读教学模式的实施，理应对照课标基本要求，探

索基于"学习任务群"的群文阅读教学范式。有关古诗词教学的课标要求一般分布在"文学阅读与写作、思辨阅读与表达、中华传统文化经典研习、中华传统文化专题研讨"四个学习任务群之中，须呈梯度式安排其教学目标与重难点。其中，"文学与思辨"这两个任务群是高一语文必修内容，要求达到学业质量水平一、二，重在以课内文本为主要阅读对象，以丰富学生人生阅历和情感体验为教学目标，将单篇与群文、课内与课外阅读较好地结合起来，培养学生良好的读书习惯，同时适当设计文学创作、批评、思辨等活动，提升学生的文学鉴赏与评价能力。"传统文化经典研习"属于高二学段选择性必修内容，要求达到学业质量水平三、四，侧重于古诗词专题教学，如李白专题，提倡教师为学生搭建各种学习支架，引导学生充分调动已有知识和经验进行自主学习，在诗词专题学习活动中主动了解社会文化背景，积极思考诗词中所描绘的典型人、事、景、物所抒发的独特情理，并从历史角度出发，主动与老师、同学交流、探讨作品思想价值、历史局限以及现代意义等，旨在培养学生的自主学习能力、合作探究能力和问题意识。而"传统文化专题研讨"则是选修内容，专门针对学有余力且对古诗词非常感兴趣的学生而设，注重对诗话或词话理论的研讨，如"无理而妙"诗话理论的专题研讨；或对诗词中某一文化现象的变迁进行探索，如诗词中的蚕桑文化；也可对某一诗派、词派开展研究，如"元白诗派"刍议等，旨在激励学生养成严谨的治学态度，为他们今后的写作奠定基础。古诗词群文阅读教学模式唯有透彻解读课标要求，掌握其基本理念，才有助于其教学发展。

（二）熟悉教材选编情况

语文教材既是课标理念与要求的体现，也是教学工作和学习活动开展的重要载体。古诗词群文阅读教学模式须深入洞悉语文教材，了解其编写理念与编排特点，才能厘清课文内容与单元任务间的内在联系，把握诗词文本中所蕴含的关键知识点、阅读能力训练点、情感价值培育点，才能明确其教学目标，选择恰切的教学方法进行施教。以部编版高中语文必修教材上册为例，古诗词内容被选入第三单元，可具体从两方面来熟悉该单元的选编情况。

一是立足编写理念，定位教学方向。新教材以"坚持立德树人，增强文化自信"为核心编写理念，其中"立德树人"作为导向，融入了社会主义核心价值观与中华民族精神，旨在充分发挥语文教材的教人、育人、化人的功能；同时，又以古代诗词经典名篇为内容，培养学生热爱中华优秀传统文化的深厚感情，拓宽学生文化视野，增强其文化自信，坚定文化自觉。该理念指引群文阅读教学既要注重诗词对学生品性德行的滋养，又要从中汲取文化精神，树立学生的文化自信。

二是梳理单元要素，科学施教群文。首先，细读单元导语，了解单元主题，明晰教学目标。如通过阅读古诗词单元导语，洞透本单元教学目标而带领学生掌握鉴赏诗词方法，感受诗词意境，体悟诗人对社会与人生的思考等。其次，详读学习提示，可帮助教师熟悉文本内容，把握教学重点并引导学生自学。最后，研读单元学习任务，则有利于统整教学资源及方法，创设学习情境与活动。

（三）洞察考点命制趋向

古诗词群文阅读教学模式的优化，还须关注其高考考点命制趋向。课前教师要潜心研究考点类型与范围、考查内容与特点及试题的占比分值等，将考点融入常态化群文阅读教学之中，有助于学生熟悉古诗词考点并服务于高考。如可通过分析近几年语文高考古诗词试题，了解题目的设计与命制所呈现的多文本倾向，其中试题载体为显性文本（未读诗词），而问题的设置则关联隐性文本（已学内容），显隐文本内外勾连互通，形成了一个阅读域广阔、思考力延伸的考查场。学生在审题时，需要激活、调动、整合、转化、运用与隐性文本相关的已有知识和经验，结合具体的文化背景才能有答题的突破口，再运用诗词文体的规范表述进行分层对点答题即可（如表3所示）。

表3 高考命题对比

试题年份	显性文本	隐性文本	考点解析
2019全国Ⅲ卷	刘禹锡《插田歌》（节选）	刘禹锡《酬乐天扬州初逢席上见赠》	考查学生迁移、运用课内知识解决课外文本的能力，即比较同一作者不同作品的语言风格
2020全国Ⅲ卷	陆游《苦笋》	唐代名相魏征的故事	考查学生对文本信息的分析概括能力，即整合苦笋之"苦"与魏征之"殊"的相似之处等

这就意味着教师在进行古诗词群文阅读教学时，既要注重引导学生自主积累诗词常识、了解诗词相关文化背景，也要鼓励他们自觉运用阅读经验来解读文本，更要培育其联想与想象的系统性思维能力。

（四）精准掌握学情

群文课堂是一个复杂多样的生态系统，学情在其中扮演着重要的角色，

教师只要掌握其客观普适性规律，方可益于教学。如高中生的思维发展进入成熟期，辩证逻辑思维能力的发展极其迅速，在思维过程中能兼顾抽象与具体并获得一定程度的统一，教师了解其学情特点后，便可将学生的思维能力与品质培养融入古诗词群文阅读中开展教学。同时，由于学情受个体知识经验、心理特点、成长规律、行为方式、思维方法、生活习惯、兴趣爱好等诸多不确定性因素的影响，它又有较大的可变性，为教师精准把握学情增加了难度。因此，在高中语文古诗词群文阅读教学中，教师须有较强的"学情意识"，尤其是设置议题，一定要基于真实有效的学情分析，才能为成功的群文课"保驾护航"。比如，一是课前预判学情，瞄准教学起点。教师既要根据高中生已有知识经验、学习习惯、认知发展特点等共性的学情信息，结合古诗词群文教学要求，对议题设定作预先推测；又要多与学生沟通与交流，了解他们学习古诗词的难点或短板所在，进而确定符合学生实际情况的议题。二是课中关注学情，及时做出调整。在群文课堂上，教师也要"眼观六路，耳听八方"，密切关注学生学习表现，如学生的面部表情、肢体语言、讨论发言等，从中捕捉各方面信息，审视学生能否在议题的导引下进行积极阅读、交流与思考。若不能实现，还须及时灵活调整教学动态，果断采用恰当的教学方略实施教学，以保证群文课的顺利进行。当然，也须做好课后反思与总结，不断完善和优化其教学。

（五）构建"单－群－整"模式

群文阅读是新时代语文教育的热点话题，对其进行教学理论与实践探究者甚多，都想将其效用与优点实现最大化，但我们不能过分认为它就比单篇阅读"高大上"，而完全放弃传统的单篇教法。相反，教学中，我们需根据实际需要选择适宜的阅读教学模式，切不可一味追求标新立异而忘记阅读教学的初衷。为能更好地改变阅读教学"少慢差费"的现状，应形成梯级阅读形态，以单篇精读为基点，走向群文齐读和整本书阅读，构建"单－群－整"三位一体的阅读教学模式。单篇阅读是教师针对教材选文设计明确而集中的教学目标，带领学生对文本的字词句段、思想情感、表现手法、艺术特色等内容进行学习的一种阅读范式。其优势在于让学生吃透某一篇课文，掌握精读方法，培养他们的基础性阅读能力，而该能力既是不同学段学生所需要的，也为开展群文和整本书阅读提供可能。群文阅读是借助相互联系、相互诠释、相互生发的多文本，为学生创造阅读范围开放化、阅读思维多样化、阅读体验个性化的学习平台,让他们从中获得"比对读议"的阅读方法,并以此锻炼其高阶思维能力和"互文性阅读能力"。① 而整本书阅读则是综合提升语文课堂教学有效性的重要途径,注重引导学生根据不同阅读目的,运用精读、略读、勾画圈点、批注评价等多种方法,探索阅读整本书的基本方略,积淀形成阅读经验而培育学生探究性阅读能力的阅读范式。由此可见,单篇阅读、群文阅读和整本书阅读既是三种不同形态的阅读课,又是相互促进、彼此扶持、交互作用、相得益彰而共生共长的阅读教学模式。古诗词群文阅读教学应合理构建"单-群-整"三位一体教学模式,才有可能使其走向美。

九、总结

古诗词博大精深,一直以来被视为中国文学发端之源头,它仿佛中华文明沃土,孕育着生生不息的民族精神,寄托着中华儿女矢志不移的理想情怀,积淀着神州大地灿烂宏富的文化基因。统编版高中语文教材选文明显加大了古诗词的比例,既彰显了以文培人、以文育人、以文化人的课标理念,又突出了当下古诗词教学的重要意义。由此,如何让学生在语文古诗词学习中积累文言阅读经验、提升审美情趣、增强文化自信,又能顺利通过高考而获得理想成绩,是我们亟须思考、解决的棘手问题。群文阅读以其科学的理论基础和可行的实践操作,为我们提供了古诗词教学的新思路和新契机。

高中语文古诗词群文阅读教学模式的研究,须审视古诗词教学现状和新课标理念及其要求,考察群文阅读的理论研究和实践态势,进而探讨群文阅读教学模式的基本概念,明确其特点和预期目标,并将古诗词教学与群文阅读理念相结合,科学构建古诗词群文阅读教学模式。该模式须立足于语文新课标所倡导的语言、思维、审美、文化诸方面确定议题,引领古诗词群文阅读教学指向语文学科核心素养的培育与落实;着眼于合理的组文原则,积极探索多种组文方式,以求古诗词多文本组合的最优化和效用的最大化;注重把握古诗词群文阅读教学的课堂容量、课时长度及学生的接受度;聚焦古诗词群文课堂的情境创设、问题预置、合作探究、解疑达识等环节,让预设与生成交互作用,激发课堂活力;及时反思与总结学法,训练学生的学习迁移能力;秉持科学的评价理念,制定恰当的评判标准,确定精准的评点内容,选择合适的评价方式,及时评估古诗词群文阅读教学模式,达致以评促改、

---

① 潘庆玉:《做好群文阅读,要厘清这些关键点》,《中国教育》2020 年 10 月 9 日。

以改促进而提升其教学质量。同时，期待能充分发挥该教学模式的桥梁引领作用和参考借鉴价值，为一线语文教师提供操作指导，使古诗词群文阅读教学柳暗花明而更上一层楼。

　　诚然，此教学模式的研究还有待继续深化，在语文教学理论研究与实践探索中逐渐发展，相信在不久的未来会走向更成熟、更理想的境界。考查学生的学习现状而知，由于教法陈旧，学生产生"惰性"思维和厌学情绪，认为学习古诗词无非就是了解其大意和中心思想罢了，压根儿没有什么韵味、趣味、意味可学，于是造成了学生对古诗词的学习兴趣不浓、阅读面窄、鉴赏水平低下等不良状况。而群文阅读教学理念的提出，无疑为古诗词教学开辟了新路，弥补了单篇古诗词精讲模式的缺憾，如运用多文本组合为学生提供了更宽广的阅读舞台，通过"比对读议"方法围绕精选议题感受古诗词中的语言美、形象美、情感美和韵律美等。使学生在感受、体验和评价美的基础之上，最终实现涵养审美情趣、培植鉴赏能力及创造美的目标，提升学生语文核心素养。

第二篇 教学实践篇

核心素养视域下语文阅读思维品质提升研究

核心素养是学科教学的灵魂，语文学科核心素养是语文教学的精髓和基石。语文学科核心素养将思维的发展与提升视为重要元素之一，而语文阅读思维品质的提升则是语文学科核心素养的重要组成部分。在语文教学中，学生语文阅读思维品质的提升需要教师深入洞见和植根于其核心素养的生命意涵及思维理念，充分运用文本解读发展其思维，并以课堂教学为契机促进学生语文阅读思维品质的有效提升。

教育部《关于全面深化课程改革落实立德树人根本任务的意见》中指出"核心素养"这一重要概念，并把构建学生核心素养体系视为有力推进课程改革深化发展形成学生关键能力与必备品格的重要一环。于是，在核心素养的宏大视野中，语文学科核心素养便应运而生。新课标也明确提出了语文学科核心素养，其中，"思维发展与提升"既强调了对学生语文思维素养的培育，又重视对学生语文思维品质的予以提升。就阅读教学而言，它是培养学生阅读思维理念、思维心智、思维意识、思维行为和思维观的有效途径，同时也是着力实现语文教学目标的根本。通过阅读教学，能使学生把握语文文本内核，透视文本生命底色，提升自身阅读思维能力和思维品质。

一、语文核心素养的思维意涵及理念

所谓核心素养，亦称 21 世纪素养，具有强烈的时代性和关键性。最早明确提出核心素养概念的 DeSeCo 项目认为："核心素养是指覆盖多个生活领域的，促进成功的生活和健全的社会的重要素养。"[1] 著名的国际组织（OECD）将其视为 21 世纪学生最基本的技能和素养。美国的 21 世纪技能联盟将此作

---

[1] 张娜：《DeSeCo 项目关于核心素养的研究及启示》，《教育科学研究》2013 年第 10 期。

为探寻学生获得成功技能的研究目标。我国著名学者林崇德针对学生的关键能力和必备品格的形成与发展也著有《21世纪学生发展核心素养研究》一书，这无疑标志着核心素养已成为当下衡量和评价学生综合素质的重要标尺，它是学生借助学校教育所形成的解决问题的素养与能力。①而语文核心素养则是语文课程与教学改革和实践的核心理念，其"核心"指向是关键能力和必备品格，是在语文学习活动中所体现的最根本、最重要的素养。新课标强调语文学科核心素养是学生在语言学习、积累、建构与运用中表现和获得的语言能力、思维方法、思维品质等的综合体现。其中，明确界定了思维的发展与提升是学生通过语文学习与语言运用所获得的各种思维的发展及其品质的提升，它是语文学科核心素养的重要内容之一。语文阅读离不开语言思维，语言思维是语文思维的内核，语言和思维有着千丝万缕的血脉联系，富含极其深邃的思维品性而期待解构。②

传统的语文阅读教学向来仅重视语文理论基础知识的传授而轻语文阅读思维品质的培养与提升，封闭的语文教学模式和陈旧的语文阅读教学思维与学生的思维品质发展与能力提升背道而驰，以致无法培养出真正意义上适应社会发展的创新型人才。另外，又受唯有考试选拔人才的局限所制，语文阅读思维的广阔性、批判性、深刻性、灵活性、敏捷性、独创性等品质在语文阅读教学中也未得到充分体现，既脱离了现代语文教育思想所主张的开放性、多元性、个性化等的语文阅读思维范式，又与新课标语文核心素养理念所倡导的"思维发展与提升"风马牛不相及。因此，语文阅读思维品质的提升理应成为语文核心素养视域下阅读教学实践的重中之重。

二、基于核心素养提升学生语文阅读思维品质

核心素养是语文文本阅读的理论基础和思想基因，学生语文阅读思维品质的提升须通过阅读教学实践的训练与沉淀方可实现。这恰似王策三所言："理论先行，进行教学实验，生成教学模式，进而上升理论，乃是从实践到理论的有效途径。"③阅读教学是学生、教师、文本之间对话的过程。语文阅读思维品质正是在语文阅读教学中所投射出来的思维对话、思维品性、智力素

---

①钟启泉：《核心素养的"核心"在哪里——核心素养研究的构图》，《中国教育报》2015年4月1日。

②李艺、钟柏昌：《谈"核心素养"》，《教育研究》2015年第9期。

③王策三：《教学论学科发展三题》，《北京师范大学学报（社会科学版）》1992年第5期。

质和个性心理特征等，反映了阅读教学主体的思维水准和思辨能力。阅读教学有利于学生思维品质的培养与提高，恰当的语文阅读思维训练技巧能激发学生思维，锻炼学生分析和解决语文问题的能力。语文阅读教学应注重"在核心素养下，有针对性地进行教学"，[1] 循序渐进地塑造学生的语言思维，发展他们的语文阅读思维能力，提升其思维品质。

（一）提升学生语文阅读思维的广阔性品质

语文阅读思维的广阔性指的是在文本阅读教学中师生双方共同发现、分析和解决问题的广泛性思维特征。思维的广阔性品质是建立在学生已有的知识经验基础之上的，语文阅读教学中教师要善于充分发挥学生丰富的联想与想象，激发学生积极思维，注重在解读中训练学生对文本知识和信息的筛选、提炼、归纳、概括、拓展与延伸，培养其思维广阔性品质。比如，对陶渊明诗句"采菊东篱下，悠然见南山"的解读，教师就应激励学生对陶渊明笔下的"南山"景象充分发挥他们丰富的联想与想象拓展和延伸，谈谈各自的理解与体悟，由此而提升学生广阔的思维品性。教学中，教师还可灵活运用对比阅读的方法培养和提升学生思维的广阔性品质，如在教学贾谊的《过秦论》时，可自然而然联想到苏洵的《六国论》，它们在思想内容上都与"史论"相关，可让学生通过对比阅读明确其异同，拓宽阅读思维而提升其品质。教授周敦颐的《爱莲说》时可激励学生发散思维，联系唐宋诗词中歌颂花卉的作品合作交流并进行探究性对比阅读。如可与诗人杨万里的《晓出净慈寺送林子方》比较阅读，杨诗重在宏观描绘，凸显壮阔之美；而《爱莲说》则意在从内涵和气质着笔，突出其高洁淡雅之格。由此，开拓学生的思维空间而达成培养其阅读思维广阔性品质之教学目的。诚然，在核心素养视域下，教师还应在教学中充分利用语文阅读材料对学生进行有意识的文化渗透，精心创设教学情境让学生接触并了解一些有意义的西方文化，培养其"跨文化交际意识和能力"，[2] 从而提高学生语文阅读思维的广阔性品质。所以，课堂上巧妙把握文本中具有开放性和张力性的语文问题，通过具有拓展意义的语文材料进行阅读教学，培养学生全面看待问题的良好阅读思维习惯，能透过现象看本质，从各种不同的解读角度去分析探究语文问题，有效提升学生阅读思

---

[1] 吴惠：《聚焦核心素养，培养学生思维品质》，《中国校外教育》2017年第8期。
[2] 穆晓艳：《基于高中英语阅读教学，培养学生思维品质》，《读与写（教育教学刊）》2019年第5期。

维的广阔性品质。

（二）提升学生语文阅读思维的批判性品质

"语文科是语言学科，同时也是思维学科。"① 澳大利亚语文课标要求学生对文本要具有批判思维意识，美国语文课标也强调学生要能批判性地分析和翻译文学作品。语文阅读思维的批判性品质是在对语文思维材料进行严格审视的思维过程中所体现的思维品性，即表现在语文阅读思维活动中学生的独立发现、分析、评价、辨别和批判的思维意识、思维能力和思维精神。语文阅读教学中思维的批判性品质培养，需要教师不断调动学生对文本的思维活动，积极引领学生分析文本内容，质疑作者观点，判断知识理念，树立全面、客观、辩证看问题的思维视界，准确解读文章内容和概括意旨。通过阅读文本把握批判空间，培养学生的批判精神。教学中，要紧密结合教学过程提升学生的批判智能，并将阅读文本联系现实生活自我构建和审视思维成果。尤其是高中阅读教学，应以理性的、客观的、多元的、批判的阅读为主体，以培养学生的人格魅力、怀疑意识和批判精神为主流。教给学生动态而灵活的阅读步骤、学习方法和批判策略，构建学生的批判性阅读思维框架，鼓励他们要善于比较和质疑文本所反映的社会现实内容，提升对阅读材料的批判能力。阅读教学中还应精心设计问题，通过问题引导，促进学生理解文本信息，挖掘内涵而点燃思火，激活批判思维，提升批判性品质。譬如，讲授曹操《短歌行》时，可结合文本意旨设计一些关于曹操复杂性格评价方面有争议的问题：曹操爱慕人才而滥杀无辜？胸襟开阔而极其狭隘？足智多谋而阴险狡诈？让学生展开讨论，鼓励他们大胆质疑，发挥批判精神，多角度辩证看待问题，进而有效提升其批判性思维品质。

（三）提升学生语文阅读思维的深刻性品质

语文阅读教学思维的深刻性品质通常指在阅读教学活动中所表现出来的抽象及逻辑思维的深度、厚度和力度，即对文本解读的深入性等。它是言语思维对阅读材料感性认识的抽象与概括，揭示文章本质内涵及规律性的思维特质。阅读教学中，教师要善于激发学生的求知欲，学生"一旦有了求知的渴望，心灵就会有所作为"。② 因此，教师就应努力创造条件激发学生的学习

---

① 朱绍禹：《中学语文教学法》，高等教育出版社，1988，第16页。
② 杜威：《我们怎样思维：经验与教育》，姜文闵译，人民教育出版社，1991，第219页。

兴趣，唤醒他们内心深处渴求探究知识的美好愿望，培养阅读思维的积极性和主动性，勤于思而善于括，引导学生与文本进行深入对话，探析并发掘课文字里行间所透露的深刻道理，极力涵养语文阅读思维品性，提升其深刻性品质。比如，教学鲁迅的《祝福》时，可启迪学生阅读思考：这篇文章叙写的是祥林嫂的悲惨故事，可作者为何要以"祝福"为题？引导学生走进文本，有学生思考：祥林嫂为何被逼上死路？有学生想：她到底死于何故？又死于何时？还有学生追问：她的悲惨命运反映了什么？揭露了什么？控诉了什么？对我们有什么启示？等等。由此将学生的阅读思维逐步引向深入，进而明白：以"祝福"为题，一方面暗示了故事发生的时间及背景；另一方面与祥林嫂的悲剧形象形成鲜明对比；尤其重要的是为了烘托和体现主人公悲天悯人的悲惨命运而深刻揭露和批判封建礼教、封建思想对下层人民的毒害；同时，也表达了作者的深切同情之心。"祝福"一词，看似平淡而意味深长，教师可正确引导学生深入解读而提升其阅读思维的深刻性品质。尤其是在核心素养视域下，激励学生深入挖掘文本内涵，透析课文要旨，不断锤炼他们的语文思维，方可着力提升其阅读思维的深刻性品质。

（四）提升学生语文阅读思维的灵活性品质

思维的灵活性即指在整个思维活动过程中的灵活性程度。美国著名心理学家吉尔福特认为发散思维的训练其实就是思维的灵活性培养。可见，要提升思维的灵活性，亟须从不同视角、各个方向、多个侧面进行综合分析与思考而解决问题，做到举一反三而运用自如。这不仅一方面反映思维起点的灵活性；另一方面也反映思维过程的灵活性；同时还反映思维结果的灵活性等，即充分凸显智力活动的灵活程度。[①] 通常经过分析、综合、概括、再分析、再综合、再概括的灵活思维过程而得出合理且科学的结论，具有较强的迁移力、灵活力和张力。在语文阅读教学中，教师要恰当运用思维的灵活性进行文本解读，有意识地设疑或创设悬念，引领学生充分发挥丰富的联想与想象，启迪学生开展逆向、发散和求异思维训练，促使他们全方位、多角度、广延伸地去分析、思考和解决语文问题，进而提升其思维的灵活性品质。如解读鲁迅先生《社戏》："真的，一直到现在，我实在再没有吃到那夜似的好豆，也不再看到那夜似的好戏了。"教师可这样设疑：在课文的结尾处作者为什么要

[①] 林崇德：《学习与发展》，北京师范大学出版社，1999，第257页。

这样说？启发学生联系文本发挥想象，从不同的方面和角度展开思维，有学生说：这是对作者美好童年生活的反映；有的学生说：这是作者对天真、自由、快乐的童年美好生活的回忆。此时，教师就应继续启发诱导学生：这句话除了这些，你们还想到了什么？于是，学生发挥联想积极思维，有学生说：这是对作者人生理想的表达；有学生说：这是作者对人生境界的渴望；还有学生说：这是作者对美好未来的憧憬……构建了富有论辩性和灵活性的语文阅读范式，从而使学生语文阅读思维的灵活性品质得以稳步提升。

（五）提升学生语文阅读思维的敏捷性品质

"敏捷性是其他一切思维品质的集中表现"，[①] 思维的敏捷性即指思维活动过程中速度的迅速准确和果断敏锐。在阅读教学中，教师可诱引学生积极思维，对文本内容进行周密思考并做出正确而迅速的判断和结论。尤其要对学生强化速读训练，提高速读基本能力，这对培养和提升学生思维的敏捷性品质极有帮助。如在教学中要求学生在有限的时间范围之内完成某一阅读任务，并获得对相关阅读内容的领悟和把握。要培养学生快速阅读、快速释词、快速背诵、快速默写、快速解答的良好阅读习惯，提高其快速筛选整合文本信息及提炼文章意旨，快速灵敏反应解决问题的基本能力。如可采用快速扫描、快速跳读、快速浏览、快速赏读等阅读方法高效获取文本关键信息，并通过视觉、听觉等感官做出迅速反应而果断归纳、快速判断而概括主题。语文阅读教学中，教师可有效设计利于训练学生思维敏捷的短时提问增强其紧迫感，提高阅读效率而培养其敏捷性，比如《雨巷》中描写了很多意象来表达题旨，教师可把思维训练的重点放在"丁香"上："诗中以'雨巷'为题，却着力描写'丁香'有何意蕴？"由此可激发学生快速扫描全文，迅速把握"丁香"在文中的象征意味而解惑。教学中若精巧设计问题并恰当运用快速阅读法对文本进行解读，促进学生积极思考、准确推断而迅速作结，定能有效提升其阅读思维的敏捷性品质。此外，教师在教学中还应有意加快阅读教学节奏，适当扩大课堂信息量和练习量，循序渐进地促使学生养成快捷思维的良好习惯，如快速赏析、快速明义、快速审美、快速仿写等，经过这样的长期训练，学生阅读思维的敏捷性品质定然提升。

（六）提升学生语文阅读思维的独创性品质

思维的独创性指的是思维活动所具有的独特性和创新性。关于思维的独

---

① 杨清：《心理学概论》，吉林人民出版社，1987，第68页。

创性，不仅需要具备较高的敏锐洞察力，而且还要有联想想象力、积极求异力以及新奇的表达力等。澳大利亚母语核心素养框架中，也渗透了对学生阅读思维的创造性品质培养要求。① 在语文阅读实践中，除善于启迪学生发现问题、提出问题、分析问题、思考问题之外，更重要的是有目的、有计划地鼓励学生创造性地解决实际问题。语文阅读思维的独创性得益于学生充分发挥自身的主观能动性对语文阅读文本进行高度概括、精心提炼、有效迁移、创新重组、独特解析和意义建构，凸显新异的阅读视角和思维逻辑。语文阅读教学中，教师要善于激励学生多角度而有开放性、创意性地阅读领悟文本，要能充分利用课文的艺术空白、召唤结构和期待视野进行思辨性阅读，在反思中批判，在批判中创新，极力拓展学生的阅读思维空间，提升其思维的独创性品质。如阅读戴望舒的《雨巷》时，有学生对文中描写丁香姑娘的一段话提出疑问。文中写道："我希望逢着／一个丁香一样的／结着愁怨的姑娘。"通过教师启发和鼓励，学生大胆提问：为什么诗人不希望逢着一个快乐热情的姑娘？于是教师激活学生思维并联系文本剖析，"丁香"是美丽高洁的象征，是诗人对美好理想的憧憬，这其实就是诗人陷入人生苦闷时对美好幸福生活的追求。这种求异创新思维方式的探究性阅读其实就是一种创造性阅读思维品质训练的体现。教学中，我们只要善于引领学生进行多层次、多侧面、有创意的积极思维，其语文阅读思维的独创性品质就将会有效提升。诚然，基于"核心素养"视域，在语文阅读教学中，还可抓住文本的精彩片段让学生进行表演或仿写，将学生已有的知识进行整合并纳入该文本解读的视野之中，开启阅读心智，进而升华其语文阅读思维的独创性品质。

三、总结

思维品质的提升是培养学生语文核心素养的关键环节，语文核心素养是阅读教学的理论根基，语文阅读教学应在核心素养的引领下展开，通过阅读教学实践，不断发展学生的多种思维能力，提升其阅读思维品质。学生语文阅读思维品质的有效提高，需要教师在语文阅读教学中正确激活其阅读思维，培养其阅读品位，厚植其阅读素养。通过课堂教学灵活而科学地培育学生的语文阅读思维能力，从而使其语文阅读思维品质的全面提升。

---

① 刘晶晶：《澳大利亚基础教育国家学业质量标准评述》，《教育科学》2014年第6期。

发展与提升学生语文思维能力的策略研究

新课标明确要求在学生的语文学习过程中,要注重发展学生的各种思维,提高其思维品质,进而升华其语文思维能力。然而,学生语文思维能力的提升取决于教师在课堂教学全过程对学生语文思维的有效训练,它是实现语文教学目标的重要因子,是透射语文教学本质、揭示语文文本底色、全面培养学生语文核心素养、语文综合水准和良好的语文思维能力的基点。因而,应积极倡导教师在语文教学中充分运用各种思维方式进行教学,不断培养学生的语文思维、语文素养和语文能力,发展和提升其语文思维能力。

学生语文思维能力的提升,需要植根于语文新课标、新教材、新课程和新教学的基本理论或理念,并在语文教学实践中得以真正培育与涵养。

一、发展与提升学生语文思维能力的意义

(一)国内外发展与提升学生语文思维能力的学术背景

语文思维能力不是语文学习策略,亦不等同于语文思想方法。语文思维能力是建立在语文学习策略的基础之上的,是我们在语文教学和语文学习中追求的一种更加符合教学规律、认知规律的思维方式。语文思维能力的提高过程是一个思维活动的过程,符合语文教学规律的思维也应该是符合语文学习规律的思维。语文思维能力关系着语文学习思维,语文思维能力必然反映出学生的语文学习思维和学习规律,语文教学中理应研究学生的语文思维规律,洞察其语文思维能力之品性。

从思维学的角度看,学生的语文思维能力,即指学生在语文学习过程中所表现出来的语文思维模式及其特点,其语文思维的形式、结构、规律及思维的认知加工方式具体用来指导学生学习和研究语文学科领域的识字写字、

阅读写作、口语交际、语文综合性学习实践活动等所涉及的思维问题，并通过教学使学生的语文思维能力得到发展，思维品质得到提升。诚然，语文教学中，教师应树立传授知识、形成习惯和培养能力的教学观，做到传授语文知识和培养语文能力二者兼顾，尤其是注重培养学生良好的语文学习习惯和思维品质，进而科学发展和有效提升学生的语文思维能力。

国外中小学语言文字思维能力的研究与发展对我国学生语文思维能力的培养与提升具有一定的启迪意义。近几年来，美国教育界掀起了声势浩大的学生思维能力研究热，对美国中小学教育的影响极其深远，大批的教育家、心理学家及哲学家投入学生思维能力研究的洪流中，成果斐然。我国的中小学生语文思维能力的发展与提升也成为语文教育教学工作的关键一环，已引起了语文界同仁的普遍重视。譬如：我国当代语文教育专家刘永康先生著的《语文思维教学研究》（广西师范大学出版社，2017年10月）、黄亮生先生著的《中学语文思维培育导引》（厦门大学出版社，2012年3月）、彭华生先生著的《语文教学思维论》（广西教育出版社，1996年12月）等一些语文教育教学思维专著先后问世，标志着语文界专家们对学生语文思维能力的发展与提升从理论学科体系的层面已建构和关注。著名台湾学者林雪玲进行了以"启发诗性思维"为导向的新诗教学设计及其实作成果分析[①]的研究；山东师范大学的潘庆玉先生从语文教育哲学思维的角度呼吁"汉语文教育应在尊重传统语文教育诗性思维特征的基础上开创理性思维发展的空间和渠道等，让学生获得健全的思维训练和心智发展"，[②]揭示了语文教学的主体思维类型和思维方式，尤其是对学生语文创新思维能力、模糊思维能力的培养进行了探究，为发展和提升学生的语文思维能力奠定基石。

（二）发展与提升学生语文思维能力的意义

语文思维能力既是语言学习能力，又是思维发展水平的综合反映。学生的语文思维能力，应全面体现在语言、思维、审美、文化教育的语文学科核心素养之上，应以提升学生的语文能力为宗旨。语文文本具有极强的教育资源，它的内涵丰富多彩，每篇课文所涉及的学生语文思维能力训练点也是多方面的。语文教学中的识记、理解、应用与创新，其实本质就是促进学生在识记与理解、分析与综合、鉴赏与评价、表达与运用中发展与提升其语文思

[①] 陈玉秋：《浸润式高中语文同课异构设计》，广西师范大学出版社，2007，第9页。
[②] 潘庆玉：《语文教育哲学导论》，教育科学出版社，2009，第70页。

维能力。可见，所有这些，没有哪一项能离开学生语文思维能力的参与。语文教学的听说读写活动均是思维的表达与应用活动，学生语文思维能力的升华又反作用于语文学习和语文运用。语文思维能力所具有的逻辑性、严密性、发散性、广阔性、独特性、批判性、深刻性等都会影响学生语文能力和语文核心素养的形成和提高。当下，一些中小学生的语文思维能力没有得到科学的培养或尚未落到实处，其表现为：一是指导学生语文思维能力发展与提升的理论较薄弱；二是针对学生的语文思维能力教学走偏了方向；三是学生的语文思维能力培养缺乏应有的高度。普通高中语文课程标准明确要求学生思维能力的提高与思维品质的发展应在语文学习过程中获得。无可厚非，如果学生没有科学的语文学习思维，加之缺乏有效的教学指导和理论引领，那么，学生的语文思维能力该如何发展与提升？这也许正是发展和提升学生语文思维能力的实质意义所在。

二、新课程对学生语文思维能力发展与提升的基本要求

（一）语文新课程的核心理念

新课程理念是新课程的灵魂，也是课程设计与实施的精神内涵。普通高中语文新课标强调："坚持立德树人，增强文化自信，充分发挥语文课程的育人功能；以核心素养为本，推进语文课程深层次的改革；加强实践性，促进学生语文学习方式的转变；注重时代性，构建开放、多样、有序的语文课程。"

1. 旨在提高学生的思想道德素质和科学文化素养，发展其语文思维能力

语文新课程透视出新的课程观、思维观、道德观、内容观、教师观、学生观、教学观、学习观、文化观以及评价观等。语文教育者必须弘扬语文新课程的道德观、文化观，注重培养学生良好的思想道德素质和科学文化素养，通过语文学科教育使学生不断提高自己的思想道德水平，领悟文化内涵，增强文化自信，学会用科学文化知识思考和解决生活实际问题，发展其语文思维能力。在语文教学中，教师尽可能借助文本素材创设学习情景并注重实验操作，充分利用语文课程的思想、文化元素，激发学生的学习兴趣和求知欲，巧妙地把语文科学文化知识与生活实际有机地结合起来，让学生在富有兴趣的学习氛围中获得真知，提升其语文思维能力。

2. 旨在以学生的发展为本，提升其语文思维能力

通过语文学科核心素养的教育，有效促进学生全面、和谐而有个性的发展。真正做到以人为本，以学生的全面发展为本，改变以教师为中心的语文课堂教学互动模式，建构师生互动、生生互动的多向与多边互动的立体结构，引领学生丰富语言知识，升华审美素养，涵养民族文化，进而有效提高学生的语文思维能力。

3. 旨在积极倡导探究性学习模式，发展和提升学生的语文思维能力

语文新课程要求语文教师须重视语文实践，并在教学中创设情景、合理引导、讲究方式、不断改革，积极培养学生的问题意识、创新理念，同时也要尊重学生的个性差异开发其潜能，以学生为主体鼓励他们善于探究问题，善于实践、张扬个性，进而提高学生的语文思维能力。

4. 旨在注重新课程与现实生活的联系，全面提升学生的语文思维能力

语文新课程要求以学生的经验和生活为核心，注重实践性、整体性、开放性、自主性和生成性，努力提高学生的学习效率。通过语文新课程内容的学习和学习方式的变革，使学生的语文素养和语文思维能力得到全面提升。同时也促进教师建构开放、自由、多样、全面、有序的语文课程体系，为进一步发展与提高学生的语文思维能力奠定基础。

（二）新课程对发展与提升学生语文思维能力的具体要求

1. 通过语文教学提升学生对语言和文学的直觉思维

从思维理论观之，直觉思维本质上就是直觉体验，艺术学把它叫作灵感，叫法有别，意义相当。所谓直觉思维，也就是无须经过分析步骤就能对问题答案做出迅速而合理的猜测、设想或突然领悟的思维判断。对语文教学而言，直觉思维其实就是我们所说的语感。在语文教学中，这种直觉思维其实就是教学语感的形成，主要靠教师引领学生熟读与背诵课文来解决。学生语文思维能力的发展应植根于语文教学的每一个环节，学生通过教师的正确引导走进文本、体验文本、感悟文本，就能有效升华其语言思维、文学思维和语文能力。

2. 灵活运用想象和联想培养学生对现实生活和文学形象的感悟与理解

"思理为妙，神与物游。"想象源于现实，它是思维主体运用已有的形象创造出新形象的过程，而联想是由一事物的形象或本质想到与之相关的另一事物的思维活动。语文教学中教师运用联想与想象的教学方法进行教学提升

其语文思维能力，实质上就是训练学生运用形象思维的认知加工方式解读文本而品赏形象。比如，教师教学杜甫的《登高》时，可采用联想与想象的教学方式促使学生口头或书面描述诗人登高所见秋江之景而漂泊无依、老病孤愁的动人情景。形象思维的运作机制是：无论创作还是鉴赏始终离不开形象，形象要借助想象与联想，而想象与联想要靠情感来推动。因此，形象、想象、联想、情感是形象思维的四大要素，也是形象思维的运作机制。语文教学中运用想象和联想的教学方法能培养学生的形象思维能力，进而培养学生感受和描写形象的能力、想象能力、联想能力和审美能力。比如，教学王维的《山居秋暝》时，教师可引领学生通过鉴赏诗中的意象、意境进而联想与想象其诗中有画、画中有诗的美景。在语文文学文本的解读中，教师要善于运用想象和联想的教学手段通过作品中的人物性格、人物对话、生活场景、心理刻画、细节描写等方面存在的艺术空白和未定点引领学生感受文学形象，理解文本内涵，提升其语文思维能力。比如，教学陶渊明《饮酒》诗中有"采菊东篱下，悠然见南山"句，教师可激发学生联系自己的生活体验充分发挥合理的想象和联想，运用第一人称的写法，将诗人所见南山之景加以拓展，描绘出与诗人超脱尘世，热爱自然的幽情相融合的美景来。（60字以内）诸如此类的教学案例，教师可灵活运用联想与想象的教学方式进行教学，既培养了学生对社会现实生活的深刻了解，又加深了学生对文本中文学形象的感受与体悟，同时也有利于学生语文思维能力的发展与提升。

3. 充分运用思维品质进行教学，提高学生的语言思维运用能力

思维品质指的是思维的独创性、深刻性、敏捷性、灵活性、批判性等。教学任何一门学科知识在学习活动中都要共同发展和提升其思维能力。比如思维的独创性也就是创新思维，创新思维就是提出新问题、解决新问题、开拓人类认识新领域的思维。科学的进步、社会的发展，有赖于开拓创新，思维的独创性正是适应于这一要求。思维的独创性表现在工作、学习、生活中，敢想前人之所未想，敢发前人之所未发。善于发现别人发现不了的问题，善于创造性地提出问题、分析问题、解决问题。独创性来源于对知识、经验、思维材料进行新颖的组合分析，找出新异的层次和交结点。概括性越高、知识系统性越强、伸缩性越大、迁移性越灵活、注意力越集中、其独创性就越突出。通常认为思维的深刻性即指思维反映和把握问题的深刻程度，其思维过程是在感性认识的基础上去粗取精、去伪存真、由此及彼、由表及里、透

过事物的现象把握事物的内在联系和本质特征，认识事物的基本规律，预见事物的发展进程。在智力活动中，要具有思维的深刻性就必须遵循逻辑规律，做到概念明确、判断准确、推理符合规则，要具备分析与比较、综合与归纳、概括与抽象的能力。而思维的敏捷性，指的是思维活动的速度和效率。凭借思维的敏捷性，针对所面临的种种问题，能够积极地思考、缜密地分析、准确地判断、迅速地得出结论，及时而有效地采取对策。思维的敏捷性与注意力、观察力、记忆力、理解力、想象与联想力关系至切。训练思维的敏捷性，就要与训练注意力、观察力、记忆力、理解力、想象与联想力同步进行。思维的灵活性，表现在思维善于发散，能够从不同的角度和方向去思考问题。能够从孤立、线状、静态向综合、立体、动态转变趋向。它含有多个思维指向、多个思维起点、多种逻辑规则、多种解决问题的方式、产生出多种合理的结论。思维的灵活性还表现在善于形成智力迁移，注意发现新旧知识之间的内在联系、找准新旧知识的结合点，运用迁移和渗透的规律，从旧知导出新知。发散思维是创新思维的主要结构成分。教师在新课程的文本鉴赏教学中若能充分运用这种思维特性进行教学，就能引导学生创设问题情景而进行二度创作，从课文中寻找能唤起学生发散思维的着眼点，进而激活学生思维，提高其语言思维运用能力等。思维的批判性，是指思维拓展时对已有的知识经验、方式方法能根据新发现的事实做出评价，肯定正确，纠正谬误。思维的批判性是对思维定式的突破与超越，它反对循规蹈矩、人云亦云，不迷信书本，敢于挑战权威。思维的批判品质来源于对思维各个环节、各个方面进行调整、校正的自我意识，具有分析性、策略性、全面性、独立性和正确性等特点。批判性能使人类对思维本身作自我认识。它帮助人类既认识客体，又认识主体，在改造客观世界的同时，也能改造主观世界。语文教学中，若能充分运用这些思维品质进行教学，定能提高学生的语言思维运用能力。

三、发展与提升学生语文思维能力的有效策略

高中语文新课标强调："思维发展与提升是指学生在语文学习过程中，通过语言运用，获得直觉思维、形象思维、逻辑思维、辩证思维和创造思维的发展，促进深刻性、敏捷性、灵活性、批判性和独创性等思维品质的提升。"在语文教学中，教师要善于灵活运用各种思维方式进行教学，才能有效发展和提升学生的语文思维能力。

(一) 教师要善于运用形象思维进行教学

所谓形象思维,是指思维主体结合自己的主观认识和情感因素,在感受研究对象的形象信息基础上,借助对研究对象相关的形象信息进行分析、综合、比较、抽象、概括、想象、联想等认知加工方式,对研究对象的本质和规律进行审美判断或科学判断的思维。形象思维的细胞是"形象",但已经不是具体事物的形象,是从具体事物中抽取出来的典型形象。语文教学中,教师无论是进行阅读教学还是写作教学,授课时都离不开运用形象思维进行教学,培养学生的形象思维能力。新课标中课程目标的第四项指出:"增强形象思维能力。获得语言和文学形象的直觉体验;在阅读与鉴赏、表达与交流、梳理与探究活动中运用联想和想象,丰富自己对现实生活和文学形象的感受与理解,丰富自己的经验与语言表达。"因此,教师在语文教学中要能灵活运用形象思维的特点培养学生感受和描写形象的能力、想象能力、联想能力及审美能力等。语文文本中诗文的形象主要指文学作品中的语言形象,即以语言为手段而形成的文学形象,是作者的美学观念在诗文中的创造性体现。形象的具体因素包括环境、人物、场面、情节等,富含"指事造形,穷情写物,最为详切"之形象性思维特征。教师可运用形象思维的第一要素是"形象",训练学生的形象思维,引导学生从诗文的阅读中去感受形象,从诗文的习作中去再造或创造形象,从而发展其语文思维能力。譬如:《罗密欧与朱丽叶》中朱丽叶见罗密欧已真正死去,请你通过想象把朱丽叶此时此刻的心理活动刻画出来。(60字以内)教师可运用形象思维方式进行教学设计:或营造动情的氛围和环境,或从感情表达中领悟朗读语气,或挖掘语言文字背后隐含的意境,或借历史文化景象领会文情,或从句子组合规律中洞见情愫意绪……这样既能有效训练学生对文本形象的感受力、描写力、联想力、想象力及审美力,又能提升学生的语文思维能力。

(二) 教师要善于运用抽象思维进行教学

所谓抽象思维,就是凭借概念、判断、推理的形式来认识事物的本质特性和内在联系,这种思维就是抽象思维。[①] 概念是这类思维的支柱,能够反映事物的本质属性,所以运用概念进行判断,通过判断进行推理的抽象思维是人类思维的核心形态。首先,教师要善于使用概念的思维形式进行教学。如:

---

① 刘永康:《语文创新教育研究》,四川大学出版社,2000,第182页。

对字词含义的解读要借助语言环境概念；对人物形象的分析要借助语言描写概念；对文本旨意的概括要借助全文的概念；对文章表现手法的赏析要借助语言特色、句式结构和修辞手段等概念。其次，教师要善于使用判断的思维形式进行教学。判断是抽象思维的另一种形式，它是在概念基础上进行的。概念揭示了事物的本质属性，而判断则是对事物是否具有某种属性进行认定。因此，教师在教学中要善于运用判断的思维形式设计教学，培养学生判断力。最后，教师要善于使用推理的思维形式进行教学。推理就是从一个或几个已知判断中推出一个新判断的思维形式。语文教学中，教师要注重培养学生对基本的语言现象和文学形象的归纳、概括、分析能力。教师可使用推理的思维方式进行教学设计，提升学生的语文思维能力。如教学《爱莲说》中"菊之爱，陶后鲜有闻。莲之爱，同予者何人？牡丹之爱，宜乎众矣"的"之"都是对宾语作称代复指，可翻译为爱菊、爱莲、爱牡丹。学生一旦掌握了用"之"字前置宾语的句式特点，当出现"马之千里者""何陋之有"等结构相同或相似的句子时，就能凭借已学知识去正确识别、判断和准确翻译，这就是举一反三的演绎推理，教师运用这样的思维方式进行语文教学，其思维能力的发展与提升显然事半而功倍。

（三）教师要善于运用逻辑思维进行教学

人类对事物要进行科学的思维和论证，必须正确地运用逻辑形式进行思维。新课标中课程目标的第五项认为："发展逻辑思维。能够辨识、分析、比较、归纳、和概括基本的语言现象和文学现象，并能有理有据地表达自己的观点和阐述自己的发现；运用基本的语言规律和逻辑规则，判别语言运用的正误，准确、生动、有逻辑地表达自己的认识；运用批评性思维审视语言文字作品，探究和发现语言现象和文学现象，形成自己对语言和文学的认识。"这里所说的逻辑规则就是逻辑规律。语言规律和逻辑规则从本质上讲是一回事，逻辑规则是思维的内核，语言则是思维的外壳。语文教学中，如果教师能恰当运用逻辑思维进行教学，就能有效培养学生的语言逻辑思维能力。例如，教师可以设计这样的训练题：有人挤公交车，别人批评他："不要挤嘛，讲一点社会公德！"他嬉皮笑脸地说："我这是发扬雷锋的钉子精神，一要有钻劲，二要有挤劲。"请你用简明得体的语言进行反驳。这道题就是训练学生准确运用概念的逻辑思维能力，核心是对"钉子精神"的理解。雷锋挤的是时间、钻的是技术，为的是大家，这才是雷锋精神的真谛，而那个狡辩的人挤的是车子、钻的是空子，为的是自己。在语言上犯的是偷换概念的错误。教师在教学中要善于运用基本的语言规律和逻辑规则，有目的、有计划、有步骤地训练学生判别语言运用的正误及准确、生动、有逻辑地表达自己认识的思维能力。由此，既能培养学生理解语言和应用语言的论证能力，又能提高学生语言表达的反驳水平，升华学生的逻辑思维能力，进而发展和提升学生的语文思维能力。

（四）教师要善于运用辩证思维进行教学

所谓辩证思维，就是"将辩证法特别是唯物辩证法运用于思维过程和思维方式的一种总体性的思维方式"。① 从中我们可以看出辩证思维的指导思想就是辩证法特别是唯物辩证法。但作为思维的形态，辩证思维又属于抽象思维范畴，辩证思维是抽象思维发展的高级阶段，是对客观事物的本质联系的对立统一反映。它要求透过事物现象揭示其本质，用发展而全面的观点看待问题，并注意矛盾的两面性。在中学语文教学中，教师要善于运用辩证思维方式设计教学，例如有学生认为：庄子《逍遥游》中的"小大之辩"，"小年不及大年"，"小知不及大知"，完全是为了推崇"大"而贬斥"小"。因为庄子在文中极力描写和歌咏鲲鹏，并以鲲鹏奋飞之壮象征自己的远大抱负和崇高理想，其目的在于表达自己居高临下而超凡脱俗的豪情壮志。"大鹏"高大雄伟意在抒写自己形象伟岸，无人可比；而对蜩鸠的贬斥则表现庄子傲慢气扬不与人和的性格特点。诚然，文中对鲲鹏形象的描绘与刻画，从一个侧面反映出作者将自己的愿望和志向寄托于鲲鹏之上。鲲鹏意象志向高远、充满希望而象征力量，境界极高。但因此就把庄子看成是崇大斥小、清高傲慢、居高临下而不与人和之者，显然是极端片面的看问题。事实上，综观全文意旨，作者虽描写大鹏神奇不凡，形象高伟，但毕竟凭借"海运"才能飞到万米高空。它是"有所待"的，是不可能摆脱外物之束缚的。庄子的"大"与"小"并非事物外形之大小，而是人的眼界、境界之大小。庄子要表达的是对绝对精神自由的追求。大鹏既然有所待，显然不是庄子完全肯定的一个形象。在庄子思想中，大小、寿命长短都是相对而言的，没有绝对的大，也没有绝对的小。联系庄子所处时代的困境，雄伟的大鹏形象只不过是他欲飞的理想和无法超越的悲哀之体现罢了。教学中，教师就应这样引导学生用全面的观

---

① 冯国瑞：《辩证思维及其当代意义》，《北京行政学院学报》2010 年第 5 期。

点看问题，用一分为二的思想方法去分析人物形象，发掘主题思想。教师只要善于运用辩证思维方式进行教学，就能有效培养学生的辩证思维能力，提高其思想认识水平，发展其语文思维能力。

(五) 教师要善于运用创新思维进行教学

创新思维就是提出新问题、解决新问题、开拓认识新领域的思维。它具有独立性、联动性、多向性、跨越性、综合性特点。① 语文教学中，教师要善于运用创新思维的教学理念开展教学活动，进行教学设计。要营造民主和谐的创新教学氛围，反对非科学化的教学预设，不能搞无原则的标新立异式的教学模式，要立足于从发散思维到聚合思维设计教学过程，培养学生的创新思维能力。发散思维是瞄准一个目标，沿着不同路径寻求解决问题的多种方案的思维模式。在语文教学中，关于文学文本鉴赏中的多元解读，或作文时一个命题的多种立意，都是发散思维的具体运用。教师可运用发散的教学思维就一个问题做多角度、多层面、多方向的教学思考，在众多的角度、层面、方向中，寻求创新的元素，培养学生创新思维能力。而聚合思维是把问题所提供的诸多信息汇总起来，通过综合、比较、分析、鉴别，得出一个正确的结论或最佳的方案来的思维方式。比如，同一道作文题，有多种立意，教师可指导学生从中选择一种最好的立意……这就是聚合思维的运用。聚合思维总是在发散思维基础上进行的，无发散就无聚合。语文教学中，教师要善于诱引学生从发散到聚合正确解读文本，科学训练写作，培养学生的创新思维能力和语文核心素养，全面发展与升华学生的语文思维能力。

四、总结

综上所述，在语文教学中，教师要善于灵活运用各种思维方式引领学生在语文学习过程中获得诸方面的思维训练、思维发展和思维品质提升。由此，我们须在洞彻发展与提升学生的语文思维能力的意义之基础上，紧密联系新课程、新课标对学生语文思维能力发展与提升的基本要求和核心理念，积极鼓励教师在语文教学中充分利用各种思维方式进行教学，方可有效发展和提升学生的语文思维能力。

---

① 刘永康：《语文创新教育研究》，四川大学出版社，2000，第 146—148 页。

高中语文教学中创新思维的培养

高中语文教学的过程是一个培养学生思维能力和思维品质的过程，但在所有的思维培养中，创新思维的培养尤为重要。无论是语文文本的解读、教学体系的建构、教学过程的设计、教学效果的评价与反思等，都需要融入创新思维的基本元素与理念加以训练学生的语文创新思维能力及其品质。

社会的长远发展要从教育抓起，语文作为基础学科，创新思维的培养能有效提升学生的综合素质。新时代的发展，需要创新型人才的努力，创新型人才的培养，需要教师的努力。因此，教师需不断提升自身教学水平，运用多种方式训练学生的创新思维。同时，教师进行教学时，要注意因地制宜、因材施教。

一、创新思维的内涵

创新就是打破传统，改进或者创造新的事物。创新思维是拒绝迷信、逾越陈规，从不同角度思考问题的思维模式。在西方，杜威是第一个把创造教育视为现代教育思想的人，他在《民主主义与教育》中提出自由是创造思维的核心。所谓的自由就是理智上的发明潜能，察看的独立性，理智的创造、后果的预见性以及顺应结果的灵活性。在中国，刘道玉在《创造教育新论》中提出创造思维能力既不有赖于知识的多少与天赋的好坏，更不是仅凭努力工作就可获得。对创造力的培养起到关键作用的创造性思维是由一定条件下的心理冲动激发出来的。① 心理学界对人类思维活动的研讨得出这样的结论：人的思维活动遵循一定的规律，人的思维能力能够被培养和开发。学生要想学会学习、学会生存，是万万离不开思维的，并且要学会创新思维，这才是

---

① 刘道玉：《创造教育新论》，武汉大学出版社，2009，第16页。

最关键、最重要的。① 语文教学中的创新思维培养就是打破师生原有的思维定式，通过语文教学活动，让师生的思维方式都具备一定的创造性，让教师学会不断创造新颖的教学方法，让学生学会运用创新方法，提高学习效率。

二、培养创新思维的可行性

创新一直占据着重要地位。习近平强调创新是引领发展的第一动力。惟创新者进，惟创新者强，惟创新者胜。② 可见，国家人才的培养和时代的发展，都要求培养学生的创新思维。

（一）语文教学现状分析

熊斌说：现今，我国高中语文教育主要为高考而服务。教学内容以高考《考试大纲》为指导，老师的教学只重视高考的内容和形式，常常剥夺学生的话语权，而且忽略学生独特的情感体验。这样的教学容易忽视语文课堂中学生分析能力的培养，极易扼杀学生的创新思维和创新能力。③ 传统的语文教学环境下，一些老师的教学方法过于单调，教学观念也缺乏一定的创新意识。同时，在单一的考试制度评判标准下，大多数学生都以分数论英雄，他们的思维都被禁锢在呆板的试题当中。当然，也有相当一部分老师积极推行创新教学模式，但最后的结果大多不尽如人意，主要是因为教师在实践创新教学的过程中，缺乏科学创新思维的理论引导和支持。

（二）培养创新思维的重要性

创新作为一个民族进步的灵魂，同时也是国家兴旺发达的重要动力。当今社会，创新已成为网络热词。无论是个人成长，还是国家发展，创新都起着重要作用。就社会的长远发展来看，投资教育就是投资人们的未来。教育创新是社会发展的根本，因此，要让民族焕发创新活力，就要从教育抓起。胡映清提出：创新思维训练是创新教育的主要内容。创新教育与传统教育的区别：传统教育的目标是让学生学会积累知识，创新教育的目标是培养和开发学生的创新思维能力；传统教学注重让学生在已有的知识范围内进行思维活动，创新教学注重教会学生探求知识的本领，而且授给学生创新的方法；接受传统教育的学生，只具备相应的模仿能力和解决同类问题的能力，而接

---

① 徐茉：《语文教学培养学生创新思维的探讨》，渤海大学，2014，第25页。
② 姜华有：《习近平创新思维研究》，《中共浙江省委党校学报》2017年第6期。
③ 熊斌：《浅谈高中语文教学中学生创新思维的培养》，《赤子（上中旬）》2015年第21期。

受创新教学的学生,具备超越现有知识范畴,创造性地解决实际问题的能力。在高中语文教学中,训练学生的创新思维,是实现创新教育的关键所在和有效途径。① 语文学科是中学必修课程之一,高中语文教学中创新思维的培育,对学生本身综合素质的提高意义重大。语文作为高考的必考科目之一,也是初中和小学教学方向的引路者。如果高中语文的教育方针能够重视培养学生的创新意识,初中和小学的语文教学也会跟随着高中语文的教学改革而改革。同时,高中语文作为三大主科之一,其创新思维的培养也有助于学生在其他的学科学习能力的提升。如果学生从小就能接受创新思维的训练,学习激情也会大大提升。

三、培养创新思维的教学策略

(一)提升语文教师的创新水平

要想训练学生的创新思维,激发学生的创新动力,语文教师首先要改变自己陈旧的教学观念,让自身成为一个创造者。于桂俊提出:观念是教育改革的首要问题,只有高中语文教师改变教育观念,与学生建立一种民主、平等、和谐的师生关系,使学生能够积极主动地学习,才能够培养学生的创新思维。在课堂上,教师要以学生为主体,要努力营造轻松愉快的课堂氛围,充分调动学生学习的积极性与主动性,使学生在一种无拘无束的气氛中进行自主学习。② 因此,创新教学要从教师抓起,语文教师自身要先学会创新,才能教会学生创新。语文教师可以通过多种形式训练自己的思维,如:通过写文章提升自己的写作能力,通过参加文体活动开发自己的右脑,通过旅游增长自己的见识等。

(二)运用多种教学方法

1. 适当设计课堂问题

语文新课标明确提出:"教育要注重培养学生的创新意识和实践能力,尤其要注重激发学生的好奇心、求知欲,发展学生的思维,培养学生的想象力,提高学生发现、分析和解决问题的能力,以及语文的综合应用能力。"③

---

①胡映清:《如何在高中语文教学中培养学生的创新思维》,《中国校外教育》2013年第2期。
②于桂俊:《浅议高中语文教学中学生创新思维的培养》,《教育教学论坛》2012年第33期。
③王远礼:《激发想象力提高创新力——浅析语文教学过程中如何培养学生的想象力》,《中华活页文选》2011第5期。

(1) 以问促思

在上课过程中，语文教师要记得把课堂交给学生，让学生做课堂的小主人，鼓励学生有疑必问、有言必发；让学生在融洽的师生关系中主动参与课堂学习；师生一起学习，研究问题，让学生从不同的角度甚至从相反方向去寻找问题的答案，激活学生的思考力，培养学生的创新能力。在教学过程中，问题意识的培育是培养学生创造性思想的前提和重点。近年来，翻转课堂备受关注，突出学生主体地位的教学方式得到许多教师的好评。彭婷提出：翻转课堂这一教学模式翻转了教育理念、课堂时空、教学结构和师生关系，为我国中学语文教学改革提供了新方向和新思路。[1]

(2) 一问多答

教学过程就是教师传播教育理念和学生学习并接受知识的过程。课堂上，教师要经常与学生互动，学生的学习热情才能充分被挖掘出来。提问就是一个很好的互动方法，在此过程中，不同学生会有不同观点。当一些同学发言后，没有思路的同学可能会因为听了别人的见解，迸发出自己的思考火花。同时，教师在引导学生从不同角度回答问题的过程中，自身也在不断更新思维方式。所以，提问是培养创新意识的有效措施。例如：许多教师在《大堰河我的保姆》教学中，常常把它当成简单的诗歌分析，主要关注诗歌的意象，让学生理解诗歌的主要思想。但是，对诗歌的表现手法分析不够透彻，这就不能引导学生深入理解文本。教师可以在教学过程中提问：大家觉得这篇诗歌中所运用的修辞手法都恰当吗？有的学生认可课文所运用的修辞手法，有的学生则认为多次的反复和排比修辞手法的运用，略显繁重。由此可见，不同读者会有不同见解。同时，教师在课堂上可以设计很多的设问环节。设问能够激发胆小的学生去思考问题。当教师提出问题后，所给的参考答案思路比较新颖或者教师的语言音调比较幽默，可以帮助活跃课堂气氛。例如：在《师说》的教学中，教师可以问：为什么士大夫们的智慧会比不上巫医乐师百工之人？当学生异口同声地回答时，教师也一边把答案说出来。当怕答错而不敢大声回答的学生听到老师的答案跟自己的相似时，会增加其学习语文的兴趣和信心。

2. 合理运用多媒体技术

互联网时代的到来，让信息传播速度不断加快。语文学科教学的文字量

---

[1] 彭婷：《中学语文翻转课堂教学模式探究》，《教学与管理》2015年第24期。

较大，正当利用多媒体技术，能够有效辅助教学。多媒体教学能够有效激起学生兴趣，扩充学习内容，创设教学情境，有利于语文课堂教学质量的提升。

教学工具的创新有利于激发学生的创新意识。教师可以在课堂上播放与教学内容有关的音频、图片等文件，用图文并茂的方式，帮助学生更加直观且深入地理解课文。初中生正处于青春期，对很多新鲜事物都好奇，用课件上课，学生会更加感兴趣。高中生在高考的压力下，能够通过多种形式学习，无疑可以给自己减压。

例如：在《包身工》这一课的教学中，教师可以先给学生展示一些工厂员工的工作照，然后播放一则我国广东地区工厂人员打工的新闻，让学生思考：是什么造就了农民工背井离乡的现状？由此引导学生结合时代背景思考课文中的女工的工作和生活状况。给学生播放视频，使学生在繁重的文字学习中，灵活转换思维，更加亲密地接触真实事件。作为学生，要做到风声雨声读书声，声声入耳；家事国事天下事，事事关心。[1] 学生接触社会热点事件，就不至于两耳不闻窗外事。因此，科学运用互联网技术，开阔学生视野，有助于培育学生的创新意识。同时，教师可以合理运用多媒体进行板书设计。如《沁园春·长沙》第一段中第二层的文本理解可以用板书设计。

（万）山红（遍）

（层）林（尽）染

（漫）江碧（透）

（百）舸（争）流

鹰（击）长空

鱼（翔）潜底

创新思维的培养，有助于学生学会从多方面考虑问题。学生将所学到的创新思维学以致用，能帮助他们处理更多的生活实际问题。

3. 设计情境

《义务教育语文课程标准（2022年版）》指出：要注重培养学生的自主探究能力，激发学生的想象力和创造潜能，让学生在实践中学习和运用语文。角色表演集声、色、动作、表情、想象于一体，不仅能唤起学生的好奇心和学习热情，而且能激起丰富的联想、想象，产生神奇的角色效应。因此，语

---

[1] 刘旭东：《教育学生两耳关注窗外事》，《陕西教育》2004 年第 20 期。

文教学适时采用角色表演，以创设具体情境，放飞想象时空，活化语文教学。① 例如：教学《烛之武退秦师》，教师可以播放简短的动画片，然后安排学生给不同的角色配音，让单调的文言文教学焕发活力。饰演相应角色的学生会更加深入地理解台词，作为观众的学生通过观看配音表演，会对课文更加感兴趣。此外，可以让学生试着用方言翻译烛之武与秦军的对话，方言解读法可以调动学生的阅读兴趣，加深其对课文的记忆和理解。还可以将课文的主要事件变成连环画，更加形象地呈现给学生。同时可以对比学生之前学过的课文，引导其学习文言文中的实词和虚词。让学生在比较轻松愉悦的环境下学习文言文，能够较好地提升课堂效率。

4. 培养自学能力

中学生需要有一定的自学能力，创新思维的培养也是为了让学生更好地进行自学。创新思维能够帮助学生提升学习效率，帮助学生掌握更高效的学习方法，同时，他们也会通过总结经验，不断提升自学能力。在进行学生的创新思维培养时，必须给学生足够的空间进行独立学习。高中教师应该指导学生进行自学，鼓励学生尝试创新，让学生积极发现生活中的一些新鲜事物，根据所见所闻，大胆提出所感所想，让自己的创新能力在生活实际中得到体现。② 因此，教师要把一部分课堂时间交给学生，让学生自己消化知识。

（三）建立凸显知识实际运用的评价体系

《全日制义务教育语文课程标准（实验稿）》明确提出：着重培养学生的语文实践能力。③ 语文课程的实践性非常强，作为一门母语教育课程，学习资源和实践机会无处不在。因此，语文学科教学要立足于现实，要让学生更多地直接接触语文材料，在大量语文实践中掌握运用语文知识。

1. 评价主体多元化

传统教学的评价主体通常是教师，创新教学的评价主体不仅有教师，也有学生的同学、朋友、长辈等。创新教学的多元评价比传统教学的单一评价更加客观、理性，能够帮助学生更好地认识自我、提升自我。因此，语文教学评价应更多地运用多元评价体系。

---

① 郭学萍：《论想象力在语文教学中的培养》，《中国校外教育》2015年第2期。
② 葛海丽：《高中语文教学中学生的创新思维培养分析》，《才智》2015年第35期。
③ 林润之、刘永康：《语文思维教学研究》，广西师范大学出版社，2017，第58页。

2. 评价标准致用化

教学要注重培养学生学以致用的能力，学生不仅能够将所学知识用来解决学业，而且能够解决实际生活中的问题，这样的教学才是成功的。高中生学习的短期目标一般是应付考试，因此，语文学科的考试内容应该更多地体现生活性、实用性，让学生能够真正且快速地将知识运用到实际生活中，从而增强学习语文的兴趣。例如：应当在考试内容中适当增加应用文写作，减少偏僻难懂且与时代发展脱轨的考试内容。

（四）教学过程中应注意的问题

1. 考虑阶段性

随着年龄的增长、阅历的丰富、知识的积累、能力的提高，学生的思维会逐步由简单走向复杂、由低级走向高级、由单一走向综合、由幼稚走向成熟。高中阶段的学生心智比较成熟，教师需要对其思维进行全面训练。在此过程中，可以加入辩证思维训练的成分，让学生学会更加全面深入地剖析问题、处理问题。

2. 考虑不均衡性

我国经济发展不均衡，教育水平也存在着不均衡性。地处城镇等经济较发达地区的学校，教学设备比较完善，语文教师要充分利用互联网和图书馆资料获取信息，科学合理地利用互联网技术对学生进行创新思维的训练。地处偏远山区的学校，大多缺乏现代教学技术，教师应充分利用大自然方面的优势，通过山川河流、民情风俗、文物古迹、婚丧嫁娶等素材，对学生进行创新思维训练。

3. 避免表面化和形式化

在公开课、展示课、评优课中，语文教学策略容易变得形式化。在这些课上，语文教师迫于种种原因，在课堂上或多或少都会选用能体现学生自主学习的教学策略，但大多数教师只是追求策略表面的多样化。另外，由于学生学习强度大，教师教学负担重，教师急于在课堂上检查教学成果，也容易催生教学策略使用的形式化。[1] 如：有的教师在课堂教学中，让学生讨论问题，支持学生用喜欢的方式解读文本，看似具备一定的创新性，但若缺乏科学教学策略的引导，就容易误导学生。

---

[1] 王旭明、冯渊、龙祖胜，等：《中小学语文教学存在的主要问题及对策研究》，《语文建设》2014年第22期。

四、总结

创新是 21 世纪科学经济发展的重要标志,创新教育是素质教育的核心内容。创新教育的目标旨在培养学生的创新思考能力。培养学生的创新思维并非易事,需要教师的长久坚持和学生的主动配合。创新能有效地传授知识,可以衡量教师的教学质量。创新是发展的第一动力,教育创新有助于人才的培养和社会的发展。因此,语文教学中创新思维的培养非常有必要,而且要长久实施下去。

开而弗达：学生语文思维品质提升研究

学生语文思维品质的提升，需要执教者在具体的语文教育教学实践中不断设置语文问题、激活学生思维、启迪学生智慧、张扬学生个性、锤炼学生思考，才能达成学生语文思维的至高境界。

新课标中明确提出："语言文字运用和思维密切相关，语文教育必须同时促进学生思维能力的发展与思维品质的提升。"并将思维的发展与提升作为语文学科核心素养的重要内容之一。学生通过教师的启发诱导对语言文字的长期积累和不断学习，从中获得了基于生命个体的直觉性思维、形象性思维、聚合性思维、发散性思维、逻辑性思维、辩证性思维以及创造性思维的发展，同时也促进了学生思维的广阔性、批判性、深刻性、灵活性、敏捷性和创新性等思维品质的有效提升。

一、"开而弗达"的思维意蕴

《学记》言："君子之教，喻也。道而弗牵，强而弗抑，开而弗达。道而弗牵则和，强而弗抑则易，开而弗达则思。和易以思，可谓善喻矣。"这段话道出了：一个好的教学，不是教师直接向学生灌输书本知识，而是尽可能创设教学情境启发诱导，言在此而意在彼，让学生充分感知、领悟、发现、洞见，进而获得教师"举一"而学生"反三"或教师"举三"而学生"反一"的良好教学效果。这是对启发式教学的精辟阐述，意在要引导学生而不能牵着学生鼻子走，要严格要求和鼓励学生但不要让学生感到有压力，要善于开启学生的学习思维之门，而不能直接给出其现成答案。道而弗牵，旨在强调师生关系的融洽、和谐、亲切和协调；强而弗抑，意在指出学生在老师适当的严格要求下对学习内容或问题感到容易并能迎刃而解；开而弗达，则重在阐明学生须在教师的启发诱导下真正开动脑筋思考问题而解决疑难，富含启发式教学思想的精髓，即充分发挥教师的主导作用和诱导功能，彰显教师"传道、授业、解惑"的师者形象和主导地位。教学中的"开而弗达"，要求教师不能向学生硬塞所思问题结论，也不能替代学生下任何结论，更不能把话说得太明、太满、太深、太透，要给学生留下思考的余地和空间，才能促使其产生新的思想、新的观点、新的见解、新的思维。"开而弗达"的教学思想正是教师在教学中的主导地位和启发性特征所蕴含的思维特质。

二、"开而弗达"的思维理念

"开而弗达"反映了启发性教学思维和教学原则在教学中的实际运用。其实，早在春秋时期的孔子就明确提出了"不愤不启，不悱不发。举一隅不以三隅反，则不复也"的启发式教学思维，影响极其深远。以至于孟子的"君子深造之以道，欲其自得之也"。的启发性教学思想问世及后来的董仲舒所强调的作为一名称职的教师应懂得教育教学规律并精通其教学艺术，更要重视教学的实际效果，须充分发挥教育的"圣化"功能和中国近现代史上的教育家蔡元培、陈鹤琴、陶行知等，他们既继承弘扬了中国传统优秀的启发式教育教学思维之精华，同时又接纳、借鉴了西方的人文主义、自然主义、理性主义和科学主义等教育思想，极大地丰富了"开而弗达"的教学思维理念。"开而弗达"既是对孔子启发诱导的教学思想的继承，又是奠定我国近现代教学思维的基石。它是在批评和总结当时的教育教学过程中所存在的一系列问题基础之上所倡导的新教育教学思维理念和善喻原则，就其韩愈的《进学解》《师说》和朱熹的"朱子读书法"等教学观无不受之启迪。"开而弗达"是教学中尊重学生个性，放飞学生思想，顺应学生志趣的愉快教育方式和手段的思维理念之体现。尤其在中国近现代教育史上，主张充分张扬学生个性，重视启发教学而蔚然成风。仅以民国年间为例，据有关学者统计，不少文人学者都曾有过从教经历，并且大多在教学中善用启发式教学，提升了学生的思维品质。"开而弗达"的思维理念强调启发与创新，具有鲜明的指导性和预见性，它能引领和激励学生勤于动脑、善于思考、勇于创新，不断变革学习门径和思维理念，提高自身的思维品质和关键能力。它是教学思想和实践体系的完美结合，又是教育性、思辨性和方法论的辩证体现，语文教学能"开而弗达"，无疑有利于提高学生的语文思维品质。

三、"开而弗达"的思维意义

"开而弗达"是对孔子启发诱导核心教学思想的继承与发展，是启发式教

学原则在教学中的具体运用。语文教学中若能充分发挥教师的主导作用,做到循循善诱,不断调动学生学习的主动性和创造性,科学启发学生独立思考,发展学生思维能力,其语文思维的广阔性、深刻性、灵活性、逻辑性、敏捷性、创新性等品质定能得到有效优化和提升。"开而弗达"是真正的思维品质提升之根本,要求学生的语文思维品质既要有"语文味"又要有"思维味",而"思维味"来自教师教学中"开而弗达"的启发,让学生用语文的视野观察问题、发现问题并提出问题,用语文的思维方式分析问题和解决问题。

(一)"开而弗达":提升学生语文思维的广阔性品质

思维的广阔性即指针对所发现和解决的问题,能从不同的方面进行思考的思维品质。具有广阔性思维品质的人,能充分运用已有的知识经验全面地分析和思考问题,正确解决问题。语文教学中"训练思维的广阔性可以创设问题情境",① 通过教师的"开而弗达"能使学生产生情感体验而拓展语文思维的广度,融会贯通地深入理解和掌握所学的语文知识,并建构其语文知识的内在联系而形成思维认知。比如:在苏轼的《念奴娇·赤壁怀古》一文的拓展教学中,以其写作背景、思想内容、表现手法和艺术特色的结合方式反映了词人坎坷的人生经历以及对昔日英雄人物的无限敬仰和怀念之情,同时也凸显了苏词独具匠心的艺术风格。"人生如梦",沉郁顿挫地传达出词人怀才不遇之感,"一樽还酹江月"则折射出作者思接古今借酒抒怀之情。一方面让学生直观感知词人苏轼有志难酬、怀才不遇而报国无门之情志;另一方面也让学生深刻感受到苏词意境雄奇开阔、博大精深而奔放豪迈之风格。不言而喻,这为学生进一步学习苏轼的其他作品奠定基础,也提升了学生语文思维的广阔性品质。诚然,要想全面提高学生的广阔性思维品质,语文教学中还须积极倡导课堂提问,针对教学突破口和切入点,激励学生善于发挥丰富的联想与想象,善于表达个人观点,善于张扬个性,力求多角度、多方位、多层面思考问题,有效催生、不断培育、注重强化学生的广阔性思维。同时,还要引领学生触类旁通开启自身心智,切莫就事论事而思维滞狭。语文课堂教学中的"开而弗达"理应切实注重思维张力,避免肤浅与直白,也不能过于精深和玄奥。要具有一定的思考价值和学习意义,尽可能激发学生自主学习、合作学习和探究学习语文的浓厚兴趣和热情,做到因材施教、因文施教、

---

① 林润之、刘永康:《语文思维教学研究》,广西师范大学出版社,2017,第107页。

因学施教、因考施教和因思施教，教、学、考紧密结合，助力启迪学生思维，涵养思维品性，循序渐进地拓展和丰富学生的语文思维，提升其语文思维的广阔性品质。

（二）"开而弗达"：提升学生语文思维的深刻性品质

思维的深刻性指思维活动所达到的抽象程度和逻辑水准，主要表现为对问题的深入思考，能善于抓住事物的本质和规律进行高度概括的思维品质。具有深刻性思维品质的人，逻辑能力较强，能善于预见客观事物的发展规律及其进程，具有超常的抽象概括能力。"开而弗达"可引领学生积极开展深刻性思维训练，有效教会学生辩证地观察、分析和思考问题，能抓住事物的本质正确地评价作品人物和社会事件，进而准确表达自己的思想观点。语文教学中，尽可能避免学生就事论事而肤浅解读文本，要善于激励学生透过文本文字信息的表象深入探究其人物、思想、事件、意旨、手法等本质内涵，从而形成自己独特而深刻的见解与评价。要充分运用"开而弗达"的思维理念将学生的语文思维逐步引向深入，教会学生思考语文问题的基本方法，并让他们养成潜心钻研语文问题的良好习惯，以促其语文思维的深刻性品质得到有效升华。譬如：教学朱自清的《绿》时，可引领启迪学生对"绿"这种颜色的象征意义作深入探讨，"绿"是大自然的颜色之一，面对色彩缤纷的大自然，为何作者偏偏倾心于一个绿色？针对这样的质疑，老师可启发学生了解文章写作背景（军阀混战、兵荒马乱、民不聊生），并紧密联系"绿"在美学中的象征意义进行思考，就能得出正确的解读答案，即作者借对"绿"的生动描写曲折地表达了自己对黑暗现实的愤懑以及对和平宁静美好生活的憧憬。再如：对《林教头风雪山神庙》中的环境描写"那雪正下得紧……看那雪，到晚越下得紧了"的解读，许多学生往往容易走马观花似的一闪而过。教师可就句中的"紧"字提出疑问让学生深究品读。周先慎认为一个"紧"字，凝练厚重，惜墨如金；鲁迅先生曾说，一个"紧"字，富有神韵；而金圣叹则言，一个"紧"字境界全出。教师应充分运用"开而弗达"的思维理念启发学生深入思考和体会这"紧"字的深层意蕴，即它既指雪下得越来越猛，越来越大，又暗示着故事情节的发展越来越紧，渲染出一种极为紧张的浓厚氛围，同时也烘托了林冲将被害的危险局势。一个"紧"字画龙点睛而蓄势汹涌，所以说一个"紧"字凝练厚重、惜墨如金、富有神韵而境界全出。这无疑是教师"开而弗达"引导学生深刻领会语句字里行间的思想内涵之所在，

学生语文思维的深刻性品质也自然得到稳步提升。

(三)"开而弗达":提升学生语文思维的创新性品质

思维的创新性是指突破旧有而固定的思维模式,以新的视角和方法去思考问题,获得与众不同并具有创造性结论的思维品质。美国心理学家吉尔福特认为思维的创新性具有新颖和机智的特点,它是一种具有开创意识的高智能活动,它打破了思维定式、标新立异、见解新颖而富于创造性。具有创新性思维品质的人,拥有敏锐的洞察能力、积极的求异能力以及创造性的联想想象能力,他们灵感活跃而表达新颖。思维的创新性是课堂教学追求的最高境界,它特别强调逆向思维、求异思维和反常思维。语文课堂教学中,教师要善于运用"开而弗达"的教学理念启迪鼓励学生勇于怀疑前人学说、挑战传统,善于激励学生敢于想象、敢于标新、敢于立异、敢于质疑、敢于问难、敢破善立而独树一帜。尤其是语文课堂教学提问要密切关注学生思维的同质异化与异质同化,要积极引导学生巧作类比迁移而善作延伸设想。如教学刘禹锡的《陋室铭》中"斯是陋室,惟吾德馨"时,教师可问学生:怎样恰当解读句中的"德馨"?果然有学生作出与教参截然不同的理解与评价,有的认为表现作者厌恶劳动鄙视人民而离群索居,有的认为反映作者孤高自傲的情绪,还有的则认为作者安贫乐道的情趣是极其狭隘的……学生的这些观点言之有据而标新立异,极富说服力。显而易见,此提问意在启发引导学生挑战教参观点,挑战前人学说和传统定论而有新的发现。作文教学中训练学生看图写话,可出示一幅画面:漫山遍野的桃花,有的含苞待放,有的鲜艳夺目,有的婀娜多姿,只见成群结队的蜜蜂翩翩飞舞,一个个天真活泼的孩子在桃林中玩耍……学生看图写话的答案是极其开放的,这有利于学生发散思维,写出我来,写出新来,写出奇来。教师应启发学生对画面内容进行观察、分析、概括、提炼与变异,进而升华为个性化的智慧、情感与理性。学生可以透过现象看本质,表达与众不同的感受与体验,这种写作训练能更好地培养和提升学生的创新性思维品质。爱因斯坦认为,联想与想象力比知识更重要。在语文教学中,我们可充分应用"开而弗达"的思维理念启发学生展开联想与想象的翅膀去不断创新。《荷塘月色》中描写荷花"有袅娜地开着的……"教师应启发学生联系生活展开联想:生活中哪些东西具有"袅娜"的神态?有的学生联想到神话中嫦娥奔月的飘带,有的学生联想到湖畔婆娑起舞的翠柳……这些思维感受极富创新性。诚然,语文思维的创新性品质提升需要教师在教学中不断激发学生灵感，在学习中发现，在发现中联想，在联想中思考，在思考中创新。

(四)"开而弗达"：提升学生语文思维的敏捷性品质

思维的敏捷性即指一个人善于迅速发现问题和解决问题的思维品质，它是建立在思维的广阔性、深刻性、独创性、批判性及灵活性等品质基础之上的。具有思维敏捷性品质的人，常常表现为反应迅速多谋，做事灵活果断，能积极思考问题并周密得出结论。"开而弗达"可引导学生积极而迅速地进行思维训练，发展学生灵活而广阔的思维能力，进而提高学生思考问题做出结论的缜密性、迅速性品质。语文教学中，教师要能灵活运用"开而弗达"的思维理念培养和增强学生灵活而敏捷的语感能力，促进学生对文本中有特殊意义的表达符号（诗眼、词眼、文眼或关键字、中心词、特别句式、表达语气）等有敏锐的洞察力和感悟力，并能对此有意识地展开精思敏想，透悟体察、揣摩洞彻其内涵。教学中教师要做到"开而弗达"，注重训练学生听说读写等基本技巧的熟练能力，切实提高学生的想象力、记忆力、联想力等速度。比如文本解读时就要求学生掌握流利而迅速的阅读方法，及时把握课文主旨及表现技巧，既要瞻前顾后，又要总览全文；既要立足本意，又要联想拓展。根据所读文本内容描写的人、事、景、物、意境、画面、形象等，启发学生迅速做出自己的分析与判断，以形成其对文本思想内容的快速感知。尤其在阅读中，要诱导学生快速阅读、快速理解、快速归纳、快速概括、快速背诵、快速默写、快速反应等，提升其敏捷能力。语文教学中，教师若能灵活运用"开而弗达"的思维理念进行教学，能有效促使学生在文本快速解读中"善于捕捉主干，充分理解读物主要内容"，[①]并根据文本语言环境迅速感知其细微特征。要训练培养学生语文思维的敏捷性品质，教师可根据"开而弗达"的教学思想设计课堂提问，开启学生在短时间内的思维活动，能迅速对所学文本进行分析、比较、判断、归纳、概括、选择等复杂的思维加工。《故都的秋》这篇散文的重点是描绘和赞美了故都的秋色，抒发了作者对故都的向往、眷恋之情，同时也流露出自己孤独、忧郁的心境。由此，可启发学生对其景物描写进行思维训练："从槐树叶底，朝东细数着一丝一丝漏下来的日光，或在破壁腰中，静对着像喇叭似的牵牛花的蓝朵，自然而然地也能够感觉到十

[①] 曾祥芹、韩雪屏：《阅读技法系统》，河南教育出版社，1992，第288页。

分的秋意。"一句中的动词"细数"与"静对"怎样理解？让学生基于文本多加品味，定能提升语文思维的敏捷性品质。

"开而弗达"对提升学生的语文思维品质尤为重要。培养并不断提高学生的语文思维品质，需要教师在语文教学中深刻领会"开而弗达"的思维意蕴，善于灵活运用"开而弗达"的思维理念，激励学生思维，开启学生智慧，引领学生有效进行自主学习、合作学习和探究性学习。注重培养和激发学生的学习兴趣，熟练掌握"开而弗达"的教学方法，使学生的语文思维品质得到有效提升。与此同时，教师还须不断反思与总结，积极探究"开而弗达"在提高学生语文思维品质中的新模式、新途径、新方案，逐渐完善教学策略，稳步提升学生的语文思维品质。

"三吃透"：文言文教学思维策略探究

新课标明确提出要发展和提升学生的思维能力，那么，在教学中教师应具备怎样的教学思维才能达成新课标的基本要求，是诸位语文一线教师亟须解决的实际问题。针对文言文教学实际情况，教师须树立吃透课标、吃透文本、吃透教法的"三吃透"教学思维观，进而有效培养和提升学生的文言文解读能力和语文学科核心素养。

文言文的学习对学生了解古代文学作品有重要作用，文言文教学的成败与教师的教学思维息息相关。

一、教学思维与文言文教学思维

教学思维不是一般意义上的教学策略，当然也不等同于普通的教育教学思想。教学思维是建立在具体的教学策略基础之上的教学观和方法论，是教师在教学过程中所追求和力倡的一种更加符合教育教学规律及学生认知发展规律的思维方式。法国著名哲学家笛卡尔曾说"我思故我在"，教学中，教师的教学设计、教学实施、教学评价等总是受思维控制的，教师的教学思维关乎教学效果和人才培养的优劣。教学过程本质上就是一个师生双方思维活动的过程，诚然，通常符合教学规律的思维范式也应符合学生学习的认知思维。教师的教学思维关系着学生的学习思维和学习规律，文言文教学理应探究思维规律，洞悉思维内核。从思维学角度观之，文言文教学思维，则指文言文教与学的思维理念、思维方式、思维结构及思维规律在文言文教学实践中的反映。即具体用来指导教师进行文言文教学，培养学生的文言思维和语文能力，发展和提升学生思维品质的教学思维范式。

二、文言文教学思维培养对策

教学有法，教无定法，重在得法。在文言文教学中，执教者或力倡"授

受式"教学思维，或主张"启发式"教学思维，或注重"诵读式"教学思维，或追求"问题式"教学思维，或应用"导图式"教学思维，或采纳"导读式"教学思维，或创设"情景式"教学思维等，真是百花齐放。然而，无论运用哪种教学思维，都要尊重新课标的基本理念，立足文本，施与科学而恰当的教法进行教学。

（一）吃透课标

课标是课程基本理念的充分体现，亦是课程与教学的精神和灵魂。尤其是语文新课标在课程内容、目标、实施与评价等方面都体现了知识与技能、过程与方法、情感态度价值观三维语文教学目标的有机融合。它促进教师的教学思维从文言文知识本位教学向学生发展教学转变，从关注学生文言文认知思维向学生语文综合素养的教学转变。新课标紧密联系学生生活实际与当下现代科技发展成果，突破语文学科中心，加强多学科整合，倡导语文课堂教学的生活化、个性化和多元化，切实将语文学科核心素养落实到具体的人才培养教学实践中去。

《义务教育语文课程标准（2022年版）》指出："阅读浅易文言文，能借助注释和工具书理解基本内容。"其中的"浅易"一词通常指文言文文本的思想内容、语言表达、表现手法等不太深奥，凭学生现有的语文知识积淀、思维发展水平及人生阅历体验完全可以领悟，其解读难度不会过大。当然，也要辩证看待其"浅易"二字的相对性，即指针对普通水平学生而言。而"能借助注释和工具书理解"，强调的是须重视学生文言文阅读的实践效果和实际能力。即引导学生要借助文言文文本注释和相关工具书，准确掌握文言字、词、句含义，洞悉文章内容，概括文本意旨。与此同时，课标还进一步要求"背诵优秀诗文80篇（段）"。不言而喻，其目的就是要重视文言文文本的背诵。具体而言就是强调多读多背，强化记忆与积累。因为人的灵感和思维来源于记忆，没有积累就无法提高思维。课标要求熟记和背诵优秀的文言文语段和篇章，并不是一般意义上的语言材料积累，而是通过对文言文文本感性的语言材料存储和宏观上的整体印象，将鲜活的文学形象材料熔铸于自身的生活经验与思想情感之中，存于大脑而终身受益。无可厚非，事实上让学生有意识地背诵文言文名篇、名句和名段，很有必要，这种教学思维看似笨拙，实则巧妙。因为思维的发展与提升需要以语言作为基础，语言与思维相生相伴不可分割。课标极力要求背诵古诗文，就是要让古典文学作品中的艺术形象、创作意境、表现风格及思想意义等都使学生备受熏陶。当然，课标要求还给文言文的教学思维指明了方向，诸如文言文教学须重言传、重积累、重认知、重体悟、重剖析，提倡熟读成诵、默写顺畅而心手相应。同时也改变了学生学习文言文的思维方式，即主动投入、亲身实践和获取新知等。普通高中语文新课标强调要"引导学生借助注释、工具书独立研读文本，并联系学习过的古代作品，梳理常用文言实词、虚词和特殊句式，提高阅读古代作品的能力"，意在要求教师须引导学生借助注释和工具书，通过略读、细读和精读循序渐进地掌握文言作品内涵，领悟和透视传统文化的基本概貌及其精髓。因此，教师就应树立"吃透课标"的教学思维观，深刻领会语文新课标的基本内涵，认真掌握课标关于文言文课程与教学的基本要求，切实注重学生文言文阅读实际能力的培养和语文核心素养的全面提升，从感性到理性，从具象到抽象，由浅入深真正提高学生的文言文阅读能力。

（二）吃透文本

在文言文授课前，教师除了具有"吃透课标"的教学思维之外，还应拥有"吃透文本"的教学思维。从某种程度上，教师对文言文文本的理解程度，决定了其课堂教学思维方式的应用及教学效率与质量的高低，反映了语文教师的专业素养、理论水平和文化视野等。反之，若教师对文言文文本解读不透彻、不到位、不够味，其教学效果可想而知？文言文文本解读是其教学之前提和重要之基石。文言文视为学生的学习文本，满载和寄托着对优秀传统民族文化的继承与弘扬。而将此作为教学文本，其优美之韵味，典雅之文辞，辉煌之艺术，灿烂之文化及丰富之思想，让学生在语言学习、文化建构、思维发展、精神陶冶和思想洗礼等方面受益匪浅，堪称培养学生语文核心素养之范本。

由此，一方面，教师应立足于文言文文本的文体特点吃透文本。不论是古体韵文、骈文、散文，还是论说文、人物传记等，教师应视文言文的不同文体特点进行文本解读。要合理运用文言文解读学、阐释学和思维学的相关理论及理念，深入洞见其文体与文学的构成，形式与内容的结合以及材料与思想的统一，挖掘文言文文本中的语言要素、文化现象、思想意义、价值观念和审美鉴赏等。比如，对《岳阳楼记》的解读，教师应立足于该文本散文体特点，透彻理解文本那发人深省的思想情怀和美不胜收的语言形象，深刻体悟该散文文本错落有致的句式特点和诸多富有音乐美的骈句及修辞手法的运用等，精准洞悉文本其寓情于景、借景抒情而情景交融的艺术表现风格。教师要高瞻远瞩立足文言文之文体特点，鸟瞰文本、解构文本和建构文本新体系，提升自身对文言文文体的辨识度。同时，亦须从文学鉴赏角度提高自己对文言文的审美情趣，在传统文化视野上培养自我领悟文言文精髓的思维能力等，方可透解文本。另一方面，教师还要立足于文言文文本的基本内容吃透文本。教师应立足其基本内容，从文言文文本所具有的文言句式、篇章结构、思想内涵出发，对其进行细读、精读、研读和品读，即细读把握文本题旨，精读体味作者情感，研读深解文本蕴含，品读则透视文本审美。如解读文言小说《狼》，教师就应着眼于瞻前顾后而总揽全篇以狼为主线，通过透析文本讲述屠户遇狼—惧狼—御狼—杀狼的经过，进一步理解课文环环相扣地表现屠户机智勇敢的精神内涵，同时也要洞见文本反映狼的愚蠢、狡诈、贪婪与凶残本性，做到统领全文而掌握题旨。须忠实于文言文文本的基本内容，立足于作者的创作意图和书写情志，合理解读文本。同时，也要有珍视的思想和批判的思维，注意识别、善于分析和科学评价。所以，教师亟须立足文言文文本的文体特点和基本内容，尊重文本、尊重作者、尊重初心而精确解读，构建"吃透文本"的教学思维观。

（三）吃透教法

教学既是一门科学，又是一门艺术，不仅重在得法，还得贵在变法。传统的文言文教学，视传授知识为重点的单一教学思维模式，严重影响了学生学习文言文的积极性和主动性。[①] 然而，"一千个读者就有一千个哈姆雷特"，就教学思维而言，不同的教师针对同一个文本有不同的教学思维，不同文本针对同一个教师而言，也会出现多种教学思维模式。关键决定于教师在教学过程中，如何植根文本内容和立足课堂教学实际灵活运用各种教学手段及其方法开展教学。尤其在文言文教学中，教师要灵活掌握多种教学方法，拥有"吃透教法"的教学思维，面对不同的文言文教学文本，施与不同的教学方法而实现其教学目标。比如，或采用兴趣式教学法，可情景激趣，可媒体激趣，可故事激趣，可对话激趣等，激发学生学习文言文的浓厚兴趣，充分调动学生参与文言文学习的积极性和主动性，如在教学《智取生辰纲》时，教师可在课前利用《水浒》中的经典故事引导学生说说喜欢的水浒人物形象，进而

[①] 朱兴杰：《打造文言文教学高效课堂》，《语文建设》2017年第3期。

活跃语文课堂气氛而激发学生学习文言文的兴趣,增强其情感体验;或运用诵读式教学法,即引领学生利用诵读培养他们对文言文的语感,如大声朗读、背诵文本、默写名句、积累语言而通晓文意,"把诵读作为学习文言文基本的又是最重要的环节与手段";① 或巧用质疑式教学法,即教师有意结合文言文文本内容巧妙设疑,启发学生讨论问题,激励他们思考、领悟、解疑而透析文意和概括题旨,进而培养学生的创造性思维品质,如教学《桃花源记》时,教师可在学生了解文本大意的前提下让学生思考:为什么作者要将这篇文章命名为"桃花源记"?"桃花源"有什么深刻内涵?作者的写作意图何在?可让学生带着这些疑问展开联想与想象去深入思考而进行解读,能有效提升学生学习和掌握文言知识及概括文本意旨的能力,极大地实现文言文教学的最优化;或择取回译式教学法,即教师可反其道而行之,先用现代汉语把课文意思叙述出来,然后再让学生用文言文文本加以"对译",促进学生重温文言基础而增强背诵兴趣,有力强化学生深刻领悟文本内容,提升其学习效率;或善用归纳式教学法,即教师指导学生在文言文阅读实践中学会归纳掌握字法、词法和句法等相关文言知识的教学方法,如通过对文言文中的常用通假字、古今异义字、实词、虚词及其用法等的整理、归纳和巩固,丰富学生文言知识而提高其阅读能力;或活用批判式教学法,即通过对文言文文本的理解、分析与评价,让学生审视真伪和理性推论而解决疑难问题,最终达成深解文本意蕴,透射文本内核,培养学生批判性阅读文言文的意识。不言而喻,批判式教学法就是一种批判式教学思维的集中体现,它一方面需要教师在教学中引导学生"摆脱被动接受作者观点的状态,转为双向交流,主动提问并寻找答案"。② 如《愚公移山》:你对愚公移山这件事是怎样看的?你如何理解愚公形象?难道智叟的话都没道理吗?另一方面需要启发学生与作者对话交流并提问,质疑作者立场。比如,《记承天寺夜游》中的作者心境体悟,可请学生结合文章写作背景和作者生平阅历等,谈谈对文中"闲人"的理解?此外,教师还可激励学生与读者(自我)交流并发问,将自己的观点与课文所呈现的思想见解进行对比而自问自解,譬如《爱莲说》:面对我们今天丰富的物质生活和纷繁复杂的社会现象,应如何理解作者所说的"出淤泥而不染,濯清涟而不妖"的人生境界?等等。教师应根据不同的文言文文本特点施与

---

① 温儒敏:《温儒敏论语文教育三集》,北京大学出版社,2016,第13页。
② 艾比·马克斯·比尔:《如何阅读》,中国青年出版社,2016,第115页。

不同的教法，以科学的教学思维正确引领学生学习文言文知识，提升其语文学科核心素养。

三、总结

综上所述，文言文教学思维应以"三吃透"为教学策略，即吃透课标、吃透文本和吃透教法，做到牢固掌握课标理念，深刻洞悉文本内涵和灵活应用教学方法，方可有效提升文言文教学质量。

让学生在语文课堂上充分训练思维

高中语文新课标明确提出要发展与提升学生的思维，那么在语文教学中如何训练学生思维才能使其真正得以发展和提升？显然，语文课堂作为语文教学的主阵地，语文教师应科学利用这一有限的教学时空，立足于阅读和写作教学实践，充分训练学生思维，方可有效提升其思维素养和思维能力。

高中语文新课标明确提出要注重学生的"思维发展与提升"，旨在凝练学生的语文学科核心素养，培养其语文思维能力。语文课堂上，教师应立足于阅读和写作教学实践，充分训练学生思维，有力提升他们的思维素养和思维能力。

一、在语文阅读教学中训练学生思维

语文阅读教学应着眼于学生语文思维素养的发展与提升，即在语文课堂上应充分训练学生思维，提高他们分析、判断和推理的思维能力。语文阅读教学中，教师一方面应建立以自主学习为内核的思维训练模式，启发和激励学生自觉主动探究知识，做到变"讲"为"学"，变"学"为"思"，让他们的思维活起来；另一方面须创构以文本解读为主体的思维训练范式，寓思维训练于文本解读之中，不断训练学生思维，提升其语文思维素养和能力。具体策略如下：

（一）建立以自主学习为内核的思维训练模式

《义务教育语文课程标准（2022年版）》积极倡导"自主的学习方式"，所谓自主学习就是学生在教师的指导下自觉主动地进行学习而获得知识与能力的一种学习方式。语文课堂上，教师可积极引导学生自主学习，在阅读教学活动中进行思维训练。

步骤一:提示与设疑

语文课堂上,在学生独立自学文本之前,教师可适当提示:或告知学习该课的主要目的和基本要求,或简介文章时代背景及作者经历,或提醒自主学习的有效方法,或设置生动有趣的导课情景……这样的根本目的旨在给学生创造独立阅读的良好条件和引发其自主学习的浓厚兴趣。与此同时,教师可采用设疑的方式给学生提出一些问题,让他们带着这些问题去读课文。这些思考题应具有导读性、启读性、探究性、多元性和开放性等,须符合语文阅读教学的基本要求和学生的认知规律,且教学体系完整、教学思路清晰、教学难度适中。能让学生沿着由浅入深、由易到难的思路顺利走进文本,充分发挥并张扬个性,点燃阅读激情,步入思维状态。

步骤二:阅读与思考

课堂上,通过老师的简短提示和设疑引读,让学生在足够的时间里阅读文本,思考问题。针对短小易懂的课文,思考题可一次提出,让学生一口气读完并展开思考;而对于较长且有一定难度的课文,思考题则可分散提出,让学生分阶段读完课文,并思考所提问题。此外,教师还须教给学生一些恰当的阅读方法,培养他们良好的思维习惯,着力训练学生阅读时自觉主动地分析理解、推理判断、想象鉴赏的思维能力。

步骤三:讨论与探究

学生带着问题阅读课文后,便可开展小组讨论,让学生发表各自见解,相互交流、相互切磋、共同探究,并要求他们把自己的思维活动和探究结果准确表述。教师应抓住这个阅读教学环节,促使学生自觉主动地打破传统思维定式,发展与提升他们的求异思维和创造性思维。

步骤四:归纳与概括

教师须在学生阅读、思考、讨论和探究的基础上,进一步激励学生自觉主动归纳与概括文本,把学生的思维训练推向高潮。在此,教师应尊重学生自主学习所得,引导他们从发散思维走向聚合思维,学会归纳知识和概括要旨,培养和提高其思辨力。

教师在语文课堂上以自主学习为内核,通过四个基本步骤的阅读教学活动,层层深入而有条不紊地充分训练学生思维,能真正促进其思维的发展与提升。

(二)创构以文本解读为主体的思维训练范式

在语文课堂上,教师导引学生进行文本解读,这无疑是阅读教学的根本任务。然而解读文本亟须思维能力,文本解读的过程本质上就是思维活动参与的过程。思维是文本解读的钥匙,文本解读又是思维培育的助力器。因此,课堂上以文本解读为主体,并借此来充分训练学生的各种思维有章可循。

1. 训练思维的广阔性

思维的广阔性是指思维过程中所体现出来的多向性、多面性及发散性的思维特质。从层次而言,它反映了思维发散的流畅、变通和独特品性。其中,流畅性是较低层次的发散思维;变通性属于较高层次的发散思维;而独特性则揭示了事物之本质,象征思维发散的最高层次。吉尔福特说:"正是在发散思维中,我们看到了创造性思维明显的标志。"[1] 可见,语文课堂上训练学生思维的广阔性颇具意义。教学中,教师要针对学生思维的片面性、狭窄性等弊端,在文本解读中加强其思维的广阔性训练,引导学生从多角度、多方向、多侧面思考问题。如可从文本实际出发创设问题情境,让学生从不同的视角思考问题,引发其独特体验而感受文本内容,得出自己的理解和答案,言之成理即可,从而训练他们思维的广阔性。也可利用文本的空白艺术激发学生想象训练思维的广阔性。这正如伊瑟尔所言:"文本召唤读者在其可能范围内充分发挥再创造的才能。"[2] 加达默尔也说:"本文是一种吁请、呼唤,它渴求被理解。"[3] 文本中的人、事、景、物等描写都会有许多空白及未定点,期待读者解读和填补,这就可激发学生凭借想象完成对课文的二度创作。比如,陶渊明《饮酒》中的"采菊东篱下,悠然见南山",作者没有写出南山之景如何,显然这就是一个艺术空白。教师可要求学生联系自身生活体验,展开合理想象,将南山之景加以拓展,谈谈与诗人热爱自然、返璞归真和超凡脱俗的情感相融合的南山美景。《孔雀东南飞》中有"东西植松柏,左右种梧桐",让学生思考为何两家长辈会有这样的决定和想法,教师可诱导学生就此展开想象,说说焦、刘二家对二人殉情后的心态变化。当然,还可联系现实生活展开联想对文本进行多元解读,充分训练学生思维的广阔性等。

2. 训练思维的深刻性

所谓思维的深刻性,是指看问题能透过事物的表象洞察其内在联系和本质特征,掌握事物发展基本规律的思维特性。语文课堂上,教师要启迪学生

---

[1] 张大文:《发展心理学》,四川教育出版社,1988,第112页。
[2] 童庆炳:《文学理论教程》,高等教育出版社,2015,第26页。
[3] 同上。

透过文本中语言文字符号的表象，借助分析理解、比较提炼、抽象概括等思维加工方式来让学生解读字、词、句、段、篇的深刻含义，从而揭示其中所隐含的情感意绪。语文课堂上，教师既要培养学生的分析比较能力，又要提高他们的抽象概括能力。分析能让学生把所学知识进行整体分解并加以研究，以便产生新的知识；比较则是从分析理解到抽象概括的桥梁，是明确事物异同、反映其本质的思维过程，能开启学生思维的门扉，将其对问题的探讨引向深入；而抽象概括能力是衡量学生思维发展、思维提升及思维能力的重要标志和关键一环。在文本解读中，教师要指导学生对文中的人、事、景、物、情、理进行分析比较，有助于加深学生对课文的深刻领悟与理解，更好地把握其意旨。如教学契诃夫的《变色龙》时，教师可引领学生对奥楚蔑洛夫狡猾善变的心理特征进行比较解析：文本中描写到奥楚蔑洛夫知道狗主人不是将军时，他对狗的心理反应和行为表现如何？当他得知狗主人是一位将军时，他对狗的心理反应和行为表现又是如何？让学生通过分析比较，最后抽象概括出奥楚蔑洛夫媚上压下、趋炎附势的丑陋形象。所以，在语文课堂上进行文本解读时，教师要善于培育学生"深刻而灵活的思维特质"，[①]使他们能运用分析比较的方法，透过文字表面现象挖掘文章背后所蕴含的本质意蕴和思想内核，获得极为深刻而规范的思维训练。

3. 训练思维的独创性

思维的独创性即思维的创造性，它是人的智力活动创新程度的反映，需要借助大脑中已储存的信息去发现和解决未知问题，需要人具备丰富的联想与想象力、敏捷的洞察力、积极的求异力和活跃的灵感等。其中，敏捷的洞察力反映观察者善于发现别人难以发现的东西，能及时洞识事物的本质意义。积极的求异力是指善于发现客观事物之间存在的差异性。在文本解读中训练学生思维的独创性，同样也离不开学生丰富的联想与想象能力。因为学生对文本的解读，需要结合自己的亲身经历、知识储备和审美情趣，借助联想与想象来进行。语文课堂上解读文本，教师可采用提问的方式，激励学生展开丰富的联想与想象，使他们发现未知点，阐发新见解，做出新判断。如《荷塘月色》中，朱自清描写荷花"有羞涩地打着朵儿的……"教师可要求学生联系生活实际展开联想：想想生活中哪些事物具有"羞涩"的姿态？有学生想到神话爱情故事中的织女与牛郎在天河上相会时的神情；有学生想到早晨

[①] 郭华：《深度学习及其意义》，《课程·教材·教法》2016年第11期。

初升的太阳,像小孩似的满脸通红的神态;有学生想到春天的桃花骨朵,羞羞答答相互簇拥的样子……这些感受凸显学生新颖独特的思维活动。而灵感思维则是一种快速性、顿悟性的思维活动,活跃的灵感同样也是训练学生思维独特性的重要元素。费尔巴哈认为:"热情和灵感是不为意志所左右的,是不由钟表来调节的。"[①] 灵感具有机遇性、偶然性和突发性,但须以生活经验和知识沉淀为基础,长期积累便能偶然得之。语文课堂上,教师指导学生解读文本,应让学生在阅读中思考、在思考中联想、在联想中顿悟、在顿悟中创新,只有这样,才能有力地训练思维的独创性。

4. 训练思维的敏捷性

思维的敏捷性通常指思维活动的敏锐程度,它具有迅速性和概括性的思维特征。思维敏捷能促使人积极思考并快速解决问题,得出正确结论。语文课堂上训练思维的敏捷性,可通过文本解读使学生的反应更加迅速。思维的敏捷性与文本解读中听说读写等各种技巧的熟练程度息息相关,课堂上要强化对学生各类思维速度的灵活训练,比如,流利阅读、迅速领悟、及时掌握等。要充分训练学生快速阅读、快速理解、快速背诵、快速默写及快速提炼的能力,由此提高他们大脑反应的灵敏度。教师还应教会学生灵活运用各种速读方式,如跳读式、扫读式、略读式、寻读式、猜读式等,促进学生在阅读中能快速高效地获取文章信息。要在语文课堂上训练学生思维的敏捷性,就需教师立足文本内容恰当设计提问,让他们的思维活动能在短时间内经历分析、比较、归纳、概括、推理、判断等复杂的思维加工过程。如教学《故都的秋》时,教师可要求学生在 10 分钟内读完全文,并理清文章结构层次,概括主旨;3 分钟内找出文中所运用的表现手法,并说说这样写的好处。从结果看,大多数学生都能较好地完成任务,课堂学习氛围较浓,效果很好。在课堂上反复训练,就可培养学生快速解读文本的能力,进而训练其思维的敏捷性。

二、在语文写作教学中训练学生思维

语文课堂上学生思维训练的主要途径,除阅读教学外还有写作教学。教师不但要构建以思维训练为主的写作教学体系,还应创立能体现思维训练特点的写作教学结构,诱导学生在运用语言和表达思想中充分训练其思维。具

[①] 费尔巴哈:《将来哲学底根本命题》,洪谦译,三联书店,1955,第 89 页。

体策略如下：

(一) 构建以思维训练为主的写作教学体系

在写作教学中，学生的思维训练显然离不开语言训练，而语言训练的根本又在于书面表达，这就是所谓的"书面为文"。从本质而言，写作教学不是一种知识体系，而是一种思维建构。语文课堂上，要构建以文情、文气、文质、文义、文旨为评价标准的思维训练写作教学体系，即鼓励学生在习作中要讲究文采情感、注重文章气势、追求文华质朴、遵循文章义理、提炼文章意旨，做到情、气、质、义、旨融为一体，方可彰显文章魅力，达成学生思维训练。然而，在这一写作教学体系框架下，要真正做到培育学生思维，离不开写作教学实践。教师要充分训练学生在具体的习写实践中感受、领悟、积累和运用语言的思维，不断提高他们的书面表达思维能力。从认识论观点看，语文课堂上的写作思维训练，其本质上就是一种认知思维活动。它既是对语文思维规律的反映，也是学生感性与理性相统一的思维过程。它以文字符号为载体表达思想情感、再现思维过程、涵养思维品性。语文课堂上，教师应指导学生准确而自由地敞开心扉表情达意，写出真来，写出我来，写出彩来，并在其写作中积淀理性思考，全面训练学生的直觉思维、逻辑思维和形象思维等。诚然，写作教学中训练学生思维，还应结合语感进行教学。如语文课堂上，教师需引领学生感受语言而描绘形象，让他们在遣词造句、表情达意、布局谋篇、塑造典型等写作实践中强化思维训练，并逐步加大学生思维训练的力度，着实构建基于思维训练为主体的写作教学体系，充分训练学生的各种思维品质。

(二) 创立能体现思维训练特点的写作教学结构

在语文写作教学中要训练学生思维，就应创立一套常规化的能体现思维训练特点的课堂写作教学结构。即感受生活—领悟情感—构思习写—反思提高。

环节一：感受生活

教师先让学生通过各种途径观察学校生活、家庭生活和社会生活等，从总体上感受生活中的各种事物。然后在熟悉各类生活内容的前提下，触发学生对生活中的人、事、景、物等方面的整体感受，意在训练学生的直觉思维。

环节二：领悟情感

课堂上，教师要诱导学生从情感思维的角度，紧扣生活中最能激起他们感情的关键细节，借助形象思维，联系其生活体验，深入领悟情感，训练其思维。比如，从师生关系、助人为乐、拾金不昧、救死扶伤、尊老爱幼等方面，让学生对不同情感进行分析、比较、体悟、判断，以领悟、品味为载体，激发学生对生活情景的联想、想象与再现，着力训练他们的认知思维、发散思维和辩证思维等。

环节三：构思习写

教师应指导学生基于感受生活和领悟情感开展实践性的构思习写，或教师确定标题让学生联系生活实际发挥联想构思写作，或让学生结合所学文本内容立足生活情感撰写心得体会，或请学生紧扣生活体验自拟标题放飞想象编写随笔，或择取课文精彩片段安排学生进行仿写、补写、续写等。让他们在写作实践中锻炼各种思维，获得思维的充分训练。

环节四：反思提高

课堂上要求学生在感受生活、领悟情感、构思习写的基础上，进行反思总结，积淀思维过程、积累思维经验、提高思维能力。学生经过从感受到领悟，从领悟到构思，从构思到反思的写作思维活动，其思维得到了充分的训练。因此，教师务必通过以上四个环节的写作教学实践，营构与开拓学生的思维视野，培养学生的思维品性，循序渐进地训练和提升他们的思维素养。

三、总结

综上所述，思维是语文学科核心素养的关键要素。语文课堂上，教师要在阅读和写作教学中有目的、有计划、有步骤、有意识地设计科学教学过程，精准实施教学策略，灵活运用教学方法，积极引导学生走进文本，走进写作，充分训练学生的各种思维，提升其思维力。

语文阅读教学中的创新思维能力培养与提升

语文阅读教学需要强化创新思维能力的训练、培养与提升，才能充分凸显语文核心素养的生命品性、生命气息、生命内涵、生命底色和生命情态。语文阅读教学须运用创新思维的相关原理指导学生创新性阅读，其创新意识、创新精神和创新能力也才得到有效提高。不言而喻，研究创新思维之内涵及其能力的培养途径与提升之策便成了语文阅读教学的关键一环。

语文阅读教学是在教师的引领下，通过对文本的解读与鉴赏，提升学生的"思维、认识与表达能力"①的教学活动。创新思维是培养创新人才的重要途径。语文阅读教学中的创新思维能力即指在阅读教学中运用创新学的相关理论与理念指导学生进行创新性阅读，不断培养学生的创新意识、创新精神和创新能力的思维形式。为此，须在语文阅读教学中追问创新思维之内涵，洞彻创新思维能力培养途径，进而揭示创新思维能力的提升之策。

一、语文阅读教学的创新思维之内涵

帕斯卡尔曾说："人是能思想的苇草。"也许正是有了思维，人类才成为万物之灵。近代哲学之祖，法国著名哲学家笛卡尔说："我思故我在。"思维的存在与发展，使人具有了创造力和创新性。而思维有广义和狭义之分，广义的思维指人脑对客观现实概括和间接的反映，它反映的是事物的本质属性和事物间内在的、必然的、有规律性的联系，包括逻辑思维和形象思维。狭义的思维通常指心理学意义上的逻辑思维。创新思维顾名思义是指用新颖而独特的方式方法解决疑难问题的思维过程。它既能突破生活中常规思维的基本界限，以超常或反常的方式、方法、手段及视角去思考一些问题，并提出

---

① 王宁：《汉语语言学与语文教学》，《中国社会科学》2000年第8期。

与众不同解决问题的方案，又能产生独特、新颖而有社会意义的思维研究成果，而创新思维能力则指思维活动的创新意识和创新精神的集中反映和综合表现。从心理学、教育学、阐释学的相关理论而言，创新思维之内涵在于将创新意识之感性理解升华为理性之探索，进而实现创造活动由感性认识向理性思考之飞跃的思维过程。然而，语文阅读教学的创新思维之内涵应体现在语文阅读教学各环节之中。

（一）思维准备

即主要从日常学习、生活中收集信息，长期不断积累，从量变到质变。不同学科知识的长期积淀，或近期基本信息与知识的储备等，这就有意识地为阅读教学中的文本解读提供了思维准备。譬如：在进行创新阅读教学中，教师要善于调动学生创新思维中的准备元素，分析理解文本，充分发挥学生的思维准备优势和积极性，增强学生对文本内容的浓厚兴趣。

（二）思维导向

语文阅读教学中，教师要坚持问题导向性的基本原则，诱导和鼓励学生在通读全文之基础上大胆发现和提出问题。在语文创新阅读教学中，教师不但要鼓励学生敢于发问，还应引领学生树立扬弃的哲学观、世界观、审美观，要善于发现文中之疑点、矛盾点、微妙点、疏漏点乃至错误点。让学生学会探究学习，从而激发其创新思维，进行文本解读。

（三）激思领悟

语文阅读教学过程，其实就是一个激思领悟的过程。教学中，教师激励学生对文本阅读中所产生的疑难问题进行自主、合作与探究性学习和思考，其最终本质目的在于解决问题，激思领悟就是激励学生释疑和解疑。通过阅读教学启发学生发散思维，提出新观点，产生新见解，悟到新启示。

（四）鼓励创新

语文阅读教学中，教师要有意识地培养学生将自己领悟到的新见解，运用科学的理论思维方法在生活实践中进行科学验证，进而得出新假说、新观点之正确性，即创新思维之科学性，并形成新的创新理念、创新理论及创新观。这种语文阅读教学思维方式，无疑就是一种打破常规语文阅读思维模式，而改变其思维方向、思维途径和思维方法的创新型语文阅读教学思维样式。这正是语文阅读教学的创新思维之内涵。

二、语文阅读教学的创新思维能力之培养途径

语文的创新阅读教学，得力于将创新思维理论之原理科学地运用到语文阅读教学之中。对此，美国很早就将创新理念视为一个人的核心素养之一。[①]我们要培养学生的创新思维能力，必须遵循创新理念，把语言学、心理学、阐释学、哲学、美学、思想学以及系统论、信息论等相关规律及其原理科学而灵活地运用于语文阅读教学之中。

（一）培养学生学会"置换"

在语文创新阅读教学中，应从语文问题着手，深入分析语文文本的构成要素，启迪学生学会换位思考，寻找新元素、思考新方向、探索新途径、得出新理念。在语文创新阅读教学中，为了获得对文本的解读，应使用置换之原理把相关的句子或字词进行置换，让学生进行讨论并分析比较，进而培养学生的语文创新阅读能力、语言表达能力及语言运用能力等。

（二）培养学生学会"组合"

按照系统论的基本原理，诸多事物及现象间存在着同质异构、异质同构等内在的、必然的联系。系统统帅部分，而部分决定整体。它们有规则亦有组织，系统是以某种方式构成的内在联系或结构整体，它对组织中各要素的制约是通过结构发生作用的，组织结构决定整体系统之功能。在语文创新阅读教学中，教师就应善于运用该组合原理培养学生的创新思维能力。比如针对一篇文章的解读，教师就应诱发学生将文章按一定的顺序组装起来，使之层次分明而脉络清晰并具有逻辑性。由此，既能帮助学生领会文本结构，清理解读思路，又能培养学生的语文阅读创新思维能力。

（三）培养学生学会"交汇"

从信息论的观点来看，宇宙万物都是物质、能量和信息的结合体。这种交汇原理把文化知识、生活经验、科学技术等诸多信息从不同的角度交汇，进而构成大量的新信息、新经验、新知识、新理论的基本原理。我们在语文阅读创新教学中，可应用交汇原理取其精华而剔除糟粕，借助想象与联想胸罗宇宙、思接万千而逆向求知，将语文文本中各种知识信息进行整合、交融、渗透，以达对其阅读内容的深刻领悟和准确解读，最终实现阅读教学的再创

[①] 郑彩华：《国际视野中的核心素养及其启示》，《天津教育》2014年第19期。

造。教学中，不同的学生针对同一教学内容往往持有不同的观点，只要言之成理即可视为"标准答案"。譬如：教学李白《静夜思》中的"床前明月光，疑是地上霜"时，就有学生持不同解读：有的学生认为，这是用秋霜比喻月光；而有的学生则悟出，这是诗人误把月光看作秋霜的一种审美错觉等。虽然他们的理解往往存在对立而思维相反，但皆能言之成理。同一文本，在不同的内心世界进行不同的信息交汇，都会产生千差万别的审美感悟和思维境界。

（四）培养学生学会"迁移"

依心理学理论观之，迁移指"学习迁移"，即一种学习对另一种学习的影响。在创造性学习中，迁移的基本原理是指已经获得的知识、方法、技能、观点或态度对解决问题的积极影响，而在阅读教学的创新思维中，迁移之本质莫过于举一反三、触类旁通。在语文阅读教学中，有方法概括的迁移、类属关系的迁移、因果联系的迁移等。方法概括迁移可在阅读中进行，如分析语段、归纳段意、概括题旨、手法鉴赏等都可运用迁移原理思维方法进行操作，培养学生良好的语文学习能力。所谓类属关系的迁移是指在学习过程中，知识间的多种因素所拥有的共同特点能产生普遍的原理、概念、规律，可作为认识和掌握其他类似知识的前提和基础。在语文阅读教学中，可通过文本知识的对比，探究知识间的内在必然联系及其共同点，进而运用其共同点去获取新知识、新方法、新见解、新观点以及新理念的思维教学。比如：我们可以将语文文本依据其共同点进行重新归类，再根据其共同点进行同理解读等。因果联系的迁移指从某事物所出现的某种现象，进而联想到该事物之间的因果关系的一种思维方法。在语文阅读教学中，可恰当运用因果迁移的思维方式帮助学生寻求文本中的内在联系，使其语文创新思维能力得到培养。

语文阅读教学的创新思维，实质上就是多门相关学科原理在语文文本阅读教学中的广泛运用，其培养途径必将助力语文阅读创新教学思维的蓬勃发展，同时也有利于学生创新思维能力的培养。

三、语文阅读教学的创新思维能力提升之策

在语文阅读教学中，要培养学生的创新思维能力，可从以下诸方面入手：

（一）引领学生与作者对话，培养创新意识

语文阅读教学中，教师要引领学生走进作者的心灵世界，与作者展开对

话。创新意识之培养不但针对文本自身，其作者也不例外。教学中，教师通过解读作者的创新意识，并以此为切入点培养学生的创新意识。比如：学习朱自清的《春》时，教师带领学生了解作者朱自清先生在散文创作上的创新之处，从而启迪学生树立创新意识，学习其创新精神。

（二）启迪学生与观点对话，激励创新精神

在语文阅读教学中，学生通过文本解读可获得许多新信息。文本中作者透视出诸多富有哲理的观点和深刻的道理，正有利于培养学生探究学习和创造性学习的精神。如教学鲁迅的《故乡》，文中"其实地上本没有路，走的人多了，也便成了路"一句就富有深刻的哲理，不仅能启发学生勇敢地面对生活，成就自我，同时也可激励学生的创新精神。

（三）勉励学生与思路对话，发展创新能力

在语文阅读教学中，教师应勉励学生彻底打破作者的行文思路及种种思维定式，努力开启学生的创新思维。教师须树立以学生为主体，以教师为主导，以训练为主线的基本理念。教学中，教师尽可能在语文课堂上激起与学生之间的思维争鸣，让学生能充分打开思路。使他们克服经验与思维上的定势，用新的观点和视角解读文本，审视文本，看待问题。

（四）引导学生与疑难对话，鼓励创新思维

普通高中语文课程标准强调："在阅读各类文本时，分析质疑，多元解读，培养思辨能力。"语文阅读教学中，教师要鼓励学生大胆质疑问难，努力培养学生用"扬弃"的哲学观和多元的文化观、思维观解读文本，通过发现疑难问题进而鼓励其创新思维。教学中，教师要积极倡导民主原则，尊重学生学习思维中的积极因素，充分肯定学生的思维成果。教师应引导学生独立钻研文本内容，敢于发问，勤于解答。要通过疑难对话不断训练学生的发散思维、多向思维，引导学生从不同侧面、多角度、全方位地理解课文、解读旨意、思索对象及扫描文本，进而形成对文本疑难问题的多维立体的思维网络，寻到解决问题之最佳方案。在语文阅读教学中，教师要视学生为课堂主体，尽可能给学生提供足够的机会来鼓励其创新思维，提高其思维能力。

（五）指导学生与思想对话，磨砺创新品质

在语文阅读教学中，教师要注重磨砺学生的创新思维品质，譬如：针对文本内容须开展学生间的广泛交流甚至是交锋式的讨论，使学生产生思想上的激烈碰撞，进而加深对文本阅读内容的深刻认识与领悟。当然，在学生思想交锋的过程中，教师应积极参与和指导，且注意并善于发现来自不同学生的不同意见，适时予以点评。通过学生间的思想对话，循序渐进地磨砺其创新思维品质。

（六）倡导学生与精品对话，开启学生智力

学生智力与创新思维能力的培养和提升关系十分密切，智力乃创新思维之本。语文阅读教学不但对学生产生文之传授、道之教诲、理之构建、情之熏陶，而且还有心之洗礼、智之发掘等。语文教学要鼓励学生积极与精品对话，多读精品、细读精品、常读精品、深读精品、精读精品、品读精品。不仅要使学生能写会说，境界高远，思想健康，还要让学生思维敏捷，善于创新，只有这样，才能适应时代发展。教学中，教师要善于训练学生在阅读教学中养成同中求异、异中求同、比较分析、综合归纳、想象联想、创造创新的良好学习习惯，开启学生智力，培养创新思维能力。

（七）培养学生与自己对话，拓宽创新视野

高中语文课标指出："学习探究性阅读和创造性阅读，发展想象能力、思辨能力和批评能力。"在语文阅读教学中，教师要激励学生利用课余时间广泛阅读文学名著，博览群书而自觉探求，发展自身的独立阅读能力。尤其是对于优秀文学作品，要能常读常新，不断从中获得新的感悟、新的体验和新的发现。通过拓展阅读，能让学生学会尝试和探索新的阅读方法，开阔自己的创新视野，追求思维与表达上的创新，进而升华其创新思维能力。叶圣陶先生强调语文教学须要求学生"把'听''说''读''写'四项基本功学得更好"。[①] 显然，阅读也不例外。众所周知，随着社会的发展，中小学生事实上已不满足于课堂上语文教师的点滴授课了，他们已有自己的思想、观点、看法、主见，并在长期的语文阅读学习过程中积累了掌握知识及规律的本领。教师应注意培养学生在语文阅读教学中积极与自己对话，拓展创新视野，自觉探求知识，发展创新思维能力。

诚然，语文阅读教学的创新思维能力的提升过程，本质上就是一种"对话"的思维过程。语文阅读教学中，只要教师注重培养学生的创新意识、创

---

① 叶圣陶：《认真地努力地把语文学好》，转引自张定远《重读叶圣陶·走进新课标》，湖北教育出版社，2004，第252—253页。

新精神、创新品质及创新能力,并努力开启学生的创新智力,拓展创新视野,其创新思维能力就会得到有效提升。

四、总结

语文阅读教学中创新思维能力的培养与提升,需要教师正确认识创新思维的本质内涵,恰当运用创新思维能力的培养方法,科学解构创新思维能力的提升之策。并在阅读教学中充分而灵活地运用创新学的相关理念精心指导学生进行创新性阅读训练,逐步培养学生的创新意识、创新精神、创新思维和创新能力。努力开拓学生的语文创新阅读视野,将阅读创新理念熔铸于创新实践之中,激思励新,夯实基础,通过阅读教学科学培养和有效提高学生的创新思维能力。

语文思维观及其培养策略

语文课程要发展与提升学生思维，实现语文学科核心素养的育人功效，必须树立多元融合的语文思维观、秉持核心素养导向的语文思维教学原则、开展多维有效的语文思维实践活动。语文思维观是以语言、文字及文学为思维载体，在大语文观的背景下，思维主体（学生）的语文思维结构作用于所要探究的对象上，使之产生分析与综合、比较与归纳、抽象与概括的思维过程和思维理念。秉持开放性、探究性、生成性及个性化的语文思维教学原则，是发展学生语文核心素养、厚植学生语文思维观的重要基石。语文课程与教学须引领学生通过阅读实践、写作实践和社会实践等建构和达成语文思维观。

新课标指出："发展思辨能力，提升思维品质""语文教育必须同时促进学生思维能力的发展与思维品质的提升"。鉴于语文学科的基本特质及其多重功效，在习近平新时代落实立德树人根本任务、培育创新型人才和深化语文教学改革的大视野下，构建多元融合的语文思维观，对发展学生语文思维，培植学生核心素养，夯实语文教学实践，提升语文教学质量，达成语文学科育人目标意义深远。

一、构建多元融合的语文思维观

语文思维是师生在积极主动的语文教学实践活动中构建起来，并在真实的语文运用情境中表现出来的个体思维方法、思维品质和思维能力。而语文思维观则是在语文思维过程中所坚持的综合的基本理念和基本观点。叶圣陶先生认为，对语文的思考，应在突破语言、文字、文学、文章等语文本体的前提下，注重语文思维和其他各学科思维的综合与渗透，构建多元化的语文学科思维体系。① 高中语文新课标将"思维发展与提升"视为语文学科核心素养的重要维度，这标志着语文思维的发展步入了一个认识自觉的新领域，使其从"本体"思维迈向了"关系"思维。从教育理论视角看，皮亚杰的建构主义理论无疑是多元融合的语文思维观建构的重要理论支撑。在皮亚杰看来，思维的生成与发展并非单纯个人之事，而是通过彼此之间在认知与情感基础上的心灵交互作用建构的。换言之，语文学科亦是如此，它的思维方式和思维理念，需要与其他学科的思维方法和思维理论交互作用，才能构建自己多元融合的思维观。语文学科的人文底蕴、价值取向、知识储备、关键能力及创新理念等思维素养的形成，亟须突破传统语文思维层面上的"语文中心论"和"学科中心论"边界，构建一种体现多元化、综合化的"对话式""互通式"的语文思维观。无论是语文课程思维、语文教学思维、语文实践思维、语文评价思维，还是语文研究的学术思维等，都应超越语文主体思维的经验层次，上升到一定的学理高度，将语文学科思维辐射到其他各门学科的思维体系中，实现相融相通而相得益彰，真正凸显语文学科培根铸魂的育人功效和立德树人的核心价值。

语文思维不能缺少文学、史学、哲学、美学、心理学、教育学、阐述学、文章学、信息论、管理论、控制论以及人本主义、建构主义、后现代主义等多种理论思维的参与融合，这不仅激活了语文思维力，同时也激发了语文创造力。它们既是语文学科思维的基础学养，亦是语文思维观构建的重要元素，体现了语文与思维相结合的智慧与光芒。围绕坚持人的全面发展与个性充分张扬相结合，关注语文学科核心素养视域下当代学生思维发展的学理性、融通性与开放性，做到语文思维与其他学科思维互联互通、多元融合。在一个真正有生机的语文世界里，让大众文化、精英文化等的思维理念与语文学科思维互补互动、互融互建，以积极的理性精神达成语文思维观之建构。

二、秉持核心素养导向的语文思维教学原则

高中语文新课标基于本国特色而着眼国际视野，在坚持语文教学内容与育人目标结合改革的基础上，重在凝练语文学科核心素养。针对当前实现语文学科育人的价值诉求，"单一化"的语文思维教学模式已很难达成学生核心素养的科学培育。尤其在大概念、大单元、信息化、数字化、深度化教学背

---

① 叶圣陶：《叶圣陶语文教育论集》，教育科学出版社，2015，第 115 页。

景下，基于多元融合的语文思维观，聚焦核心素养的发展与提升，遵循语文新课标所倡导的学业质量标准，语文思维教学亟须秉持开放性、探究性、生成性及个性化等教学原则。

（一）语文思维教学应秉持开放性的基本原则

语文核心素养集中体现该学科的育人功效，学生通过语文学习而不断形成其正确的价值观、关键能力和必备品格。开放性教学原则即指在教学环节中，执教者打破教材体系与教学空间的自足性和封闭性，沟通教材与社会、课堂与生活，将知识的学习与拓展、运用与创新融为一体，多渠道、多途径、多层次、多方面提升学生素养的教学准则。开放性的教学原则在教学内容、手段、资源及方法上呈现出多元融通的基本特质，可充分发挥教学主体的积极性和创造性。语文思维教学要厚植学生的语文学科核心素养，亟须打破"元态化"的教材、课堂、方法及手段的种种束缚，在开放的教学环境、教学氛围中培育学生的各种思维能力与品质。

通过开放的教学环境，拓展教学内容，整合教学资源，开阔学生视野，使师生、生生等达成多向交叉与互动融合，进而多角度、多维度地发展学生语文思维，提升其核心素养。如教学李清照的《声声慢》时，可联系周邦彦的《解连环·怨怀无托》、秦观的《南歌子·香墨弯弯画》等宋词进行拓展教学，为学生创设一个开放的集体探讨空间，让他们在轻松自由的情境中探讨词中有关女性形象刻画的艺术特色、写作意蕴和个人启示等，进而获得思维的体验与锻炼。执教朱自清的《荷塘月色》一文，可引导学生围绕与此文本相关的其他同类题材作品，如鲁迅的《雪》、茅盾的《风景谈》、郁达夫的《故都的秋》、陶铸的《松树的风格》等进行对比鉴赏，使学生大胆思考，汲取思维养料。

（二）语文思维教学应秉持探究性的基本原则

高中语文新课标明确提出让探究性学习成为教学改革的重要标志。所谓探究性是指对知识或信息进行搜寻、调查、研究、检验、评价的活动，即质疑、追问、探讨。而探究性的基本原则通常指以培养人的创新精神及实践能力为基本目标而理应遵循的基本准则，如在语文思维教学中须遵循以学生发展为本的探究性原则、自主学习的探究性原则以及合理批判的探究性原则等。语文思维教学须重视学生的全面与可持续发展，生成语文思维教学对个体人文精神、人文方法和人文价值的重构。引领学生通过文本解读、人生体悟、情感陶冶及思想启迪，最终达成其思维的发展。尤其重视发展学生的自主探究能力，教师要善于激发他们的学习动机，培养其自主学习意识与能力，促进学生的语文思维在自主学习的探究性活动中得到发展。当然，教学中还需突破学生的思维定式，激励他们发散思维，用批判的眼光和视角看待和解决问题，从而提升其批判性思维能力。

语文教学既是语言、文化和审美素养的教学，同时又是思维素养的教学。它需要在教学中合理开展探究性活动，形成学生探究性意识，培养并提升学生的语文思维。如教学《林教头风雪山神庙》时，在了解林冲"正义、果敢、疾恶如仇"的性格特征后，可让学生阅读《水浒传》相关情节，品评林冲后来所经历的事件，表现出他怎样的性格特点，进而探究梁山好汉之共性。通过对这一问题的探究，既引导学生将课内与课外有机结合，又锻炼了他们搜集、整理、分析、提炼文本信息的语文思维。又如教学韩愈《师说》一文，对其中的"师者，所以传道受业解惑也"的理解，可从不同层面进行解读，教师须点燃学生的批判性思维，寻求其对于事物的理性分析和价值判断，而获得更为合理的意涵洞悟。再如对《荷塘月色》中"这几天心里颇不宁静"的解读，可激励学生从社会学、心理学、表现论等角度去解析，引导他们探究如何通过散文情感把握作者从感性到理性的精神世界，进而在质疑释疑与互动共鸣中探究主题而达致思维训练。诚然，这些解读仅从文字表面理解其意则无助于学生的思维训练，须深入探究领略内涵方能培育他们的语文思维观。

（三）语文思维教学应秉持生成性的基本原则

高中语文新课标强调"关注教学过程中生成的资源……多方面地提高学生的语文素养"。"生成"一词有"生长""变化"之意。从哲学角度看，所谓生成即指客观事物从无到有或从有到无的变化过程。黑格尔认为，生成就是发展与变化，而马克思却将其视为一种思维范式。"生成性"作为一种教育教学理念，它关注教学活动中学生的独特体验及其思想观点的生成效度。生成性原则关注人的思维发展及其差异，重视知识的弹性化和灵活性。在语文教学过程中秉持生成性的基本原则，可培养学生多元化的思维方式，训练他们的语文思维，助力发掘其创造性思维潜能，构建立体多元的语文思维共同体。通过语文教学促进学生思维发展，培养学生积极的语文思维习惯。关注学生在认知上的差异性并采用适宜的教学方式，引导他们在语文学习中从发散思维到聚合思维，准确解读文本，恰当表达思想。生成性的语文思维教学反对一成不变的、固定的学习氛围，追求情与景、理与思的交融。教师应秉持生成性的基本原则，将教材的知识体系转化为教学体系，精心创设活跃自由的语文思维教学情境，在和谐的课堂氛围中唤醒学生的主体意识，激活其内在思维，进而培育他们的语文思维素养。

语文教学应坚持预设与生成并重的语文思维观，促进学生个体语文思维的生成与发展。如教学恩格斯的《在马克思墓前的讲话》一文时，教师可提问：东欧剧变与苏联解体，这与马克思的事业有何关联？如何理解文本中的"永垂不朽"？有学生分别从马克思主义的真理发展、马克思的科学求实精神等方面，详细表达自己对马克思主义及其事业蓬勃发展的理解，各抒己见而言之成理。其教学过程催化了语文思维教学的精彩生成，不仅让学生对马克思主义有了新的认知，同时也升华了他们的语文思维能力。又如，执教苏轼的《水调歌头·明月几时有》时，教师可通过情境创设来提升语文思维教学的生成性效果。课堂上教师可合理应用典型故事、趣味问题、图片及音乐等方略进行新课导入，为语文思维的生成性教学提供良好的课堂氛围和环境。如针对此文就可利用音乐形式来创设教学情境，让学生在充满失意、别离、惆怅及达观的音乐情境中，激起丰富的联想与想象，生成自己对词人情怀及其思想的新认识、新观点。学生的语文思维得到了锻炼，其思维品质也自然得到培涵。

（四）语文思维教学应秉持个性化的基本原则

个性化原则是指学生群体或共同体在教师的激励下，针对语文问题，遵循张扬个性而大胆想象及多角度、多层次、多方面思考问题的原则，形成各自独特的合理解释。学生在解决问题的过程中能个性化地掌握知识，获得思维锻炼而达成对自身语文核心素养的培育。语文思维教学中，可尝试按照"问题呈现—启发联想—个性解答"的逻辑过程训练学生思维，促进其思维发展（如图1所示）。

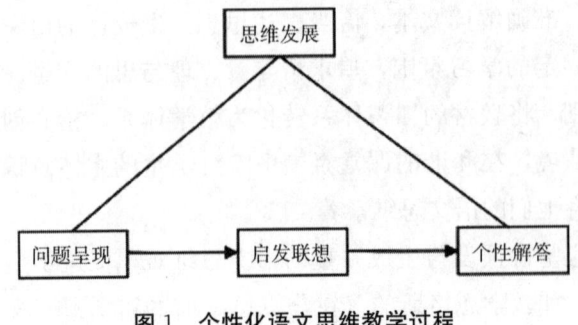

图1 个性化语文思维教学过程

语文课堂上,教师须充分发挥文本与环境的优势,呈现问题而启发联想,引导学生深入挖掘文本中所蕴含的思维元素,让学生切身感受到其中所表达和呈现的内涵,进而张扬学生个性,培养他们的语文思维。比如,执教朱自清《荷塘月色》一文时,教师可针对文本中所描写的"月下荷塘"和"塘上月色"启迪学生鉴赏解读,引导学生一方面品味文本中优美的字词句意,让他们各抒己见发表所思所想;另一方面可组织学生走出课堂到荷塘边亲身感受荷塘美景与朦胧月色,并将自身观察到的感受记录下来作小组讨论交流,使他们进行个性化的思维碰撞,从而促进其语文思维能力的提升。又如,执教王勃的《滕王阁序》一文,教师可利用多媒体营造浓厚的学习氛围,让学生展开合理想象,赏析作者所描绘的意境,然后通过个性化的表达训练其语文思维,培育其思维素养。诚然,语文思维教学中,应秉持教师个性化、学生个性化以及课堂教程个性化的基本原则,才能有效锻炼和培植学生的语文思维。

三、开展多维有效的语文思维实践活动

语文教学中要落实其思维观的培养,须开展多维有效的语文思维实践活动。学生的语文思维观是在具体的语文学习活动中逐步养成的。语文思维教学要以文本解读为基础、以作文训练为引领、以学习任务为契机、以疑难解答为导向,极力开展丰富的、多元的、综合性的多维语文思维实践活动,引领学生在语言学习、文字应用、文章析解、表达能力、德行塑造的语文学科实践中形成思维观。无论是课内或课外,都应强化学生的语文思维教学实践,须突出应用性、丰富性、体验性、多元性、综合性的语文思维实践学习。从语文思维观角度看,语文思维教学实践需在阅读、写作及社会实践等维度上,涵育学生的语文思维品质及能力,着力培养语文思维观。

（一）阅读实践

亚里士多德认为"在教育上，实践必先于理论"，是语文思维教学最基本的实践范式，不仅仅是文本思想内容的分析、归纳与概括，更重要的是鼓励学生立足文本进行合理且个性化的解读。高中语文新课标指出要鼓励学生开展个性探究，培养科学思维能力。既要能基于文本内容剖析、理解与总结，又要能张扬个性。

阅读实践是语文思维观形成的教学实践之一，也是锻炼学生语文思维的一种认知实践及科学实践。阅读是思维的基础，阅读的内在逻辑本质上就是思维的逻辑。语文思维观的达成离不开阅读实践活动的参与，通过阅读发展语文思维，提升语文思维能力，从而树立科学的语文思维观。比如，可组织开展速读抢答、信息筛选、推断阐释、猜想验证、质疑批判、反思评价、思辨解读等多样化、个性化的阅读实践活动。

（二）写作实践

马克思指出："人的思维是否具有客观的真理性，这并不是一个理论的问题，而是一个实践的问题。"写作是思维意识的实践体验，能锻炼思维、涵养品性、升华境界。写作过程是一个不断整合素材、斟酌用语、建构思想的语文思维过程。写作实践是基于字的理解、词的应用、句的创造、段的设置、篇的构建的思维体验活动。热爱、弘扬和承传祖国的语言文字，洞悉祖国语言文字的思维内涵及其所蕴藏的思维精神，并在社会生活中发扬光大，是语文学科写作实践教学的价值取向和思维向度。

语文教学中，教师引领学生开展写作实践，不仅要具有思维的发散性和聚合性，挖掘文本中所蕴含的写作元素，营造浓厚的写作氛围；也要紧密结合学生的生活实际和当地的风土人情、精神境界、思维方式，组织学生开展采访写作、采风写作、参观写作、游览写作等活动；还可围绕语文教学任务或人文主题，以及直觉思维、逻辑思维、形象思维、辩证思维、批判性思维、创造性思维等，精心设计和开发写作专题学习系列活动。

（三）社会实践

语文思维观的培养与社会现实生活息息相关，语文思维不是单纯的文本思维，亦不是唯一的语言文字思维训练，我们不能仅停留在对语言文字的理解、作品内容的赏析和平时的作文训练层面上。教育家杜威曾说:"教育即生活。"① 一切真知都来源于直接经验,语文学习的过程也是体验生活、洞见社会、追问人生的思维过程。学生对社会生活的观察、体验及思考,从中受到潜移默化的人文熏陶与感染,为他们的语文思维奠定基石。语文社会实践既是沟通文本学习与社会学习的桥梁,也是联结阅读思维、写作思维与社会思维的纽带,有助于引导学生积累丰富的社会现实生活经验,通过社会学习强化语文思维,涵养语文思维品性,提升语文思维能力,从而实现语文思维观的建构。

语文学科思维的社会实践方略多种多样,有对社会的调查、考察、宣传、反思以及新闻访谈、文学比赛、诗词大会、社区服务、文明礼仪、关爱奉献等方式,都有利于提升学生的社会认知与理解能力,丰富他们的社会体验,陶冶其社会情怀,增强其社会责任感和使命感。课堂上,语文教师也可紧扣文本内容及与之相关的人文话题或主题等,适当开展一些有意义的、典型的社会问题或现象探究等活动,厚植学生语文思维,塑造学生科学的语文思维观。

四、总结

语文思维观的培育与建构,其终极目标指向学生语文核心素养的生成与提高,其策略对促进学生的直觉与分析、形象与抽象、发散与聚合、逻辑与辩证、常规与创造、批判与创新等语文思维观的形成与发展,都能起到事半功倍之效。致力于学生语文思维观的创构,实现对学生的思维提升、生命成长及人格健全意义非凡,乃为语文育人之本、建设之魂。

---

① 约翰·杜威:《学校与社会·明日之学校》,赵祥麟等译,人民教育出版社,2004,第4页。

语文教学中如何培养学生的创新思维

语文教学中需要培养学生各种思维及其能力，创新思维显然是其思维培育内容方面的重中之重，尤其是当下新时代的中国式现代化建设亟须富有创新思维的尖端人才，语文教育理应担当培养和塑造具有知识创新、能力创新、学术创新、科学创新的一代新人。

创新思维就是打破传统和陈规从不同角度、各个侧面提出新问题、思考新问题、解决新问题、开拓认识新领域的思维过程，具有独创性、灵活性、多元性、跨越性和综合性等特点。在语文教学中，教师要潜心研读文本善用创新思维的教学理念不断开展教学活动，科学进行教学设计。构建和谐民主的创新教学情境，营造开放而富有生机活力的教学氛围，培养学生善于创新的良好习惯。

一、升华语文教师的创新理念

教师是培养和提升学生创新思维的引导者、领导者、组织者、激励者和参与者。学生要想学会学习、学会思维、学会创新，离不开教师的正确引领和精心塑造。语文教师要训练学生的创新思维，激发他们的创造活力和创新动力，首先就要打破自身原有的语文思维定式，极力创设新颖的语文教学方法，并运用科学的创新教学理念，提升语文教学效率。因为语文教师过去陈旧的教学理念已不适应当下新时代学生创新思维发展与提升的需要了，亟须更新和升华。

"惟创新者强，惟创新者胜。"这是国家创新型人才培养的时代强音。语文教学要想培养学生的创新思维，教师的创新意识、创新理念乃至创新精神的提高至关重要。比如，语文教师独特的情感体验、发散的思维策略、丰富的联想想象、多元的思想认知、灵活的应变能力和开创性的精神世界等，都

是升华语文教师创新理念的基石。语文教师要注重培养自己的文本解读能力、课堂应变能力和师生互动能力,构建愉快教学、智慧教学、生机教学、民主教学、和谐教学及有效教学的语文教学观,树立以人为本,以学生为本,以创新理念为本的学生观、教学观和育人观。全面升华自身的创新理念,为培养学生的创新思维奠定基础。

二、多种教学方法的灵活运用

教学有法,教无定法,重在得法。语文教学中,教师要立足学生、植根文本而灵活运用多种教学方法实施教学。因为语文教学方法的选择、组合、设计与运用直接关系到学生创新思维培养达成的效果好坏,也充分彰显教师的教学理念。

语文教学中,教师要恰当设计课堂问题,以问启思、以问激思、以问促解、以问促答,主张一问多思、一问多解、一问多答,张扬学生个性,放飞学生想象,培养创新思维。如在《桃花源记》教学中,教师可设问:人世间真的有"世外桃源"吗?让学生思考,有学生说:"没有,这是作者的想象。"有学生说:"没有,是作者的美好理想。"有学生说:"有,这是作者所追求的幸福生活。"有学生说:"没有,这是表达作者对黑暗现实的不满。"还有学生说:"有,这是作者对和平、安宁、光明前景的向往。"……同学们各有所思,言之成理,教师质疑激思,张扬学生个性,将学生的创新思维引向多元、广阔的境地。

又如针对同一道作文题的立意,教师要指导学生多角度、多方向、多层面地去思考,从发散到聚合展开思维,在众多思维层面、角度及其方向中,通过综合分析和比较鉴别,寻求创新元素,得出正确结论或最佳思维方案,进而培养学生的创新思维能力。因此,语文教学中,教师要善于灵活运用多种教学方法引导学生正确解读文本,恰当训练写作,着力培养他们的创新思维。

三、构建科学有效的评价体系

《义务教育语文课程标准(2022年版)》指出:"注重评价主体的多元与互动,以及多种评价方式的综合运用。"语文新课标也强调:"评价时要注意考查学生的思维特征……创新能力。"可见,语文教学评价对学生创新思维的培养尤为重要,不仅有利于学生思维的发展与提升,同时也有利于学生语文核心素养的综合培养。

语文教学中，首先，教师要充分发挥语文课堂教学评价的多种积极功能，适时考查、检验、诊断学生创新思维学习与训练的实际水平，注重反思、注重激励、注重甄别、注重完善。其次，教师要恰当运用多种评价方式进行评价，既要关注过程性评价，又要重视终结性评价，还要建构定量与定性评价相结合的评价机制，做到以评促学、以评促教、以评促思、以评促创、以评促新、教学相长、学思并进、思创合一。最后，教师要着眼于语文学科核心素养中思维发展与提升的创新型评价，注重评价学生在语文阅读、鉴赏、表达、探究等领域学习时所表现出来的创新意识、创新理念、创新品格和创新精神。此外，教师还应积极倡导评价主体的多元化、互动化、整体化和科学化的评价体系，凸显客观公正、重点突出、真实全面的评价效应，准确把握学生的创新思维能力，有序、有力、有效实现对学生创新思维之培养。

四、教学过程中应注意的问题

语文教学是一个流动、发展、灵活、多变、开放、多元、再生的动态过程，绝不能只停留在启发、领悟、激励已有的语文知识层面上，也不能让思维的起点与终点都在同一方向上，教师应在教学前做出科学预设和精心准备，助力和推动学生积极创新，拓展新领域，产生新思想，形成新思维。所以，教师要因材施教、因文施教、因生施教、因质施教、因思施教，既要考虑学生阶段性成长的特点，又要关注学生的思维由简单到复杂、由单一到多元、由低级到高级、由幼稚到成熟的发展现状。比如，小学低年级学生的思维简单、好奇、自然而天真，语文教学中就要为他们营造自然、纯真、活泼、有趣的教学氛围，让他们在生动、温馨的教学情景中潜移默化地学习新知识、巩固新知识、掌握新知识，循序渐进地培养其创新思维；小学高年级学生的思维已开始发展，教师就应该利用他们已有的知识储备和思维基础，科学设置语文教学问题，适当增加思维训练难度，极力培养其创新思维；对初中学生而言，语文教师则应立足新课标的相关要求，在小学语文知识素养和思维能力基础之上，尊重其青春期身心发展的特点，恰当设计有一定难度的语文教学知识点、问题点、思维点，有效培养其创新思维；而针对高中阶段的学生来说，其心智较成熟，教师须对他们的思维进行全方位训练，尤其是教师对其开展创新思维训练时，可加以对其进行辩证性思维、批判性思维的综合训练，让学生学会思维、勤于思维而善于思维，养成更加全面、更加深入、

更富创新活力的思维习惯。语文教师就应透彻了解自己的教学对象，以学生为主体、以教师为主导、以训练为主线，尊重学生个性及个别差异，正确树立科学的语文观、育人观、思维观和创新观，实实在在培养学生的创新思维。

值得注意的是，语文教学中培养学生创新思维须避免教学过程的形式化，要明确教学目标、注重内容的广度与深度、采用多样化的教学方法、培养学生的自主学习能力等，只有这样，才能真正实现高中语文教学的目标和价值，培养出具有深厚文化底蕴和创新思维的学生。

五、总结

综上所述，语文教学中，对学生创新思维的培养并非易事，需要教师努力提升自己的创新理念，灵活运用多种教学方法，构建科学有效的创新思维评价体系，并在教学过程中注意处理好师生、生生、师本、生本等诸多关系及问题。

第三篇 高考评析篇

联想与思辨：贯穿高考作文命题的思维主线

高考作文命题是考查学生语言文字综合应用能力的重要手段。然而，研究历年的高考语文作文命题发现，贯穿高考作文命题的思维主线即是"联想与思辨"。

新课标在高考命题建议方面强调："体会典型的思维过程与方法……考试材料的选择与组合要角度多样，视野开阔，为学生的思考与拓展留有足够的机会和空间"，"以语文学科核心素养为考查目标"。思维考查的重要性不言而喻。近年来，高考作文命题正是在课标核心理念的引领下，以联想与思辨作为贯穿高考作文命题的思维主线，意在检测高中学生的思维能力和思维素养，进而考查其语文核心素养。

一、题境宏阔，富于联想

课标对测试命题明确提出了相关建议，其核心内涵是考试、测评题目应"以具体情境为载体"。所谓具体情境，即指学生在个人体验、社会生活和学科认知等方面的语文实践活动中形成和发展语文学科核心素养的真实而富有意义的情境载体。可见，具体情境应是高考语文命题的重要基石，其中的作文命题亦不例外。联想是因某人、某事、某物或某概念而想起与之相关的其他人、事、物或概念的思维形式。

高考作文试题充分凸显以具体的家庭生活、学校生活和社会生活情境为载体，力求摘取真实而富有现实意义的语文实践活动情境作为内容材料构思命题，题境宏阔而富于考生联想，尽可能多地透视出高中学生语文思维能力的形成、发展与提升之理念。无论是学生个人体验的家庭与学校情境，还是他们的社会生活情境以及语文学科核心素养的认知情境等，都体现出高考作文题境的广阔性、开放性和张力性，进而准确考查与检测学生的联想思维能

力。这种命题思维直接源于对学生个体平时积极开展的各种语文学习思维活动的追问。比如在阅读文学作品时，高中学生对文本中人物形象及丰富的思想情感的思维体验程度；对不同创作方法、表现技巧及艺术特色等的思维洞见水准；对校内外多彩而具体的社会现实生活的切身思维感悟能力；对高中学生在某具体生活场域中开展的一系列语文作文实践活动和语言交际活动的思维力巡视；对高中学生不断学习与探究语文学科本体所表现出来的各种思维品性的认知与考查等。

诸如高考作文全国Ⅰ卷的题本语料以《诗经》《左传》中关于劳动的警句、箴言对新时代劳动精神的深刻解读作铺垫，将中华民族勤劳能干、热爱劳动的优秀品质和优良传统与当今社会生活中一些错误劳动观念和态度进行鲜明的对比，有利于提高学生对劳动现象、劳动本身、劳动风气、劳动价值、劳动光荣乃至奋斗精神的深入思考。在试题情境的设置上凸显真实、自然而朴素的特质，其写作任务比较明确，利于考生结合自己生活实际设身处地展开丰富的联想和思考，充分发挥其写作水准。全国Ⅱ卷作文命题紧紧围绕"青春接棒，强国有我"，精心选择我国"五四"以来的五个具有标志性的历史节点和特定的写作情境，易于唤醒考生对特定社会历史背景下人、事、景、物等的联想思维，进而启示他们深刻领悟伟大的中华民族从站起来到富起来再到强起来，实现中国梦的奋斗历程。全国Ⅲ卷作文命题选取一则生动材料（漫画）以特定的学校生活赋予考生亲切、真实、生动的写作情境（交际情景与话题）和无比丰富的想象空间，引导学生对尊师重教、责任意识、和谐课堂等教育主题的联想与思考。由此，让考生更进一步联想到师生情谊可珍、奉献精神可贵的道德风范。全国汉语卷作文题"奥运我最爱"积极回应北京冬奥热点事件，全面呈现奥运格言、奥林匹克口号和运动员豪语，壮美动人，便于引导考生丰富联想和深刻理解当代体育精神及爱国情怀。北京卷作文命题"2019的色彩"引导高考学生在新时代蓬勃发展的宏大社会背景下，把个人的成长与发展置于历史洪流中，勇于承担新时代的责任和使命。天津卷作文紧扣"爱国情怀"题旨，启迪考生联想和体悟爱国主义的精神内涵和实质，进一步深入思考个人与祖国、民族及人类的相互关系，从而激励青年一代坚定理想信念，生命不息，奋斗不止。上海卷作文命题以"寻找'中国味'"为核心，意在引领考生思考、寻觅、探究、品赏"中国味"底蕴，涵养中华优秀传统文化之美，不断增强对祖国民族文化的高度认同感和归属感。江苏卷的作文试题意境较为深邃而隐喻，透过题中的关键信息能启迪考生思维，勾起对自身所经历和体验过的生活情境的联想，进而深刻揭示题意所含的透彻的人生哲理和社会现实意义。命题上既保持了一贯人文性比较强的内在特质，同时又具有宏阔的情境视野，无疑给考生留下了广阔的写作思维空间。

二、题意深刻，富于思辨

思辨通常指哲学上运用逻辑推导而进行的纯理论化、纯概念化的思考形式，即以一种抽象的思考、理性的推理和严密的论证而得出结论的哲学思维。而思辨能力则顾名思义指思考辨析能力，它是在分析、推理、判断等思维活动基础上对事物的各种情况、类别和事理等的辨别、分析和抽象的思维能力。《中庸》言："博学之，审问之，慎思之，明辨之，笃行之。"其中的"慎思"要求对学问须做到周全而慎重地思考；"明辨"则强调要明白地辨别以致形成清晰的判断力。有思考有判断便形成思辨，有思考力有判断力便体现思辨能力。

全国高考作文意旨依整体而言，题意极为深刻，富于思辨性，充分体现高考作文以文化人、全面育人的导向和追求。在试题中，或崇尚劳动光荣，或彰显家国情怀，或感受师生情谊，或增强奋斗意识，或倡导文明新风，或弘扬优秀文化，或关注应用导向，或讴歌新的时代，或激励复兴伟业，或回应素质教育，或体现立德树人，或思考人生意义，或萃聚古今中外，或突显核心素养等命题思维，无不透视思辨理念而考查学生思辨能力。以题意引领考生在生活中发现真理、理解真理、应用真理，并在应用真理中感悟人生、描绘生活、抒发情志、爱国奉献、服务社会。尤其突显考生逻辑思辨能力的检测，试题内容设置力求启迪考生在更广阔的生活视野中探究问题，涵养正气，辨析美丑，鉴别真假，判断善恶，感美悟美，以美启真，以美向善，洞悉人文历史，升华人生境界，提高思辨能力。

高考作文全国Ⅰ卷饱含积极响应素质教育时代强音的深刻内涵，激励青少年一代乃至整个社会形成崇尚、热爱、尊重、参与和创造劳动的良好氛围和风气。试题材料内涵丰富，意义深远，能充分表达考生对劳动的解读与思考，彰显新时代中学生的思辨能力。比如，考题以劳动为话题，罗列了一些现实社会生活中出现的不理解劳动、不热爱劳动，甚至鄙视劳动的现象等，比较贴近考生生活实际，直击考生心灵世界，可引领考生对人生观、价值观和劳动观等本质内涵加以深入剖析，具有强烈的开放性，赋予考生多元化的思辨色彩，从而实现对考生开放性、创造性和辩证性思维能力的考查。

全国Ⅱ卷作文试题既有一定梯度，又有适当难度；既回顾历史，又展望未来。这有利于考生多视角展开探究性思考，进而引领考生体验历史，分辨是非，思考当下，憧憬明天，把自己美好的青春和灿烂的年华奉献于祖国和人民。比如，材料中呈现了时跨130年的奋斗历程和峥嵘岁月，警醒考生须关注社会，关注历史，关注国家和民族的未来。内涵丰富而题意深刻，有深度，有广度，也有厚度，能有力考查学生的写作思辨能力。在文体上，突出了实用性和文学性相结合的特点，体现了白居易倡导的"文章合为时而著"的文学观。

全国Ⅲ卷作文设题以漫画惹人思绪，画里有话，象外溢音，言内载意，境中生情。以深刻的漫画内容呼吁教育主题，画面材料简洁明了，情境真实生动而意旨深刻。有利于考生进一步分析、判断和思考教师的奉献精神和崇高品格；同时也可思索个人成长历程和人生理想等。比如，题本材料（漫画）的立意指令寓意深刻，"我再看看你们，你们再看看书"，字里行间，道出了蜡烛精神，彰显了园丁风范。由此能启迪考生联想自己的人生意义和价值，学会铭记与感恩，思考奉献与责任，明白个人成长与国家、社会发展之间的辩证关系，胸怀天下而放眼世界，立志成才而献身祖国。漫画中老师的言语、神情饱含对学子的希望与眷恋，意旨深远，能有效考查考生解读、领悟与升华老师对学生的一片爱心和敬业精神等的思辨能力。

北京卷"文明的韧性"富含中华文明悠久历史与灿烂文化，凝眸累累硕果，亦饱含对当下社会热点的回应与反思，题意极其深邃，富于考生思辨。该题能激励考生关注传统、感悟历史、承传文化而弘扬中华文明的伟大精神。

天津卷的"爱国"主题，易于唤起考生思辨，求真循理而慎思知明。如题本中的三则材料，或表达对祖国美好前程的自信感，或流露个人对国家和民族责任的使命感，或体现献身人类社会发展的人生观、价值观和世界观等。

上海卷以音乐中的"中国味"为主题命制，题意深远，耐人寻味，能启发学生用辩证的眼光去观察、分析、思考、解读、认识和领略不同国家、不同民族、不同风格的文化样式和文化现象。进而学会比较、学会判断、学会珍惜、学会自信，在批判中继承，在继承中品味，在品味中弘扬。江苏卷高考作文题呈现五味融合、互存共生之态，要求考生联系实际生活，关注时代主旋律，展开理性思考，题域空间博大，思路开阔而意旨深刻，充满浓郁的思辨色彩，便于多角度考查学生的思维品质与思辨能力。浙江卷题材灵活开放，观点辩证独特而意义深刻。如题目以"作家"比人，以"作品"喻生活，以"读者"拟他人、社会与时代，能启迪考生思考作品创作与作者本人、外部世界的辩证关系等。深入探讨人与人、人与社会、人与世界的本质联系，从而学会善于聆听他人而活出自我，坚守人生底线而不随波逐流，肩负时代使命而奉献祖国。

三、总结

当下的高考作文命题富于联想、富于思辨，从不同视角考查考生分析、理解、整合、评价、归纳、判断、论证和阐述自己观点的联想与思辨性思维能力，有力彰显语文学科核心素养在高考作文中的生命底色和本质内涵。

新时代，新高考，新理念：
以 2020 年高考作文命题思维为例

语文高考作文是检查学生语文综合能力的重要内容之一，亦是评价教师语文教学水准和质量的核心指标。毋庸置疑，命题是关键一环，因为考题的质量决定考查的信度、效度和力度。

2020 年全国高考语文作文试题共有 10 套，分别为全国Ⅰ卷、Ⅱ卷、Ⅲ卷，新高考Ⅰ卷、Ⅱ卷，北京、上海、天津、浙江、江苏卷。试题均以材料作文为主，命题思维把握时代精神，紧扣高考评价体系，全面落实立德树人根本任务，强化实际应用写作能力考查，助力高考综合改革的新理念，引领考生坚定理想信念、拓宽认知视野、怀抱家国之情、弘扬奋斗精神。

一、彰显时代精神，落实立德树人

2020 年高考作文命题紧跟时代步伐，秉持中国精神，引领当代青年坚定理想信念，弘扬爱国情操，厚植民族情怀，培育奋斗精神，涵养综合素质，崇尚立德树人，激励学生健康成长、阳光成长、全面发展。

如全国Ⅰ卷作文题通过历史故事，启发考生关注人物品性，传递人物精神，落实立德树人之理念。

全国Ⅱ卷作文题以情境化思维方式，紧扣"携手同一世界，青年共创未来"这一主题，从丰富的名人名言材料中启迪考生，唤醒其联想与想象当下构建"人类命运共同体"之理念，激励考生将个人前途、理想追求与国家及世界紧密联系，充分发挥自己的作用及价值。通过演讲稿形式表达自己对新时代、国家、社会的认同感、责任感，并与之同呼吸、共命运的使命感和价值观。

全国Ⅲ卷高考作文题以材料呈现，其命题思维注重引导考生关注新的时代生活和社会发展，以材料主题"如何为自己画好像"小中见大，凸显立德树人之价值导向，考查新时代学生如何树立崇高之理想、爱国之情怀和奋斗之精神等。

新高考Ⅰ卷作文题"疫情中的距离与联系"以独特的视角启引学生感受和体验全民抗疫，进而思考安全至上、生命至上、人民至上等重大问题，并从中明确习近平新时代中国特色社会主义思想的优势、综合国力的强盛性及民族文化的深厚性，从而激励考生对国家和人民历史使命、价值取向与责任担当的深思，渗透了立德树人的根本理念。

新高考Ⅱ卷作文题的命题思维意在落实高中语文新课标提出的立德树人基本精神及相关理念。以新时代考生应具有的理想信念与责任担当为主线，引导考生自强奋进、主动参与、服务社会而报效祖国。

北京卷作文题1以北斗卫星成功发射为契机，引导考生思考新时代个人在集体、社会、国家、世界发展中的重要责任与使命，强调立德树人之重。

上海卷作文题内涵极为丰富，比较贴近当下考生的现实生活，充分体现新时代之精神和立德树人之育人导向。如题材中的"重要转折"与"意想不到"能唤醒学生的时代感、责任感和紧迫感，激励考生关注时代、贴近现实，正确审视自己，理性面对错综复杂而千变万化的外部世界，进而提高自己的应变能力。

天津作文题抓住富有新时代精神的"家国情怀""2020的春天""温暖""造福人类"等关键词，并结合新冠疫情，思考自己将来如何与祖国、人民与世界同呼吸共命运，携手创造美好未来，实现人生价值，体现立德树人之理念。

浙江卷作文命题关注新时代下的人生选择、人生定位、人生坐标和人生期待，鼓励青年须肩负起家庭、国家、社会乃至世界所赋予的责任担当和时代使命，体现了新时代背景下亟须立德树人、育人视重的价值观。

江苏卷高考作文题彰显了新时代智能互联网大数据背景下的科技功能，探讨和思考人与外部世界的内在联系，启迪考生须树立正确的道德观、价值观和世界观，充分完善自我、塑造自我。

高考作文命题思维皆贯穿新时代立德树人的基本理念，利于考查学生思想，引领考生成长。

二、弘扬传统文化，增强文化自信

2020年的高考作文题，由外而内流淌着中华民族生生不息的文化之源，展示出中华优秀传统文化的血脉之魂。其文化之根、精神之髓，积淀与涵养着中华儿女自强不息的精神寄托，也是实现伟大中国梦的力量之本。

譬如，全国Ⅰ卷作文题用"历史人物评说"素材，让学生感受人物、理解历史、品评形象、观照现实、体悟生活，并从中洞见中华优秀传统文化的博大精深和丰富内涵，进而汲取其精神智慧，坚定和增强文化自信，弘扬民族传统文化，涵养自身品性，提升个人修养，从根本上体现了"文化传承与理解"这一核心素养。

全国Ⅱ卷作文题引用墨子所倡导的"兼爱"思想，即"爱人如己"，立足"携手世界，共创未来"的"亲""和""善"基本理念，这与儒家思想中所主张的"仁、义、礼、智"是一脉相承的，其本质上就是构建"人类命运共同体"之思想。透射出中华优秀传统文化内核的"自信"与"自觉"，并将考生置于全球抗疫进程之视野，引导他们团结协作、守望相助、思考人类、展望未来。

新高考Ⅰ卷作文题以特定的场景和视觉引导学生思考中国面对艰难、战胜困境的优越制度和文化底色。意在启发考生弘扬中华优秀传统文化，增强文化自信，不忘初心、牢记使命，肩负重任而敢于担当、善于担当。

新高考Ⅱ卷作文命题思维基于鼓励考生不仅要多读书，还要多实践，要理解、承传和弘扬祖国优秀历史文化，坚定文化自信，提升人文素养。参与当代文化，建设家乡文化，从而提升和增强民族文化自信。

天津卷的"中国面孔"蕴含深邃的传统文化意韵，或民族精神，或科技腾飞，或家国情怀等，考生通过思考"中国面孔"的丰富内涵，可进一步联想到中华民族知难而上、众志成城、自强奋进、守望相助的文化本色，最终坚定文化自觉和增强文化自信。

由此可见，以上高考作文题都从不同侧面、不同视角、不同层次，透射出中华传统文明与文化生生不息的灵魂与智慧，其文化理念以浸润式蕴含于作文试题之中，生动地诠释着中华民族自强不息的创造活力、奋斗品格和自信精神。

三、注重思维考查，突出关键能力

2020年的高考语文作文试题，极为重视对学生思维素养和关键能力的考查，这不仅是高考语文改革的不断深化，同时也是高考作文命题思维的理念创新。显然，其关键能力指的是学生面对学科相关问题，能勇于实践、勤于探索，具有较好的认知能力、分析能力和解决问题的思维能力。

如全国Ⅲ卷高考作文题注重考查学生的逻辑思辨能力、分析理解能力和抽象概括能力。更倾向于引领考生写出个性化的体悟与思考，注重诱导考生正确认识自我，关注自身成长，着眼人生理想，思考现实未来。其命题思维富有哲理性，如以"如何为自己画好像"引导考生关注"为人、为事、为学"的思维品质，做到内塑灵魂、外树形象，不断审视自我、完善自我。命题既考查了学生面对问题能否合理运用所学知识进行分析思考、推理判断的批判性思维能力，又检测了学生在生活中是否能用客观、联系、动态、发展、全面的观点审视和看待事物的辩证思维能力。思辨视野与空间极为广阔，由点到面、由浅入深、由现象到本质地考查了学生的思维素养和综合运用知识的关键能力。

北京高考作文题1侧重考查学生的理性思维能力。试题以卫星发射成功的最新材料，引导考生联系生活实际，从不同角度进行思考，阐发个人思想和观点，升华理性思维。题2的命题思维以"一条信息"为切入点，重在检验考生的形象思维能力。或图像，或纸面，或视频……启发考生感悟、联想、深入思考而汲取营养，从而提升思辨力。

上海高考作文题以一则简洁明了的新材料为内容，引导考生从"转折"入手，深入认识和思考个体、群体、人类等发展进程在转折中的重要性和必要性。既有利于考生从微观处落笔，又有利于考生从宏观处落墨，启发考生自由联想与想象，找到与自身相契合的写作素材，从而产生对自然与社会、人生与理想、个人与国家等问题的感悟和思考，重点考查学生深入探究问题的思维素养和思维能力。

天津高考作文题以"中国面孔"为话题，注重考查了学生对"如何塑造自己形象"的思考与认知。考生可从发散思维的角度关注国家、社会、世界乃至人类命运共同体，又可从聚合思维的视角思考和明确自己的使命与担当。

浙江卷作文命题思维重视考查学生科学的理性思维、联想思维能力。题目涉及面较广，包括个人、家庭及社会，易于充分发挥考生丰富的联想与想象，思考自己的人生体验、人生理想、人生抉择、人生坐标和人生期望，突出其联想与思考的开放性、思辨力。

江苏高考作文题基于"同声相应、同气相求"的新理念,给学生提供极为多元的思维空间,考查学生是否能拓展自己的思维,深入思考材料蕴含的价值内核,发挥自身的批判性思维,探讨人与外部世界的辩证关系。同时,启迪考生理性思考、辨别、判断、取舍,更好地自我构建、自我审视、自我投射、自我强化、自我完善和自我塑造。命题思维注重考查学生的心理认知、思维素养和关键能力,充满思辨性和哲理性。

新高考Ⅰ卷作文的命题思维也重视对学生思维品质和关键能力的考查,启迪考生需关注身边的家国热点话题,并联系实际用全面、发展、辩证的眼光看问题,以科学的思维审时度势,进而达成对学生思维能力的考查。

新高考Ⅱ卷作文题旨在激励考生关注公民意识、人文精神及社会责任,思考传统与现代的辩证关系,注重考查学生的思辨性、探究性和关键能力,实现了语文新课标所提倡的思维发展与提升。

2020年的高考作文题极为重视对考生的思维考查,尤其是对理性思维、逻辑思维、形象思维及批判性思维的深刻性认识要求颇高,这有利于检测考生的思维素养和关键能力,可见其命题思维非同寻常。

四、聚焦写作基础,倡导实际应用

写作基础是考生最基本的语言表达能力的反映,也是衡量考生语文素养和语文能力的重要标尺之一。而实际应用写作则是当下社会生活及人们日常工作必备的书面交流与表达需要,适用范围之广,运用价值之大。在往年的基础上加大了应用文体写作考查的力度,旨在聚焦考生的写作基础,力倡现实生活的具体应用。

如全国Ⅰ卷作文题要求考生写一篇自己参与班级读书会的发言稿,并对材料中的历史人物齐桓公等作评说,需结合自己的感受与思考,有观点、有看法,也有互动,凸显其应用性。

全国Ⅱ卷作文题则要求以"携手世界,共创未来"的主题写一篇演讲稿,在明确和掌握演讲稿写作的基础上,展开情境化的思考与表达,以演讲稿形式再现个人之思想、观念、使命等,突出其实用性。

全国Ⅲ卷高考作文题要求以"如何为自己画好像"的话题给高一新生撰写一封书信。题意素材之多,可写感悟、写思考、写未来……题点范围之小,只能给入学高一新生表达自己心声。看似简单,写好不易,但书信文体写作确实与生活息息相关,凸显其基础性与适应性。

当然，值得注意的是，2020年高考作文的应用写作题型，在命题思维上也有所突破和创新，譬如，新高考Ⅱ卷要求考生以《中华地名》节目主持人身份，联系实际写一篇"带你走近_____"的主持词。从命题的思维理念来看，采用了半命题考查形式，辅以任务驱动型模式，题型较为新颖。自然景物、风土人情、名人风貌……通过主持词这一应用文体考查学生情感记忆的再现与人文情怀之流露。从一个视角提醒和暗示广大考生亟须关注应用类文体之写作，注重实际表达，强化生活应用等。

诚然，写作基础是人们工作、学习与生活应有的语言表达基本能力，而应用写作强调和突出的是应用性、实用性、实践性和生活性。2020年的高考作文命题思维，在往年基础上进一步拓宽了应用文写作的范围，意在引领人们关注现实生活、重视基础写作、倡导实际应用，彰显出其命题改革的新理念、新导向和新思维。

五、总结

综观前述，2020年的高考语文作文命题思维，以语文新课标理念为依据，以高考评价体系为支撑，以新时代精神为引领，以改革创新为契机，通过精心选材与科学设计，以语文素养、思维能力、综合水平为考查基点，强化教、学、考的统一，突出新课标要求与作文命题的紧密结合，推进育人选才改革真正落到实处。总体上呈现出材料新、内容新、考点新和理念新的命题思维态势。

"四利二弊": 全国高考作文比较谈

高考作文具有综合性,且关注面广,好的作文题往往能引发社会各界人士的广泛讨论和深入思考。近年来的高考作文题总体上注重了思想性与语文性、时代性与社会性的统一,凸显时代精神,传递价值观念,注重对考生思维品质与创新能力的考评。但有的考题在题面上也呈现出表述过于直白、写作范围太窄等种种弊端。

一、"四利"之说

(一) 有利于倡导"自信",崇尚"树人"

普通高中语文新课标明确提出:"坚持立德树人,增强文化自信,充分发挥语文课程的育人功能。"2016年的高考作文题不仅积极倡导习近平总书记在庆祝中国共产党成立95周年大会上提出"四个自信"——道路自信、理论自信、制度自信、文化自信,彰显了中国特色社会主义的文化根基、文化因子、文化底色、文化本质、文化内涵、文化理想、文化思维和文化建构,还反映出语文教育在高考中崇尚立德树人的重要意义。从题型到题意,充分反映了我国丰富的传统文化之积淀,融入新理念、新思想、新视野,紧紧将"四个自信"贯穿于试题其中,并凸显发人深省而点面结合的整体精神态势。譬如:全国Ⅰ卷作文试题"世纪宝宝中国梦"就集中展示了当今中国发展的重大标志,引领考生在体悟国家富强、民族兴旺之际,陶冶民族精神和时代品格,进而增强自己的荣誉感、责任感和使命感。同时更加坚定"四个自信",以自己的实际行动为实现中华民族伟大复兴的中国梦而努力奋斗。而天津卷的作文要求考生紧扣"器"展开丰富的联想、想象和深度思考,并着力弘扬中华优秀传统文化,启迪考生对国之重器、成才成器乃至成功等诸方面展开深入思考,崇尚立德树人,增强文化自信。

(二)有利于激励"奋斗",讴歌"时代"

总体而言,2016年的高考作文试题与"时代""青年"息息相关,讴歌新时代,弘扬主旋律,具有鲜明而强烈的时代感。尽管当下物质丰富而文化多元,也依然面临重重挑战,美好的明天需要奋斗、需要创造。新一代注定带着时代的期许,踏着时代之步伐勇往直前而追逐梦想。高考作文题彰显着中华民族自强不息的奋斗精神和时代价值,透视出时代青年须开启新文化之华章憧憬未来而扬帆起航。用生命抒写时代华章,用奋斗照亮人生理想,还未来于自己,拥伟大之时代,为时代而前行,为时代而自豪,为时代而拼搏……

比如:北京卷高考作文题《新时代新青年——谈在祖国发展中成长》《绿水青山图》就具有鲜明的价值取向,弥漫着鲜活的时代气息,与考生的奋斗历程和个体成长休戚相关。

中国的改革开放和自强拼搏不仅深刻改变了中国,也深刻影响着世界。作文题意在激励青年一代努力奋斗,讴歌新时代、新生活、新气象、新作为、新成就。比如:全国Ⅲ卷作文"改革开放三部曲"就折射出中国人不平凡的奋斗历程和时代精神,旨在引导考生深刻领会当代青年的使命感、奋斗感和卓越感,不忘初心、牢记使命,砥砺前行,圆梦中华。

浙江卷高考作文则重在对"浙江文化""浙江精神""浙江品性"的高度提炼和概括,紧跟时代步伐,唱响时代主题。引领考生立足当下,思考人生,憧憬未来。

北京卷作文《绿水青山图》比较贴近人民向往美好生活的时代主题,激励考生展开合理想象,描绘美好明天的生态文明图景,表达自己追求美好生活的时代愿望。

(三)有利于描绘"生活",鼓舞"写作"

与往年相比,2016年的高考作文题更加贴近考生的学校生活、家庭生活和社会生活实际,由此让考生有话想说、有话可说,有话必说,有话能说,有话好说,写我生活,表我情感。一切的一切都那么熟悉而亲切,使考生油然而生灵感,激起创作冲动。当然,这种境界也许正是高考作文试题命制的终极目标。

全国Ⅰ卷作文"世纪宝宝中国梦"就是瞄准考生的生活阅历,选取与考生生活密切相关的情感体验素材,直面考生,激勉考生的写作热情。北京高考卷作文"新时代新青年"也凸显出这一特点。全国Ⅱ卷的"幸存者偏差",上海卷的"被需要",天津卷的"器",就直接取材于考生生活实际,可引导考生联系社会现象和生活体验提炼主题,表达思想。而江苏卷作文"语言"尤为关注考生日常生活,诱引考生品味生活哲理,进而鼓舞考生写作兴趣。

(四)有利于培养"思维",提升"能力"

2016年的高考作文试题加大了对考生思维品质和思维能力的考查力度,尤其是注重对考生的形象思维能力、逻辑思维能力、辩证思维能力以及创新思维能力等检测。全国Ⅱ卷作文"幸存者偏差"引领考生的发散思维从不同的角度去观察、分析、认识问题,鼓励学生积极主动思考问题、解决问题,提升思维能力。通过写作培养和检测考生的思维品质,判断考生能否全面地、客观地、综合地、理性地、辩证地去看待客观现实问题;能否抓住事物的主要矛盾或矛盾的主要方面剖析问题;能否透过事物的现象看到事物的本质内涵;能否具有独特的思维方式揭示现实生活中的事实真相等。如天津考卷作文要求考生围绕"器"展开联想与思考,为考生提供了多向思维视角和思维途径,训练了考生想象力和思辨力,进而提升了考生的思维能力。上海高考卷作文"被需要"暗示了考生写作的逻辑关系和思维框架,有利于激发考生积极思维而主动写作。江苏卷的作文"语言"内涵极为深邃,透视出有声非声、有形非形、有象非象等哲学思辨,能培养考生思维,开启考生智慧,提升考生思维能力。

二、"二弊"之辩

诚然,也许由于上述"利"的显著呈现,难免导致其"弊"的真实存在:

(一)题面表述过于直白,不利于教学导向

总的来看,部分高考作文题有的在字面上太过于直白,倾向太偏,色彩也过浓,无助于学生思想表达和执教者的教学导向。比如:全国卷Ⅲ和北京卷中的"世纪宝宝中国梦、改革开放三部曲、新时代新青年、绿水青山图"命题就尤为突出。应在字面表述上尽可能含蓄凝练一些,与党和国家的具体政策导向在思想内涵上保持一致即可。这样的作文命题既能够避免考生直接去套用相关具体文件写作,而又与党和国家的相关政策相融合,在这样的题目引领下,学生既可以写与思政有关的题材,也可以写其他方面具有积极健康意义的题材,写作范围和题材空间相对广泛,因而,极易考查学生的写作水平和综合的语文素养。如果题面表述太直白往往不利于考生表达自己的真情实感，也不利于语文教学导向，久而久之，则会导致学生的写作思维贫乏而难于提升其作文水平。由此，高考作文命题要力求突出语文新课程、新课标的核心理念，真正实现为国选才之根本目标。

（二）文题写作范围太窄，不利于张扬个性

认真分析全国Ⅱ卷"关于'战斗机防护'"的作文题不难发现，从文题表述上看所给材料几乎都有命题人自身明显的思想倾向和主张，即关键词"战斗机防护"，其文题表述过偏，范围太窄，张力太小，指向也很单一，这就难免将考生的思想和个性带入一个命题者事先设定的"怪圈"，导致考生别无选材，只能顺着"战斗机防护"的方向立意写作。此命题表面上看似乎取材丰富，包含了一定的内容材料，但其实文题表述凸显偏窄，意蕴不深，其题型命制不利于考生张扬个性和人才选拔。因此，高考作文应在文题字面表述上保持中性，即所给材料不应有命题人自身明显的思想倾向，否则会导致几百万考生都只能有一个理念，一个思想，一个主张，迫使考生不得不代命题人立言。这极不利于考生放飞思想，张扬个性，写出"我"来，写出"真"来，写出"彩"来，更不利于培养学生的创新意识、创新理念和创新精神。如果题目在表述上保持中性，不带有过偏的思想倾向性，其思想张力会更大，考生的立意就会多元。这既能有效检测学生的语文能力和核心素养，又能彰显新世纪、新时代、新高考的科学性、思想性和前瞻性。

三、总结

近年来的全国高考作文致力于讲好中国故事，凸显时代主题，就命题形式而言，却有利有弊，有利于坚持立德树人，增强文化自信；有利于激励青年奋斗，讴歌崭新时代；有利于描绘现实生活，鼓舞考生写作；有利于培养学生思维，提升思维能力。但有的考题在表述上倾向性过强、过偏等，需要在文题表述的命制上革新，只有这样，才能有效促进考生放飞思想、张扬个性，彰显语文新课标的相关基本理念和铸牢中华民族共同体意识。语文高考作文命题关乎命题者的文学、哲学、史学、美学、逻辑学、语言学及语文课程与教学论等方面的基本修养，因此，高考作文要求命题者须语言表达准确简练，思维逻辑清晰，能引导考生密切关注和深刻思考现实人生及社会生活，且应重点关注和思考现实生活中具有普遍意义或重大社会问题的现象。文题

中若要反映贴近时代和学生生活的内容材料，在表述上也不能太直白，应该给考生提供丰富、多元而开放的文题材料，让学生立意空间大，取材范围广，可写内容多，能通过解读所给材料内容，紧密联系社会现实生活实际，充分发挥合理的联想与想象提炼主题，自由表达而张扬个性，写出"我"来，写出"真"来，写出"情"来，写出"奇"来。这样的作文才具有亲和力、吸引力、感染力和张力，也才有深度、有厚度、有力度和亮度，才能真正体现贴近考生生活，呼应时代主题以及新课标所倡导的人文关怀之理念。实然，在题意中也须蕴含测评考生的创新意识、创新精神、思维品质、思维能力等方面的相关内容，凸显创新性、时代性、引导性和思辨性，以便科学而有效地考查学生的综合语文能力及核心素养。此外，高考作文命题除了具备选拔性、反馈性等基本功能之外，还应充分发挥其教育性和导向性功能。要注重题型、题面设计，强化教育功能；同时也要重视题材精选，把握尺度，突出导向功能，真正实现以考选才、以文化人和立德树人。

参考文献

课标类

[1] 中华人民共和国教育部. 义务教育语文课程标准［S］. 北京：北京师范大学出版社，2022.

[2] 中华人民共和国教育部. 普通高中语文课程标准（2017年版2020年修订）［S］. 北京：人民教育出版社，2020.

著作类

[1] 教育部课题组. 深入学习习近平关于教育的重要论述［M］. 北京：人民出版社，2019.

[2] 教育部基础教育司. 走进新课程与课程实施者对话［M］. 北京：北京师范大学出版社2002.

[3] 教育部师范教育司. 邱学华与尝试教育人生［M］. 北京：北京师范大学出版社，2006.

[4] 教育部. 义务教育教科书.语文［M］. 北京：人民教育出版社，2017.

[5] 顾黄初. 中国现代语文教育百年事典［M］. 上海：上海教育出版社，2001.

[6] 全唐诗（第四册）［M］. 北京：中华书局，1960.

[7] 张璋，黄畬. 全唐五代词［M］. 上海：上海古籍出版社，1986.

[8] 全宋词（三）［M］. 北京：中华书局，1965.

[9] 陈澔. 礼记［M］. 上海：上海古籍出版社，1987.

[10] 彭吉象. 影视美学［M］. 北京：北京大学出版社，2002.

[11] 阮元. 十三经注疏［M］. 北京：中华书局，1980.

[12] 戴鸿森. 姜斋诗话笺注 [M]. 北京：人民文学出版社，1981.

[13] 许慎. 说文解字 [M]. 北京：中华书局，1989.

[14] 段玉裁. 说文解字注 [M]. 上海：上海古籍出版社，1981.

[15] 刘勰. 文心雕龙（上）[M]. 范文澜，注. 北京：人民文学出版社，1961.

[16] 刘勰. 文心雕龙（下）[M]. 范文澜，注. 北京：人民文学出版社，1961.

[17] 鲁迅全集（第3卷）[M]. 北京：人民出版社，1981.

[18] 冯友兰. 新理学 [M]. 北京：北京大学出版社，2014.

[19] 钱学森. 关于思维科学 [M]. 上海：上海人民出版社，1987.

[20] 王国维. 人间词话 [M]. 北京：人民文学出版社，1982.

[21] 李元洛. 诗美学 [M]. 南京：江苏文艺出版社，1987.

[22] 王力. 古汉语常用字字典 [M]. 北京：商务印书馆，2012.

[23] 郭锡良. 汉字古音手册 [M]. 北京：北京大学出版社，1986.

[24] 郭绍虞. 中国历代文论选 [M]. 上海：上海古籍出版社，2001.

[25] 郭绍虞. 中国文学批评史 [M]. 上海：上海古籍出版社，1979.

[26] 姚斯. 接受美学与接受理论 [M]. 沈阳：辽宁人民出版社，1987.

[27] 张志公. 张志公论语文 [M]. 北京：语文出版社，1998.

[28] 张志公. 传统语文教育初探 [M]. 上海：上海教育出版社，1962.

[29] 吕叔湘. 论语文教学 [M]. 北京：人民教育出版社，1987.

[30] 吕叔湘. 叶圣陶语文教育论集 [M]. 北京：教育科学出版社，2015.

[31] 叶圣陶. 语文教育论集 [M]. 北京：教育科学出版社，1980.

[32] 夏丏尊，叶圣陶. 文章讲话 [M]. 杭州：浙江文艺出版社，1983.

[33] 朱绍禹. 中学语文教学法 [M]. 北京：高等教育出版社，1988.

[34] 朱绍禹. 语文教育序文集 [M]. 北京：北京师范大学出版社，1993.

[35] 曹明海. 语文新课程教学论 [M]. 济南：山东人民出版社，2007.

[36] 曹明海. 语文教学解释学 [M]. 济南：山东人民出版社，2007.

[37] 黎锦熙. 黎锦熙语文教育论著选 [M]. 北京：人民教育出版社，1996.

[38] 刘国正. 我和语文教学 [M]. 北京：人民教育出版社，1984.

[39] 张鸿苓. 语文教学方法论 [M]. 北京：北京师范大学出版社，1982.

[40] 陈德徵. 个性教育论［M］. 北京：商务印书馆，1930.

[41] 钱威. 语文教学艺术导论［M］. 乌鲁木齐：新疆大学出版社，1995.

[42] 王尚文. 语文教育学导论［M］. 武汉：湖北教育出版社，1994.

[43] 王松泉. 语文教育研究［M］. 海口：海南出版社，1994.

[44] 钟启泉. 基础教育课程改革纲要（试行）解读［M］. 上海：华东师范大学出版社，2001.

[45] 于漪. 于漪语文教育论集［M］. 北京：人民教育出版社，1996.

[46] 陶本一. 语文学科教育学［M］. 太原：山西高校联合出版社，1991.

[47] 周庆元，王松泉. 语文教师职业技能训练教程［M］. 北京：高等教育出版社，1996.

[48] 倪文锦. 语文考试论［M］. 南宁：广西教育出版社，1993.

[49] 卫灿金. 语文思维培育学［M］. 北京：语文出版社，1994.

[50] 王尚文. 语感论［M］. 上海：上海教育出版社，1995.

[51] 叶澜. 新基础教育"发展性研究报告集"［M］. 北京：中国轻工业出版社，2004.

[52] 郝永德. 课程与文化［M］. 北京：教育科学出版社，2002.

[53] 金元浦. 文学解释学［M］. 长春：东北师范大学出版社，1997.

[54] 庄静肃. 现代语文教育学［M］. 北京：教育科学出版社，1998.

[55] 彭华生. 语文教学思维论［M］. 南宁：广西教育出版社，1993.

[56] 谢象贤. 语文教育学［M］. 杭州：浙江教育出版社，1993.

[57] 张鸿苓. 语文教育学［M］. 北京：北京师范大学出版社，1993.

[58] 曾祥芹. 文章学与语文教育［M］. 上海：上海教育出版社，1995.

[59] 钱梦龙. 导读的艺术［M］. 北京：人民教育出版社，2000.

[60] 李海林. 言语教学论［M］. 上海：上海教育出版社，2000.

[61] 刘永康. 语文课程与教学新论［M］. 北京：高等教育出版社，2011.

[62] 魏书生. 语文教育改革探索［M］. 沈阳：辽宁人民出版社，1986.

[63] 韩雪屏. 语文教育的心理学原理［M］. 上海：上海教育出版社，2001.

[64] 蒋仲仁. 中国语文教育史纲·序［M］. 长沙：湖南师范大学出版社，1991.

[65] 赵艳芳. 认知语言学概论［M］. 上海：上海教育出版社，2001.

[66] 潘庆玉. 语文教育哲学导论 [M]. 北京：教育科学出版社，2009.

[67] 林崇德. 学习与发展 [M]. 北京：北京师范大学出版社，1999.

[68] 张朝昌. 语文思维学 [M]. 北京：九州出版社，2022.

[69] 马克思恩格斯全集（第一卷）[M]. 北京：人民出版社，1972.

[70] 爱因斯坦. 爱因斯坦文集（第一卷）[M]. 北京：商务印书馆，1979.

[71] 托马斯·库恩. 科学革命的结构（第四版）[M]. 金吾伦，胡新和，译. 北京：北京大学出版社，2012.

[72] 爱森斯坦. 爱森斯坦论文集 [M]. 北京：中国电影出版社，1982.

[73] 约翰·杜威. 学校与社会·明日之学校 [M]. 赵祥麟，等译. 北京：人民教育出版社，2004.

[74] 杜威. 我们如何思维 [M]. 马明辉，译. 上海：华东师范大学出版社，2019.

[75] 约翰逊. 海德格尔 [M]. 张世英，赵敦华，编. 北京：中华书局，2002.

[76] 亚里士多德. 修辞学 [M]. 北京：三联书店，1991.

[77] 罗素. 西方哲学史（下卷）[M]. 马元德，译. 北京：商务印书馆，2004.

[78] 小威廉姆. E. 多尔. 后现代课程观 [M]. 王红宇，译. 北京：教育科学出版社，2000.

[79] 斯蒂芬，布鲁克菲尔德. 批判性思维教与学：帮助学生质疑假设的方法和工具 [M]. 钮跃增，译. 北京：中国人民大学出版社，2017.

[80] 卡比. 思维：批判性和创造性思维的跨学科研究 [M]. 韩广忠，译. 北京：中国人民大学出版社，2010.

[81] 爱华德·希尔斯. 论传统 [M]. 傅铿，吕乐，译. 上海：上海人民出版社，2009.

[82] 怀特海. 思维的方式 [M]. 赵红，译. 北京：新华出版社，2017.

[83] 艾比·马克斯·比尔. 如何阅读 [M]. 北京：中国青年出版社，2016.

[84] 鲁宾斯坦. 关于思维和它的研究道路 [M]. 赵璧如，译. 上海：上海人民出版社，1963.

[85] 帕斯卡尔. 思想录［M］. 何兆武，译. 武汉：湖北人民出版社，2007.

[86] 蒂费纳·萨莫瓦约，邵炜，译. 互文性研究［M］. 天津：天津人民出版社，2003.

[87] 维果茨基. 教育心理学［M］. 杭州：浙江教育出版社，2003.

[88] 人民教育出版社，课程教材研究所，中学语文课程教材研究开发中心. 普通高中教科书教师教学用书（语文必修上）［M］. 北京：人民教育出版社，2019.

[89] 袁行霈. 中国诗歌艺术研究［M］. 北京：北京大学出版社，1996.

[90] 孙绍振，孙彦君. 文学文本解读学［M］. 北京：北京大学出版社，2015.

[91] 孙绍振. 月迷津渡——古典诗词个案微观分析［M］. 上海：上海教育出版社，2019.

[92] 王宁，巢宗祺. 普通高中语文课程标准（2017年版）解读［M］. 北京：高等教育出版社，2018.

[93] 蒋军晶. 让学生学会阅读：群文阅读这样做［M］. 北京：中国人民大学出版社，2017.

[94] 于泽元，王雁玲，石潇. 群文阅读的理论与实践［M］. 重庆：西南大学出版社，2018.

[95] 树人教育研究院. 群文阅读起步走教学设计集［M］. 贵阳：贵州人民出版社，2016.

[96] 李国惊. 怎样上好群文阅读课［M］. 北京：人民文学出版社，2017.

[97] 廖策权，梁俊. 教育心理学［M］. 长春：东北师范大学出版社，2018.

[98] 骆寒超，陈玉兰. 中国诗学：第一部形式论［M］. 北京：中国社会科学出版社，2009.

[99] 叶嘉莹. 小词大雅：叶嘉莹说词的修养与境界［M］. 北京：北京大学出版社，2015.

[100] 余映潮. 余映潮中学语文古诗词教学实录及评点［M］. 北京：中国人民大学出版社，2018.

期刊类

[1] 钟启泉. 对话与文本：教学规范的转型 [J]. 教育研究，2001 (3).

[2] 叶澜. 重建课堂教学价值观 [J]. 教育研究，2002 (5).

[3] 李艺，钟柏昌. 谈"核心素养"[J]. 教育研究，2015 (9).

[4] 郭戈. 教育学和心理学中的"兴趣说"[J]. 课程. 教材. 教法，2016 (9).

[5] 郭华. 深度学习及其意义 [J]. 课程. 教材. 教法，2016 (11).

[6] 边伟，王晓诚，车丽娜. 小学生信息文本阅读偏好及其影响因素探析 [J]. 课程. 教材. 教法，2018 (10).

[7] 安富海. 促进深度学习的课堂教学策略 [J]. 课程·教材·教法，2014 (11).

[8] 张廷凯，牛瑞雪. 回归学科研究——课程改革的深化逻辑 [J]. 课程·教材·教法，2017 (2).

[9] 刘国正. 试谈中学语文教学改革的几个问题 [J]. 课程·教材·教法，1981 (3).

[10] 温儒敏. "部编本"语文教材的编写理念、特色与使用建议 [J]. 课程·教材·教法，2016 (11).

[11] 蔡澄清. 简论语文点拨教学法的要义与操作 [J]. 课程·教材·教法，1997 (12).

[12] 刘仁增. 语用：语文教学的价值重塑与范式重构 [J]. 课程·教材·教法，2014 (6).

[13] 刘锡庆. 关于中学语文教改的若干思考 [J]. 课程·教材·教法，1999.

[14] 钟启泉. 批判性思维：概念界定与教学方略 [J]. 全球教育展望，2020 (1).

[15] 刘大为. 语言知识、语言能力与语文教学 [J]. 全球教育展望，2003 (9).

[16] 郭戈. 中西方乐学理念下的教学观 [J]. 中国教育科学，2017 (3).

[17] 张娜. DeSeCo项目关于核心素养的研究及启示 [J]. 教育科学研究，2013 (10).

[18] 李媛. 论高校思政教育与语文教育的关联性 [J]. 语文建设，2016 (11).

［19］张辉. 简论大学语文的育人功能［J］. 语文建设，2016（6）.

［20］段鸣骓. 大学语文课程结合思政教育之教学策略探究［J］. 语文建设，2015（9）.

［21］王旭明，冯渊，龙祖胜，等. 中小学语文教学存在的主要问题及对策研究［J］. 语文建设，2014（22）.

［22］朱兴杰. 打造文言文教学高效课堂［J］. 语文建设，2017（3）.

［23］《语文建设》编辑部. 语文学习任务群的"是"与"非"——北京师范大学王宁教授访谈［J］. 北京：语文建设，2019（1）.

［24］张志公. 迫切需要研究一些亟待解决的实际问题［J］. 中学语文教学，1997（l）.

［25］吕叔湘. 关于语文教学的两点认识［J］. 文字改革，1963（4）.

［26］张廷凯. 课程资源与有效教学关系的基本认识［J］. 教育研究与评论（中学教育教学），2014（1）.

［27］刘晶晶. 澳大利亚基础教育国家学业质量标准评述［J］. 教育科学，2014（6）.

［28］赵超. 大学语文"模块化教学"探索［J］. 教育评论，2012（12）.

［29］钱谷融.《雷雨》人物谈［J］. 文学评论，1979（6）.

［30］胡秀威. 西方教学研究范式的演进［J］. 比较教育研究，2003（2）.

［31］翁贝托·艾柯. 书的未来［J］. 新华文摘，2004（12）.

［32］黄智惠. 借助思维导图进行语文教材理解［J］. 基础教育课程，2016（1）.

［33］《基础教育课程》编辑部. 走进新时代的语文课程改革——访普通高中语文课程标准修订组负责人王宁［J］. 基础教育课程，2018（1）.

［34］王云峰. 从学科知识到人的发展——回望十年义务教育语文课程改革历程［J］. 基础教育课程，2011（Z2）.

［35］董纯才. 改革我们的中学国文教学［J］. 人民教育，1950（2）.

［36］江山野. 我在中学国文教学中找到的方法［J］. 人民教育，1950（3）.

［37］张棣华. 反对烦琐哲学坚持精讲多练——语文教学中的一点体会［J］. 人民教育，1977（3）.

［38］沈江峰. 为培养创造品格奠基——关于语文"探究—发现"式教学

的思考 [J]. 人民教育, 2000 (2).

[39] 王策三. 教学论学科发展三题 [J]. 北京师范大学学报（社会科学版），1992 (5).

[40] 易红郡. 英国近现代大学精神的创新 [J]. 清华大学教育研究，2015 (5).

[41] 王宁. 汉语语言学与语文教学 [J]. 中国社会科学，2000 (8).

[42] 孙宗美. 大学语文的课程定位与教学改革 [J]. 高教探索，2018 (1).

[43] 黄平. 大学教师在教学中的角色定位 [J]. 湖北大学学报，2006 (5).

[44] 彭婷. 中学语文翻转课堂教学模式探究 [J]. 教学与管理，2015 (24).

[45] 蒋承勇，云慧霞. 大学语文教学与大学生人文素养培养 [J]. 中国大学教学，2013 (2).

[46] 聂迎娉，傅安洲. 思政教育：大学通识教育改革新视角 [J]. 大学教育科学，2018 (5).

[47] 于桂俊. 浅议高中语文教学中学生创新思维的培养 [J]. 教育教学论坛，2012 (33).

[48] 钱梦龙. 三主四式教学法简介 [J]. 江苏教育，1984 (11).

[49] 郑彩华. 国际视野中的核心素养及其启示 [J]. 天津教育，2014 (19).

[50] 洪镇涛. 是学习语言，还是研究语言？——浅论语文教学中的一个误区 [J]. 中学语文，1993 (5).

[51] 穆晓艳. 基于高中英语阅读教学，培养学生思维品质 [J]. 读与写，2019 (5).

[52] 温儒敏. 统编高中语文教材的特色与使用建议——在统编高中语文教材国家级培训班的讲话 [J]. 课程.教材.教法，2019 (10).

[53] 于泽元，袁伶逸. 群文阅读的内涵、精髓与价值核心 [J]. 基础教程，2016 (21).

[54] 郎孝忠. 浅谈小学语文群文阅读的价值与教学策略 [J]. 当代教研论丛，2019 (12).

[55] 文仪. 群文阅读"五步法"在高中语文诗歌鉴赏中的应用 [J]. 中学课程辅导（教师教育），2020（8）.

[56] 刘蜀黔. 用群文阅读发现中考古诗文的复习"密码" [J]. 全视界教育，2020（5）.

[57] 蒲彩军. 普通高中群文阅读备课流程初探 [J]. 全视界教育，2019（11）.

[58] 蒋军晶. 语文课上更重要的事——关于单篇到"群文"的新思考 [J]. 北京：人民教育，2012（12）.

[59] 于泽元，王雁玲，黄利梅. 群文阅读：从形式变化到理念变革 [J]. 中国教育学刊，2013（6）.

[60] 陈乃云. 初中古诗词群文阅读教学中的审美策略探析 [J]. 学语文，2021（2）.

[61] 罗中斌. 中小学古诗词群文阅读教学的实践探索 [J]. 基础教育参考，2019（14）.

[62] 倪文锦. 语文核心素养视野中的群文阅读 [J]. 课程·教材·教法，2017（6）.

[63] 王宁. 新语文课标是语文老师实践经验的总结——兼谈顾德希老师的语文教学经验 [J]. 中学语文教学，2018（7）.

[64] 孙涛. 生成课堂：提升学生审美能力的理想课堂 [J]. 语文教学通讯，2020（10）.

[65] 方东流. 群文阅读的文本组织策略 [J]. 教育科学论坛，2017（1）.

[66] 董一菲. 《诗经·郑风》爱情诗群文阅读 [J]. 语文建设，2020（17）.

[67] 柴军应. 论合理的课堂教学容量 [J]. 中国教育学刊，2014（6）.

[68] 李超. "自是花中第一流——李清照群词阅读"优秀课例 [J]. 教育实践与研究，2020（6）.

[69] 何立新，王雁玲. 基于问题解决的群文阅读教学实践尝试 [J]. 语文建设，2017（2）.

[70] 马建美. 西施题材群诗阅读教学案例 [J]. 教学月刊，2020（Z2）.

[71] 薛玉. 指向思维品质提升的阅读评点活动观察 [J]. 中学语文教学，2020（10）.

[72] 詹碧容. 高中古诗词群文阅读的策略探微——以"感悟杜甫的孤月情怀"教学为例 [J]. 福建教育学院学报, 2019 (5).

[73] 陈淼泓. 在纸笔测试中提升评价学生语文核心素养的效度 [J]. 教学月刊, 2020 (Z1).

[74]《语文建设》编辑部. 语文学习任务群的"是"与"非": 北京师范大学王宁教授访谈 [J]. 语文建设, 2019 (1).

[75] 徐茜. "意外"生成的"美丽"[J]. 学苑教育, 2012 (10).

[76] 卢静, 吴县. 学起于思思源于疑 [J]. 中学教学参考, 2010 (33).

[77] 刘永明. 青少年摄影作品评价标准探析 [J]. 世界教育信息, 2012, (9).

[78] 李聪聪. 统编版高中语文教材编写理念及教学策略 [J]. 语文教学之友, 2021 (2).

[79] 王本华, 朱于国. 以立德树人为根本, 以核心素养为依归, 建设符合新时代需要的高中语文教材 [J]. 课程·教材·教法, 2019 (10).

[80] 程鸣. 部编版高中语文必修教材"写作训练系统梳理、分析与教学建议 [J]. 中学语文, 2020 (20).

[81] 潘庆玉. 论语文学科高阶思维的培养 [J]. 语文建设, 2021 (12).

[82] 曹明海. 审美鉴赏: 凝聚生命情致的"创作"——也谈对"审美鉴赏与创造"的理解 [J]. 语文教学通讯, 2019 (1).

[83] 杨燕. 西方现代情节理论的思维范式研究 [J]. 江西社会科学, 2023 (8).

[84] 郑桂华. 寻找合适支点, 改进写作教学的逻辑思维训练 [J]. 中学语文教学, 2024 (2).

[85] 袁翔宇. 阅读教学应培养学生批判性思维 [J]. 中学语文, 2024 (2).

[86] 孙袅袅. 促进学生批判性思维培养的语文教学策略 [J]. 教育家, 2024 (3).

报刊类

[1] 习近平. 把思想政治工作贯穿教育教学全过程, 开创我国高等教育事业发展新局面 [N]. 人民日报, 2016-12-09 (01).

[2] 钟启泉. 核心素养的"核心"在哪里——核心素养研究的构图 [N].

中国教育报，2015—04—01（09）.

［3］陈宝生. 努力办好人民满意的教育［N］. 人民日报，2017—09—08（07）.

学位论文类

［1］徐茉. 语文教学培养学生创新思维的探讨［D］. 锦州：渤海大学，2014.

［2］张增田. 对话教学研究［D］. 重庆：西南大学，2005.

［3］慕君. 阅读教学对话研究［D］. 上海：华东师范大学，2006.

［4］边会艳. 基于思维导图的小学语文阅读教学模式的建构与应用［D］. 新乡：河南师范大学，2013.

［5］沈舒昕. SOLO评价理论在中学语文现代文阅读教学中的应用研究［D］. 南京：南京师范大学，2020.

［6］黄嘉怡. 基于语文核心素养的高中古诗词教学研究［D］. 长沙：湖南师范大学，2020.

［7］初中古诗文群文阅读教学实践研究［D］. 桂林：广西师范大学，2019.

［8］徐小仙. 互文视野下的高中古诗词教学探索与实践［D］. 长春：东北师范大学，2011.

［9］赵玥. 群文阅读教学法在高中古诗词教学中的应用研究［D］. 广州：广州大学，2019.

［10］侯喆. "群文阅读"在高中古诗词教学中的应用策略研究［D］. 西安：陕西师范大学，2019.

后　记

春风又绿塞北谷，路漫修远，上下求索。几经风雨，几度日月，这本二十余万字的书稿总算得以面世。

追问昔日，习得父辈之谆诲、文化之涵养、人格之启迪。或念"四书"，或诵"五经"，或修"书法"，或鉴"道释"……涓涓细流，熏陶润泽。

审思今朝，深受良师之真传、学界之勉励、智者之鼓舞、前辈之鞭策，遂令吾信念满怀，潜研文史哲美，耕耘琴棋书画……博之品之，获益匪浅。

洞见当下，览锦绣之河山、富饶之土地、广袤之原野、蓬勃之景象，深感教育之重任、复兴之大业、民族之未来……踔厉奋发，心潮澎湃。

透视语文，研读新课标之理念、新教材之体系、新课程之编制、新文本之思想、新教学之革新。考察教程，巡视学情，解码课堂，体悟授受，洞悉本质，刷新教学，培植学生之语文素养，升华其语文学科综合能力，构建其语文教学新思维范式，着力达致"以文化人"和"立德树人"。

感怀身受，成书之际，深得我国著名语文教育家刘永康教授，北大中文系知名教授、博士生导师袁行霈先生，华东师范大学终身教授、博士生导师吴刚平先生的悉心鞭策与激励，感激不尽而深表谢意！同时，亦多谢贤妻张红娟的鼎力支持并完成该书最后章节。

岁月峥嵘，学术至上，山重水复，柳暗花明。我虽憧憬"采菊东篱下，悠然见南山"的恬淡生活，但也不失"长风破浪会有时，直挂云帆济沧海"的凌云之志和"人生自古谁无死？留取丹心照汗青"的爱国情怀……这对我的成书莫过于是一种思想之升华和心灵之洗礼。吾将植根于语文教育研究之沃土，锲而不舍而滴水穿石，谱写中国式现代化语文教学研究新篇章。

张朝昌
2024 年 9 月